社会变迁与百年转折丛书

戴鞍钢 著

1901年
慈禧太后的革新令

中国出版集团
東方出版中心

总序

窒迫下的近代化

杨国强

历史给我们以知识和事实，也给我们以智慧和意义。与前一面相应的，是对于历史的考辨与叙述，与后一面相应的，是对于历史的理解和诠释，叙述与诠释都是后人反观前代的省视和认知，而正是借助于这种省视和认知，已经过去的人物、史事和过程能够成为时事和时务的一种反照，使后起者在过去与现在的联系之中，从而在过去对现在的衬映之中看得远一点和想得深一点。章太炎在民国初年曾牵引学理以论世相，说是“今人之病根，即在不读史”。就彼时风云际会之中的各色人等一时群起，但大半既不能远，又不能深而言，他的话虽以是写照为评论，而由此划分出来的具有历史认知和没有历史认知之间的全不相同，则显然出自学人的深思。

自“《诗》亡然后《春秋》作”以来，中国文化中始终内含着一种绵延不绝而且磅礴厚积的历史意识，与之相对称的，便是两千年里中国人的自觉于历史认知和执着于历史认知。然而历史的认知又是一种变化的认知，身在兴亡盛衰之间，便是身在时移势迁之中，而后是一代人与另一代人遭逢的世情不同，蒿目的忧患不同，心中的关切不同，面对的缓急之所在不同，有此百端交舛与百端交汇，最终形成的便不能不是思想视野的不同。而引之以入古今之间和由此以识古今之变，则思想视野的不同又常常会化为历史视野的不同，化为一代人与另一代人读史和论史之际的眼界不同，感悟不同，重心不同，取向不同，因此，后一代人常常会在同一段历史里看出前一代人没有看到的联结、因果和意义。而这种历史认知的今时不同往昔，又以其真实的存在和长久的存在，说明了历史需要一遍一遍地写和历史可能一遍一遍地写。若以此观照19世纪中叶以来的一百数十年与周秦以来的二千多年，则一百数十年里的节节丕变所带来的深度搅动，以及在深度搅动里实现的新陈代谢，显然远远过于之前的二千多年，陈寅恪曾概而论之，称为“人世之剧变至异”。比之古代历史，近代历史之“至异”，说的正是近代历史中内含着更多的交错牵结，不可用常度相衡量。与之相因果，这种“至异”同时又决定了对于中国近代历史的认知，不能不是一个穿行于交错牵结和矛盾复杂之中的过程，从而不能不是一个歧异互见而多端纷呈，并且以一种构想校正另一种构想和一种阐说立异于另一种阐说为常态的过程。歧异、多端、校正、立异都各有理据，并因之而各有理路，由此汇积的著述，以可观的数量和种类为规模，显示了数十年之间认知近代历史的功夫和程度。然而歧异、多端、校正、立异之始终存在和相互比照、彼此格义，又说明了数十年之间认知近代历史的多窒与多变。积功夫为程度，以及因多窒而多变，都显示了视野在移动中的延展和识力在论争中的深化。作为这个过程的产物而继起于这个过程之中，以“社会变迁与百年转折”立名的这套丛书注目于19世纪中叶和20世纪中叶的百年之间，在前贤的论说和时贤的论说之后努力再作回声鼓荡，以表达自己对这一段中国历史的学而知之和困而知之。其中既有读史对于个人的成全和造就，也有个人对于历史的理解和体验。

这套丛书择定七个年份作书名，以此划分100年历史过程中的不同阶段，也以此演示阶段与阶段之间的前后蝉蜕和阶段之间的相互贯连。合蝉蜕与贯连为一体，于是而有“转折”之义。在这些曾经为历史各开一派局面的年份里，1840年因中英鸦片战争而起，1860年因英法联军之役而起，1895年因中日甲午战争而起，1901年因八国联军之合刃构兵而起，1937年因抗日战争而起。就丛书之总体规模作比较，显然是其中的多数与民族战争相为因果，并都因民族战争而各成一局。然则以始末而论，近代中国的历史起点发端于民族战争；以变迁而论，近代中国的新旧嬗递沤浪相逐，而其间一个阶段越过另一个阶段的后来居上，大半也发端于民族战争。民族战争流血流泪，因此百年之间的世路演化和今昔代谢便常常与创巨痛深连在一起。19世纪50年代与60年代之交的英法联军之役致皇帝出逃、京城陷落、圆明园在烟焰涨天里化为一地断砖碎瓦。而后是士大夫“相顾愕眙”，在创痛里直面“二十年之间中国再败于泰西”的事实，由血脉偾张而扼腕沉思。比之40年代人数不多的先觉者因中英鸦片战争而开眼看世界，则此日与扼腕沉思相对映的，已是“当和议之成，无人不为自强之言”。而在历经“夷情叵测，反复靡常，利器精兵，百倍中国”的困厄之后审量彼己，最能歆动中国人和牵动中国人的，是西方人“所以逞其贪纵者，不过恃有长技耳。长技为何？一在战舰之精也，一则机器之利也。然彼有其战具，我非不可以购求；彼有其机巧，我非不可以学习”。时人立此为说以诠释“自强”，则自强之初旨，本在于中国人的办法对付不了西方人之后，转而用西方人的办法来对付西方人。“购求”和“学习”，说的都是这个意思，因此自强从一开始便与“借法”连在一起。而“购求”和“学习”之倾心倾力于“战具”，以及与“战具”相表里的“机巧”，并由此演为一代士大夫共有的自觉，又说明西方人虽然运来了诸般器物，中国人最先接受和最肯接受的，却只能是重创和打败了自己的船和炮。之后，由船炮催生的借法自强促成了 30 年以洋务为中心的历史过程。然而因自强而借法，则自强在由此入彼和自浅入深之中，借法也在由此入彼和自浅入深之中。两者都出自于古无征，两者都归于了无止境，最终是两者都在改变中国。所以，就其时代内容而言，由船炮催发的借法自强犹如移花接木，同时又因其移花接木而在比较完整的意义上开启了中国社会近代化的历史过程。而 1860 年对百年中国新陈代谢的深度影响，从而 1860 年在百年中国新陈代谢中的意义所在，便同这种民族战争逼扼下的历史因果曲折重重地连成了一体。与 1860 年相比，1895 年内含着更剧烈的创巨痛深。但李鸿章和伊藤博文会议《马关条约》之日，于备受困苦磨难的同时又曾非常明白地预言：

> 此次交战获得两个良好结果，这就是：第一，欧洲陆海军之战术方法，并非应有白人所独有，黄人亦能用之，并证明可以收到实效；第二，日本非常之进步足以使我觉醒。我国长夜之梦，将因贵国的打击而破灭，由此大步进入醒悟之阶段。

作为先入洋务的人物，他亲身经历过英法联军的冲击逼出来的借法自强。因此他相信民族战争能够改变中国人的精神世界，于是而有割地赔款之际用“我国长夜之梦，将因贵国的打击而破灭，由此大步进入醒悟之阶段”以说来日的推想。他推想更剧烈的创巨痛深一定会逼出更剧烈的社会变迁。而与之相印证的，则是由借法自强，一变而为 1895 年催生的变法自强。从借法自强到变法自强，是移新入旧急迫地转为除旧布新。而后除旧布新越过移新入旧一路翻腾一路播撒，并在戊戌年间演变为与血色相对映的政潮起伏。比之此前 30 年以洋务为中心的历史过程，则这一段新旧交争以思想激变造成社会震荡，其撼动天下的程度无疑要猛烈得多和深刻得多。之后因庚子之变而有1901年，在由此开端的一段历史里，一面是曾经扑杀了变法的朝廷转过身来施新政以行变法，就其下诏筹备立宪而言，实际上已经比戊戌年间的除旧布新走得更远；一面是变法还没有走到尽头，革命已经挟风雨雷电而起，以文字和炸弹岌岌乎召唤共和。随后是朝廷与民间相角牴，立宪与革命相角牴。这个过程既造成了深度的历史变迁，也造成了深度的社会纹裂，两者的彼此牵结和交互振动最终促成了这一段历史在土崩瓦解中走到止境，而两者的余波滔滔则又都灌入了下一段历史之中。若以19世纪中叶至20世纪前期的这些年份为比照，则1937年之所以显目，端在于以这一年为起点的历史过程是一场贯连始终而没有间歇的漫长民族战争。1840年、1860年、1895年、1901年都与民族战争相对应，但其间的每一场战争又都在时间上无过两年，在空间上止于局部。因此，作为一场血染山河的全面战争和支撑了八年的长期战争，这段历史正以前所未有的战争苦难反衬中国人前所未有的全民抗战，醒目地显示了20世纪中国与19世纪中国的不同。在这种前后不同的内里和深处，是19世纪的世路变迁开始和发生于沿海；搅动和影响于知识人；关注之所在和重心之所在常集于社会上层。而以全民抗战成就八年抗战，则艰难地托起了这个过程和一路维持了这个过程的，不能不是持久的社会动员与社会组织，而持久的社会动员和社会组织，一定又会是深度的社会动员和社会组织。由此牵连拽动而且与之互为因果，开始于19世纪的历史变迁遂得以为这种动员和组织所导引，自沿海进入内地；从知识层走向民众；并一步一步移其中心于社会下层。以历史内容而论，显然是动员、组织、牵连拽动以及其间的互为因果，都在使这种支撑民族战争的过程同时又成了大幅度改变中国社会的过程。而当其已经发生，则已经发生的事实便是既定的事实，对于后来的历史，它们既构成起点，也构成前提，而后是起点和前提都不会不影响后来的历史走向。

从19世纪中叶到20世纪中叶，中国人久苦外力的逼拶，并因之一次一次地遭逢民族战争，而百年之间中国社会的近代化，以及这种近代化常常与脱跳相伴随的深入，又是在中国人对外力的咄咄逼拶作节节回应里实现的。两者之间的矛盾和依存深相虬结，说明了与欧西近代化之自然地产出于欧西的历史相比，则中国的近代化既是逼出来的，又是移进来的，对于中国本来的历史而言，逼出来和移进来当然都是异常的，从而都是不自然的。而以自然对照不自然，显见得中国人脚下的路会更多盘陀和更加扞格。由于是逼出来的，因此中国的近代化从一开始便是不自愿的；由于是移进来的，因此中国的近代化从一开始便是夹生的。这种内在于同一个过程之中的悖异，曾使逼出来的近代化和移进来的近代化窒碍重重，并因之而常为“古圣先贤所谓用夏变夷者”对于“用夷变夏”的疑虑和排拒所苦。而后是逼出来的东西与移进来的东西由外入内，便不能不在另一种社会环境里移步走样，与其欧西的原型相比，由此造就的常常是变形和异态。在百年变迁之间，这种变形和异态曾是中国近代化过程里的一个特点。然而中国社会的近代化产生于中国人对西方冲击的回应之中，因此，迫来的民族战争前后相接，在逼出了中国社会的近代化之后，又会以其继起的冲击和不断的冲击逼出中国人在这个过程中的因惶遽而急迫。惶遽化为急迫，于是而有“俄北瞰，英西睒，法南瞵，日东眈”之下“能变则全，不变则亡，全变则强，小变仍亡”的亟切和“泰西变法三百年而强，日本变法三十年而强，我中国之地大民众，若能变法，三年而立”的企想。在这种由亟切衍生的企想里，富强是主旨所在和重心所在，所以因羡慕富强而羡慕欧西便成为一种捷急的推演。捷急的推演化解了许多移来的夹生和逼迫下的不自愿，然而中国与欧西之间的各自历史文化，以及因各自历史文化而累积以成的异质和异样，则经此统括，也在这种捷急的推演里同时被轻忽地过滤掉了。因此，以泰西“三百年”，日本“三十年”，中国“三年”为类比而作论断，显见得中国之可以与泰西、日本作量比，全在于这一类论断已经设定中国社会与泰西和日本的同质。而沿此一路远走，惶遽急迫与羡慕向往交相感应，都会促成思维在径情直遂中走向简略和简约。当时人喜欢说“思想者事实之母也”，而作为事实与思想对应的，则是从 19 世纪末期开始而弥漫于 20 世纪前期的“悚夫欧美革新之隆”，而亟亟乎“规摹仿效”。以为“彼一法一制一俗一惯一条一文，若移而植之我，将旦暮可以强吾国。及为之而不效，则流血拼命以薪之，革无效再革之，再革无效更革之”。其中刻画的“一法一制一俗一惯一条一文”正写照了“规摹仿效”的用心之诚而施力之广。但随后的“为之而不效”以及“无效再革之”和“无效更革之”，又非常对称地写照了这种“规摹仿效”以“移而植之我”的事常常落空和大半落空。“移而植之我”的事常常落空和大半落空，然而“移而植之我”的过程同时是旧物为新物让路的过程，发生于其间的“举一事革一弊，至于风俗习惯之各不相侔者，靡不惟东西之学说是依”，说明外来的东西一路进入中国，在其所到的地方会不断地遇到中国社会里本有的东西与之“各不相侔”，并且因其所到而在一路不停地掀翻这种内生于中国社会的“各不相侔”。而后，一面是中国人依存于历史文化的精神秩序和社会秩序在“东西之学说”的搅动下不得不走向碎裂；一面是“移而植之我”的“东西之学说”以及与随之俱来的种种法、制、俗、惯、条、文在中国老是“为之而不效”。对于中国人来说，身在两面之间，便是身在两头不到岸之中。因此，时至民国前期，梁启超总括前后而概论之曰：“自二十年来，所谓新学新政者，流行入中国，然而他人所资为兴国之具，在我受之，几无一不为亡国之媒。”20多年来，他曾是为“新学新政者，流行入中国”倾力造因果的人物之一，所以此日言为心声而感慨系之的一派沉痛里，应当不会没有反省和反思。而举“新学新政”为彼时中国人心中的普世之共相，以对比这种普世之共相带给“他人”与“在我”迥然不同的结果，则对比所彰显的，正是中国和欧西、日本之间的殊相。“二十年来”的“规摹仿效”以“靡不惟东西学说是依”为路数，本质上是在营造一个没有殊相的中国。然而沿用这种路数“移而植之我”的“新学新政”，又一次一次地以其“革无效再革之”和“再革无效更革之”，说明了一个没有殊相的地方，共相是既不能进入，也不能安顿的。这种矛盾所反照的困境在于：中国人因惶遽急迫而求富强，因惶遽急迫，既在把欧西变成一种抽象的东西，也在把中国变成一种抽象的东西。之后，“旦暮可以强吾国”犹远不可见，而中国人“积年所希望所梦想”已经一挫再挫“一空无复余”：

> 惩守旧而谈变法也，而变法之效则既若彼；惩专制而倡立宪也，而立宪之效之既若彼；曰君主为之毒也，君主革矣，而其效不过若彼；曰乱党为之梗矣，乱党平矣，而其效不过若彼。二十年来朝野上下所昌言之新学新政，其结果乃至为全社会所厌倦所疾恶。言练兵耶，而盗贼日益滋，秩序日益扰；言理财耶，而帑藏日益空，破产日益迫；言教育耶，而驯至全国人不复识字；言实业耶，而驯至全国人不复得食。其他百端，则皆若是。

以“变”、“倡”、“革”的凌厉无前与“日益滋”、“日益扰”、“日益空”、“日益迫”的一路直落相对举，两者之间的不能匹配和不能对称是显然可见的。深而探之，则不能匹配和不能对称正显示了前一面的抽象性不敌后一面的具体性；而作为一个历史过程，后一面与前一面的相互映照，又醒目地说明了窒迫下的近代化是很容易演化为扭曲的近代化和畸形的近代化的。这种扭曲和畸形，曾是中国近代化过程中的另一个特点。在数十年世变里，世变所内含的历史变迁由民族战争催生，并且在民族战争的逼扼下节节脱跳地深入和“悚夫欧美革新之隆”地深入，脱跳和“悚夫”都与盲目相伴，因此扭曲的近代化和畸形的近代化便成了数十年之间中国人的一种历史命运。然而扭曲和畸形引发“厌倦”和“疾恶”之日，同时是反思促成认知之日。因此“厌倦”和“疾恶”之后，中国人已越来越多地回头反顾，群集于辨识和论争中国的古代历史，中国的社会性质，中国的社会问题，中国的经济，中国的农村，以及中西文化的异同，等等。从“悚夫欧美革新之隆”到重新阅读和探究中国人的社会、历史、文化，是从抽象回归具体，从而是引共相融入殊相，而后近代化变迁的过程会少一点节节脱跳。中国近代化的盘陀与扞格在此，中国近代历史的路向与路径也在此。

今日学界盛倡新材料、新观点、新题目，而共属“社会变迁与百年转折”的这七本书选择的则都是老题目。就我读史30多年的有限阅历而言，新材料、新观点、新题目常能纷纷然各出心裁以动人眼目，然而其中真能耐磨耐久而留得下来的东西其实并不算多。相比而言，老题目则大半是无法绕越的题目，并因之而是不能忘怀的题目。事后论史，19世纪40年代以来的170余年之间，一脉传承贯穿前后地把历史连为整体的，始终是中国社会曲折多难的现代化转型。这个过程已经延续了170余年，然而这个过程至今仍未了结，因此170多年里出现过的困窘、挫折、疑问、争论，都不会是已经远去的东西。后人犹在这个过程之中，是以后人常常要在追溯和回望中求得因果与理解。老题目之无法绕越和无法忘怀，以及老题目之仍须深耕和仍须翻耕，其原因和理由恐怕都在这里。

目　录

引言　亡国的边缘

1898年爱国士大夫们发动的戊戌变法失败了，下层劳动群众中反抗外国侵略者的斗争紧接着就上升到高潮，并且采取更为激烈的形式，那就是义和团运动。

八国联军闯进紫禁城

义和团运动斗争的中心，是在山东、直隶一带。义和团运动猛烈冲击了列强在华权益，帝国主义列强纷纷向清朝政府施加外交和军事压力，要求剿办义和团。他们惊呼："拳民之旗帜，已飘扬于空中，鲜红之布大书'扶清灭洋'四字，仿佛吾欧人之血所染也。"①1900年5月21日，各国驻华使团联名照会总理衙门，要求对义和团采取有力的屠杀政策，并要挟如果在五天内得不到满意答复，将提请各自政府批准派遣军队来华保护使馆和教堂。与此同时，英、美、法、德、意、日、俄、奥等国纠集成所谓的八国联军，随时准备入侵中国。5月31日，英、美等八国派出的先

① 中国史学会主编：《义和团》(中国近代史资料丛刊第二册)，上海书店出版社2000年版，第207页。

遣队300余人以保护使馆的名义强行进驻北京使馆区。6月7日，英国等国政府授予其驻华公使和在华军队便宜行事之权。9日，北京各国公使电召大沽各国军队入侵北京。10日，英国海军中将西摩率领八国联军2 000多人从天津向北京进犯。6月21日，慈禧太后发布了招抚义和团和向列强宣战的上谕。8月14日，八国联军攻入北京，慈禧于次日凌晨携光绪帝仓皇逃往西安。

1901年9月7日，奕劻、李鸿章代表清朝政府被迫与德、奥、比、西、美、法、英、意、日、荷、俄十一国驻华公使签订《辛丑条约》，规定向各国(共十一国)赔款白银4.5亿两，分39年偿付，本利合计近10亿两，关税、盐税都由列强控制，作为偿付赔款之用；在北京设立东交民巷使馆区，使馆区及北京至大沽和山海关的铁路允许外国军队驻守，大沽炮台完全拆毁；由清朝政府下令永远禁止中国人成立或加入反帝组织，违者一律处死，对一切反帝活动，各级地方官员应负责弹压，镇压不力者应予以革职，等等。这是帝国主义列强强加在中国人民头上的又一副沉重的枷锁，是对中国主权的又一次野蛮践踏，中国被推到亡国的边缘。

《辛丑条约》签订现场，桌旁右起第一人奕劻，第二人李鸿章

慈禧早年的经历

慈禧的发迹，是在1861年。当时，中国在第二次鸦片战争中惨败，北京沦陷，圆明园遭焚毁。同年8月22日，逃亡热河(今河北承德)的咸丰

帝在热河行宫病逝。临终前遗命以载淳为皇太子，以载垣、肃顺等八人赞襄政务，将一个残破的江山丢给了6岁的儿子。

这个6岁幼子的母亲，就是日后赫赫有名的慈禧太后。她是满族旗人，那拉氏，因祖居叶赫，故又称叶赫那拉氏。慈禧家隶籍满洲镶蓝旗，在她成为皇太后后抬入镶黄旗。她的曾祖父吉郎阿先后担任过户部和刑部的员外郎，祖父景瑞官至刑部郎中。父亲惠征，早年入国子监学习，后来当了吏部的笔帖式——一种在部院衙门主要从事文书事务的小官，再后来逐级升任主事、员外郎和郎中，1849年出任山西归绥道，1852年慈禧入宫前夕调任安徽宁池太广道，次年太平军进逼芜湖，他携带饷银印信出逃江苏镇江，被开缺查办，不久病死于镇江府。她的母亲出身大家闺秀，外祖父惠显官至归化城副都统，是位居二品的封疆大吏。

慈禧生于北京，长于北京，从未到过南方。1851年16岁时应选秀女，次年6月入宫，封为兰贵人。1854年进封懿嫔。1856年生皇长子载淳，当日晋为懿妃。次年又晋封为懿贵妃，在宫中的地位仅次于皇后钮祜禄氏。她聪明伶俐，容貌出众，据称也曾诵读经史，初通文墨。时咸丰帝为内忧外患所困扰，身心疲倦，疏于朝政，常让她代笔批答奏章，她趁机预闻政事，表现出很强的权力欲望。

慈禧太后

1860年9月，慈禧随咸丰帝出逃热河。咸丰帝死后，6岁的载淳即位，定年号为祺祥，尊钮祜禄氏为母后皇太后，那拉氏为圣母皇太后，不久又分别上徽号为慈安皇太后和慈禧皇太后。避暑山庄烟波致爽殿两侧，各有一座两进的花园式小园，慈安和慈禧分住东西两院，习称东太后和西太后，合称两宫皇太后。

1860年9月22日，肃顺等人随咸丰帝逃往热河，此后一直陪伴左右，深得倚重。咸丰帝病逝后，肃顺等人遂以顾命大臣身份实际执掌清廷最高权力。慈禧与肃顺等人之间早有嫌隙。咸丰帝病危之际，肃顺为防止慈禧日后以母后擅权，曾建议咸丰帝仿效汉武帝赐死太子生母钩弋夫人的做法，及早除掉那拉氏，以免后患。咸丰帝心有不忍，没有采纳肃顺的建议，事后又在无意中透露了风声，从而使慈禧对肃顺等人更加恨之入骨。咸丰帝临终前，在指定肃顺等八人为顾命大臣的同时，又赐给皇后和皇太子载淳（实际上由慈禧掌管）各一枚随身私章“御赏”和“同道堂”，作为皇朝权力的象征以及日后颁发诏谕的信符，试图通过垂帘与辅政既相辅相成又相互牵制的格局，确保清朝皇权牢牢地掌握在爱新觉罗家族手中。

咸丰帝死后，慈禧与肃顺集团之间围绕最高权力的争斗愈演愈烈，最后在恭亲王奕䜣的帮助下，于1861年11月发动政变，将肃顺押赴北京菜市口斩首示众，载垣、端华赐令自尽，其余五名大臣或被革职，或被革职并充军，慈禧时年27岁。此后，清廷的最高权力，一直被她牢牢掌控。

第一章

逃亡途中的诏令

慈禧太后

一　痛定思痛求革新

世界刚步入20世纪，中华民族正陷于空前的危机和灾难的深渊。

八国联军的暴行　1900年8月14日，八国联军攻入北京。外国侵略者占领京津地区期间的暴行，令人发指。1901年1月英国《当代评论》刊登了一名目击者的长篇文章，披露了八国联军的血腥罪行：

八国联军首领合影

大沽口有三百多名正在为各国轮船装卸货物的工人，不干活时被拘禁在一艘大木船上。外国军队进入大沽口，为逃生他们设法把木船驶向陆地，适被俄军发现，这三百多名无辜的装卸工都成了俄军的射击目标。狄龙博士乘船驶过往昔人烟稠密的天津，那儿已变成一片废墟。通州已是死亡之城，所过之处，野旷天阔，阒无人烟，他上岸观望，一切都怵目惊心，房屋被焚，一切都遭破坏。

他走进一家，只见木机边躺着一男一女，脚下散落着三支筷子，吃剩的粗糙食物已经腐烂，可见他们原本正在吃饭，突如其来就被砍死。室外院中，躺着一个梳着四股发辫的小女孩，被砸碎的头盖骨凝结着黑红色血块，上面爬满了苍蝇。他看到，不少男女老少以及怀抱婴儿的尸体埋在垃圾下面，或顺着河水漂流而下，每具尸体都伴随着一层乌云似的苍蝇。蝙蝠在苍茫的暮色中飞来飞去，贪食的乌鸦也在上空盘旋。

他还在通州水边看到两具尸体，看模样是父亲拉着年幼的儿子正举手乞求慈悲，但他们却在文明的名义下被枪杀了，躲在那里，手仍然举着，一只黄狗正在啃那父亲的手臂。白河两岸一些大的县城，被逃跑了的主人抛弃的房屋里边被洗劫一空。这些都是那些文明使节的所作所为。这里的景象与其说是战争，毋宁说是一场大屠杀。①

"八国联军"合影(自左至右依次为英、美、澳、印、德、法、奥、意、日等国士兵)

同年7月3日，英国《每日新闻》也刊载了题为《中国惨状，欧洲军人的罪行，尽干坏事》的文章，作了类似的报道。

八国联军占领北京后，杀气腾腾地颁布戒严令，实行分区管制，进行屠杀和洗劫，并且不时地派遣军队到直隶北部各个地区进行讨伐，从1900年12月12日至1901年4月底，这种"讨伐"就连续进行了45次，所到之处，烧杀掳掠，无恶不作。法军军官绿蒂在他的日记中，记载了他们在清东陵的

① 中国第二历史档案馆等编：《中国海关密档》第7册，中华书局1995年版，第141页。

所作所为："我们一登上冥殿那白色的须弥石座，就开始发现战争带来的破坏了。比我们早先到此的德国兵，误把朱门上镀铜的漂亮饰品当成了金子，已经用刀尖一个个撬走了。"①

八国联军在乾清宫内

连那些列强驻京外交官和他们的太太们也趁机盗抢，丑态百出。美国随军记者贾珀·怀亭记述：

我认为对于北京的抢劫，是与义和团运动有关的最使人惊奇的最无耻行为。但是这一行为不仅限于任何一群个人或是任何国籍，也不仅限于男人们。我被最权威人士告知，抢劫是由女人们发起的。在英国公使馆大门被冲开以迎接联军部队才五分钟，两名在英国公使馆避难的法国妇女就冲出大门，相互比赛着跑到公使馆大街的某一家商店，这是一家和平时期她们经常去的商店，而且她们知道商店已经没有人了。

十分钟后她们回来了，抱着满满的丝绸、刺绣、皮货和玉石，脸上露出了胜利的笑容……据说取得最佳抢劫成果的是窦纳尔夫人，英国公

① 皮埃尔·绿蒂：《在北京最后的日子》，马利红译，上海书店出版社2006年版，第206页。

使的妻子所拥有，其次要属美国公使馆一秘司快尔先生了。我个人看到了窦纳尔夫人的一部分成果，我敢说要是有比那还好的，就是我到的时候没在那里。她那时有八十七个装满了最值钱珍宝的大木制装货箱，我亲自听到她说她"还没开始打包呢"。①

八国联军统帅瓦德西

八国联军统帅瓦德西承认：

联军占领北京之后，曾特许军队公开抢劫三日。其后更继以私人抢劫。北京居民所受之物质损失甚大，但其详细数目亦复不易调查。现在各国互以抢劫之事相推诿，但当时各国无不曾经彻底共同抢劫之事实，却始终存在。②

这种军事占领一直延续到1901年9月，以清朝政府在屈辱卖国的《辛丑条约》上签字画押才中止。

慈禧太后西逃 北京城被攻破的次日凌晨，慈禧携光绪帝仓皇逃往西安，她身边的一些太监也在一片慌乱中被撇下，原清宫太监耿进喜忆述："那天我也闹不清怎么回事，听说洋兵进城了，太后跟皇上都要走了，跟着出宫的人可就多啦。我出了西直门，听说太后打颐和园又往西下去了，我就回老家了。后来平静了，我才上得西安，后来跟着回銮。"③当时跟随一路西逃的卫士岳超，记述了慈禧一行狼狈不堪的情景：

两宫上车后，各王公大臣或骑马，或徒步，踦踦跄跄，随后扈从，形成一色彩纷呈之凌乱纵队，约千余人，尚肃静，经由景山西街出地安门西行。

上午八时许，至西直门，忽下细雨，从者均未带雨具，悉被淋透，踯

① 弗雷德里克·A.沙夫等编著：《1900年：西方人的叙述——义和团运动亲历者的书信、日记和照片》，顾明译注，天津人民出版社2010年版，第256—257页。

② 瓦德西：《瓦德西拳乱笔记》，王光祈译，上海书店出版社2000年版，第40页。

③ 转引自信修明等：《太监谈往录》，紫禁城出版社2010年版，第261页。

八国联军在中南海

蹋道中，厥状萧索凄苦。忆当年慈禧乘亮轿或暖轿出入此门时，黄土垫道，銮仪整肃，对对提炉中御香缥缈，檀气氤氲之情形，宛如隔世矣。

出西直门折而北，……（途经南口）此地因受败兵散勇之骚扰、抢掠，居民多逃入深山，经侍卫、太监等到处寻觅，始获得少量小米及鸡蛋，聊供两宫及后妃熬粥充饥。其他随从人员只得向庄稼地中讨生活。……过居庸关，经四十里关沟，迄晚至岔道，山路坎坷难行，骑者均下马。在一小山村驻跸，除两宫及宫眷住民房，现煮小米粥充饥外，余众多随地露宿，忍饥挨冻，情形相当凄惨。①

此后的奔逃，依旧窘困和混乱不堪。据当时一路西逃的清廷随从记述："此次出京危险已极，沿途居民铺户均被溃勇抢劫一空，俗所谓十室九空，此则室室皆空，真觉不堪寓目矣。"②时任直隶怀来知县的吴永，得知慈禧仓皇

① 岳超：《庚子——辛丑随銮纪实》，见全国政协文史资料研究委员会编：《晚清宫廷生活见闻》，文史资料出版社 1982 年版，第 91—93 页。

② 郑村声整理：《西行纪事》，见上海图书馆历史文献研究所编：《历史文献》第 14 辑，上海古籍出版社 2010 年版，第 234 页。

抵达，即出城迎驾侍候，恭谨有加，一路颠簸、提心吊胆的慈禧，对这名在危难之际主动前来忙前忙后的小官不免青睐有加，当即任命他为前路粮台会办，随扈西行。吴永记载，当时慈禧的"扈从兵士为神机、虎神两营，其余尚有武卫军，顾皆零落散漫无统纪，蹩躠而行，馁惫不支，惟肆强掠，道遇车马，即捽其人于路旁，牵其车马以去，虽京外官吏亦鲜有幸免者。以此凡沿官道各村庄，居人皆逃徙一空。兵卒搜括财物，鸡犬不留，主将虽三令五申，迄无法可以禁止"①。

仓皇出逃的慈禧和光绪帝等人，连替换的衣服都来不及带上。吴永见状，只得求助于自己的家人：

> 予匆匆到署，即启箧检衣服，惟得先生母柯太夫人呢夹袄一件，尚觉完整，即以此件预备进奉太后；又检得缺襟大袖江绸马褂、蓝绉夹衫长袍各一件，拟进奉皇上。惟两格格衣服，无相称者。继思旗籍妇女可通用男子衣，乃以予自用绸绉线夹春纱长衫数件，拉杂凑置，并为一包，当即驰赴宫内呈送。予姐逝世，姐夫缪石逸新续娶，有镜奁一具，予取以进奉，梳子脂粉悉具。于是太后始得栉沐妆饰。少间复传起入见，则太后及皇上均已将予所进衣服更换，威仪稍整；两格格亦穿予长衫，伫立门外闲看，不复如前狼狈矣。②

起意变革求存　外国侵略者在京津地区包括在慈禧的儿子载淳（即同治帝）的坟头逞凶之时，太后一行正奔波在前往西安的逃亡途中。环顾身边护驾的那些残兵败将，放眼四周的满目疮痍，此时的她不由得悲从心头起，不得不考虑如何才能渡过难关，保住摇摇欲坠的清皇朝。她曾对身边的人感叹："前在宫中，不知小民之苦也。"③又自叹："我总是当家负责的人，现在闹到如此，总是我的错头，上对不起祖宗，下对不起人民，满腔心事，更向何处诉说呢。"④当时伴随其左右的岑春煊追忆："朝廷自经庚子之变，知内忧外患相迫日急，非仅涂饰耳目所能支此危局，故于西狩途中，首以雪耻自强为询。"⑤

---

① 吴永口述，刘治襄笔记：《庚子西狩丛谈》，岳麓书社 1985 年版，第 53—54 页。
② 同上书，第 54 页。
③ 濮兰德等：《慈禧统治下的大清帝国》，年秋实等译，天津人民出版社 2008 年版，第 228 页。
④ 吴永口述，刘治襄笔记：《庚子西狩丛谈》，岳麓书社 1985 年版，第 89 页。
⑤ 岑春煊：《乐斋漫笔》，中华书局 2007 年版，第 27 页。

1901年1月29日，惊魂未定、刚在西安驻足的慈禧太后就以光绪皇帝的名义，颁布了一道"变法"的诏令，表示：

世有万祀不易之常经，无一成不变之治法。穷变通久，见于大《易》，损益可知，著于《论语》。盖不易者三纲五常，昭然如日星之照世，而可变者令甲令乙，不妨如琴瑟之改弦。伊古以来，代有兴革，大抵法积则敝，法敝则更，惟归于强国利民而已。自播迁以来，皇太后宵旰焦劳，朕尤痛自刻责。深念近数十年积敝相仍，因循粉饰，以致酿成大衅。现正议和，一切政事，尤须切实整顿，以期渐致富强。懿训以为取外国之长，乃可去中国之短；惩前事之失，乃可作后事之师。

继而强调：

法令不更，锢习不破，欲求振作，须议更张，著军机大臣、大学士、六部、九卿、出使各国大臣、各省督抚，各就现在情弊，参酌中西政治，举凡朝章国政、吏治民生、学校科举、军制财政，当因当革，当省当并，如何而国势始兴，如何而人才始盛，如何而度支始裕，如何而武备始精，各举所知，各抒所见，通限两个月内悉条议以闻。①

官场的疑惧 慈禧自垂帘听政，掌握实权始，便深谙统驭群臣的权术运用之道，服侍过她的太监信修明曾这样描述："慈禧太后之威严皆在眼神，平日直如日电，无人敢对其光，声音亦洪亮。每朝见群臣时，霁颜寒暄，令大臣之心情有意外之感激。初见面，必问大臣家中日常之琐事，如妻妾子女等，无不详细动问，乃至姬妾孰贤，子女孰肯读书。对于老臣之饮食起居，亦切切嘱之以珍重，令大臣等几乎忘记是在朝廷之上。言谈之间，忽然辞锋转变，眼光灼耀，问某一件事情：'你们办得怎么样？'此一问往往令人答之不及，不由汗透衣褂。"②此时距慈禧镇压戊戌变法才两年多，人们对她的血腥手段还记忆犹新。当时她在囚禁光绪帝、杀害谭嗣同等人的同时，下令查抄康有为、梁启超等人的家产，抓捕他们的家人，并悬赏缉拿已逃亡海外的康

① 朱寿朋：《光绪朝东华录》，中华书局1958年版，第4601—4602页。

② 信修明等：《太监谈往录》，紫禁城出版社2010年版，第72—73页。

有为和梁启超。为了泄愤，她还下令将康、梁的祖坟铲平。而与维新派稍有牵连者，无不胆战心惊，即使如曾国藩之弟曾国荃的幼孙曾广河也因此惊恐不已，服毒自尽，年仅24岁。他曾任刑部员外郎，与谭嗣同是好友，其后人陈述："祖父[曾广河]自尽主要是自咎未策动谭嗣同及时逃走避难，同时也有害怕事后清政府追查同党殃及家族之虑。"①1899年7月11日，名士宋恕在私人书信中这样描述："近日各省志士通人无不奇窘，无论经史、时务，皆不敢谈，并孔教等极冠冕字样，今亦为极忌讳字样。有言《春秋》、《孟子》者，大臣目为乱党；官场中有稍言及'爱民'者，大臣目为汉奸，竟成大闭塞世界。"②

因而，此时虽有慈禧太后明令改革并号召各类官员建言上书，但文武百官仍心存疑惧，多持观望态度，不敢贸然行事。结果，在改革诏令规定的两个月内，官场中人多畏缩不前，不敢直言上书。

慈禧太后

再申革新诏令 殊不知，此时的慈禧迫于内外交困，是铁了心要重提曾被她废弃的改革口号，去重新打理朝政的。1901年4月21日，清廷再下谕

① 曾宪枢撰，曾光整理：《谭嗣同殉难和我祖父的死》，见王继平等主编：《曾国藩与近代中国》，岳麓书社2007年版，第373页。

② 宋恕：《致孙仲恺书》，见《宋恕集》下册，中华书局1993年版，第692页。

令，要求文武百官“迅速条议具奏，勿再延逾观望”。同时下令设立“督办政务处”，具体负责新政的推行。

慈禧为此委派受她信任的奕劻、李鸿章、荣禄、昆冈、王文韶、鹿传霖为督办政务处大臣（次月增派瞿鸿禨），刘坤一、张之洞遥为参与，统筹办理新政事宜。最后决策权，自然仍牢牢握在她自己的手中。当时有人在西安见过她后描述：“太后仍独揽大权，无论巨细，躬自裁夺。”并称：“见太后精力强健，虽寿已六十有四，而望去不过四十许人。”①

奕　劻

实际上这是精心妆饰后的慈禧，次年进宫服侍她的太监信修明忆述：“她的头发已然脱光，剩下耳后的几根头发，脑袋成了秃瓢，当顶粘着一个顶花。梳头时，像戏子梳妆贴头发片子。不这样，她就是一位秃老太太。”但其威严还是让人惧怕，信修明紧接着又说：“虽然这样，她的精神很好，两道眉有神采，一双眼的眸子光亮如星日，谁也不敢向她对对眼光。”②

二　“江楚会奏”提方案

自清廷“变法”上谕颁布并重申，以及宣布设立督办政务处后，朝廷上下、京城内外的文武百官，总算明白慈禧太后这下是真要进行改革了。为了抢得头功，他们一反先前的消极观望，纷纷条陈上奏，各抒己见。其中占得先机、影响最大的，是 1901 年 7 月由两江总督刘坤一、湖广总督张之洞会衔连上的三份奏折，习称“江楚会奏三折”。此时，奕劻、李鸿章奉命在北京与列强的和谈接近尾声。9 月 7 日，中国主权再受严重践踏的《辛丑条约》订立。

① 濮兰德等：《慈禧统治下的大清帝国》，年秋实等译，天津人民出版社 2008 年版，第 229 页。
② 信修明等：《太监谈往录》，紫禁城出版社 2010 年版，第 23、24 页。

1900年时的李鸿章

11月7日，李鸿章在北京病死。此前，他曾感叹：

我办了一辈子的事，练兵也，海军也，都是纸糊的老虎，何尝能实在放手办理？不过勉强涂饰，虚有其表，不揭破犹可敷衍一时。如一间破屋，由裱糊匠东补西贴，居然成一净室，虽明知为纸片糊裱，然究竟决不定里面是何等材料，即有小小风雨，打成几个窟窿，随时补葺，亦可支吾对付。乃必欲爽手扯破，又未预备何种修葺材料，何种改造方式，自然真相破露，不可收拾，但裱糊匠又何术能负其责？①

李鸿章死后，原先地位在他之下的张之洞和刘坤一，在清末政坛的影响超过以往。

刘坤一

刘坤一和张之洞　刘坤一是湖南人，1855年在家乡率团练即地方武装与太平军交战，屡立战功，得清廷嘉奖。次年太平军进击江西，曾国藩统率的湘军遭围困，刘坤一率部赶往救援解围。此后久经战阵，1865年出任江西巡抚。他刚抵南昌上任，即奉命赶赴赣南围剿由康王汪海洋统率的太平军余部。刘坤一坐镇赣州，固守南安、赣州、吉安、临江、袁

① 吴永口述，刘治襄笔记：《庚子西狩丛谈》，岳麓书社1985年版，第107页。

州、瑞州等府州县，阻止太平军从广东进入江西。同年底，困守广东嘉应州城的太平军受到聚歼，汪海洋战死，刘坤一得赏头品顶戴。后历任署理两江总督、两广总督等职，1879 年任两江总督兼南洋通商大臣。一度被人参奏渎职，被免去两江总督，由左宗棠继任。此后在家赋闲近十年，直到 1891 年才再次出任两江总督，兼南洋通商大臣，并帮办海军事务。时曾国藩、左宗棠均已去世，刘坤一成为湘系官僚势力的首领，颇具声望。

1899 年，华北地区的义和团运动达到高潮，俄、英、美、日、德、法、意、奥组成八国联军悍然进犯津、京，清廷在是否对外宣战问题上举棋不定。时为湘系首领和长江流域地方实力派人物的刘坤一，联合湖广总督张之洞，会衔致电总理各国事务衙门，要求速剿义和团以杜列强口实。后两人又联合长江巡阅水师大臣李秉衡、湖北巡抚于荫霖、江苏巡抚鹿传霖、安徽巡抚王之春、江西巡抚松寿、湖南巡抚俞廉三等，联名致电总理各国事务衙门，要求速剿义和团、饬令驻各国使臣分别向各国道歉、明令各省保护洋商和传教士，认为如此方可挽救危局。但清廷仍对外宣战，于是两人便自行指令督办芦汉铁路大臣盛宣怀会同上海道余联沅，在上海与各国驻沪领事会谈，并于 1900 年 6 月 26 日订立《东南保护约款》（又称《中外互保章程》）。其明确规定上海租界归各国共同保护，长江及苏杭内地归各督抚保护，并强调联手遏制义和团运动扩大至长江流域，史称“东南互保”。刘坤一和张之洞也因此名噪一时，为中外所瞩目。

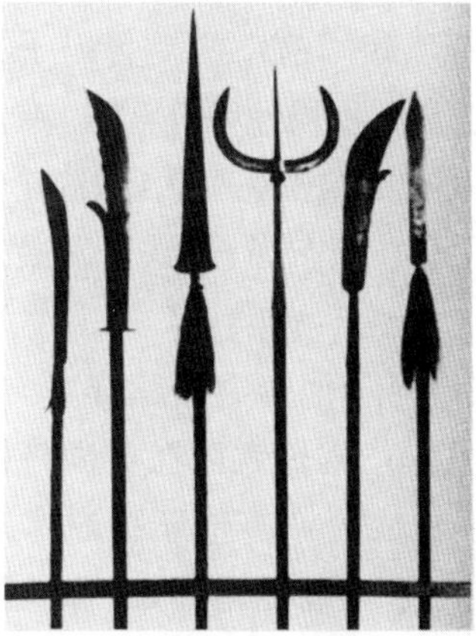

义和团的武器和旗帜

刘坤一出身行伍，张之洞则是个文臣。他是直隶（今河北）人，自幼熟读四书五经，13岁考中秀才，15岁名列顺天府乡试第一名，属少年得志。1853年贵州苗民起事，响应太平天国起义，张之洞自京城赴贵州兴义，筹划帮助时任兴义知府的父亲弹压。后又参与镇压捻军。1863年入京会试，得中一甲三名，习称探花。后历任翰林院编修、浙江乡试副考官、湖北学政、四川学政等职。期间曾在武昌建经心书院，在成都建尊经书院，著有《书目答问》等，选拔了一批年轻学子。

张之洞

1876年回到京城后，张之洞仕途顺达。1881年，以内阁学士补授山西巡抚。在晋两年，整顿吏治、荐举人才、奖励农工、减免苛税、禁止种植吸食鸦片，颇有作为。又聘请英国传教士李提摩太为顾问，传授近代科技知识；设桑棉局，请苏州工匠前来教习等。此外，还议办山西练军，筹款购买外国军火，挑选防勇精壮者加以操练。

1884年中法战争爆发前夕，张之洞奉命署理旋又补授两广总督。履任后，他即与钦差大臣、兵部尚书彭玉麟等加强海陆防务。战争爆发后，除以饷械兵员支援闽台地区的抗法战事外，又奏请起用前广西提督冯子材率军上阵，取得镇南关大捷。中法战争后，张之洞更积极地筹办洋务，在广东陆续创建了枪弹厂、枪炮厂、机器铸钱厂，用西式枪械操练军队，试造轮船加强水师，设立水陆师学堂培养近代军事人才，筹办织布局、炼铁厂发展近代工业，用力甚勤。

1889年，张之洞调任湖广总督。此后十余年，他着力经营洋务，主要是办厂、练兵和兴学。就任伊始，即电请将原先广东炼铁厂在英国订购的设备，改运湖北筹办汉阳铁厂，并于1894年建成投产。他还把原广东枪炮厂在德国订购的一部分设备移运湖北，创办了湖北枪炮厂，后称汉阳兵工厂。这是晚清规模最大的枪炮厂，所造步枪俗称“汉阳造”，广为人知。民用工业方面，办有湖北织布局、湖北纺纱官局、湖北缫丝局和制麻局等企业。

汉阳铁厂

中日甲午战争的惨败，给张之洞很大的刺激。他随即聘请外国教官，编练湖北新军。1897 年他在湖北设立武备学堂，以后改名武备高等学堂，学员多为本省举人、贡生和监生，毕业后多出任军官。张之洞在湖北较早地开办新式教育，1890 年开办的两湖书院，除传统课目外，已新设天文、地理、数学、测量、化学、兵操等课程。1898 年，经心书院又增设外文、天文、格致、制造等课程。在此前后，他还创办了各类实业学堂，有矿业学堂和工业学堂，附设在矿业局内；有湖北自强学堂，后改名为湖北方言学堂，是今武汉大学的前身；有湖北方言商务学堂，类似今外贸学校；有湖北算术学堂、湖北农务学堂等等。同时他还派遣不少官费生出国留学，其中就有后来成为革命党人的黄兴。

唐才常

义和团运动兴起后，张之洞和刘坤一与列强联手，推出“东南互保”。当时，原戊戌维新派成员唐才常等暗中组织自立军，总部设在汉口英租界，计划乘慈禧太后逃离北京之机兴师勤王，拥戴光绪帝复辟，被张之洞知悉。1900 年 8 月 22 日，张之洞得英国领事同意，派兵进入汉口英租界，一举破获自立军总部，捕杀唐才常等20余人，很得慈禧太后赞许。

“江楚会奏”始末 深谙清末官场政治风险的张之洞，是在多方探明慈禧意图后，才积极联络刘坤一上奏献策的。与其他人相比，张之洞的优势在于慈禧身边有人不断向他通风报信，其中就有他的姐夫、军机大臣鹿传霖。因此在接到新政诏令前，他就得知“不日将有上谕，举行新政”①。又从多种渠道获悉此项诏令源自慈禧的旨意，其亲信荣禄等人均赞同，而且还是由张之洞的门生、时为荣禄的幕僚樊增祥起草的，于是他心中有底，马上着手应对。

荣 禄

他联络两江总督刘坤一联名上奏，并分头组织幕僚起草文稿。大致的情形是，刘坤一那边由张謇、沈曾植、汤寿潜各拟一稿，然后寄给张之洞，由张之洞听取身边郑孝胥、梁鼎芬、黄绍箕等人的意见后，写成初稿，再互相商议定稿。就刘、张两人而言，行伍出身的刘坤一除了资历外，学识远不及张之洞，因此由张主稿并不奇怪。

三折完稿后，由刘坤一领衔、张之洞联署，于7月12日、7月19日和7月20日由南京发往西安。其中第一折提出兴学育才办法四条：设立文武学堂，酌改文科科举，停罢武科，奖励游学。第二折提出中法应行整顿变通者十二事：崇节俭，破常格，停捐纳，课官重禄，去书吏，去差役，恤刑狱，改选法，筹八旗生计，裁屯卫，裁绿营，简文法。第三折提出西法应当兼采并用者十一事：广派游历，练外国操，广军实，修农政，劝工艺，定矿律、路律、商律、交涉刑律，用银元，行印花税，推行邮政，官收洋药，多译东西各国书籍。

这三份涉及内容广泛的奏折呈上后，得到慈禧太后的称许：“刘坤一、张

---

① 劳祖德整理：《郑孝胥日记》，中华书局1993年版，第782页。

之洞会奏整顿中法、仿行西法各条，事多可行，即当按照所陈，随时设法择要举办。各省疆吏亦应一律通筹，切实举行。”①“江楚会奏三折”因此也俨然成为清末新政的蓝本。

上述三折，可以说是张之洞变法思想的一个总结，重点是主张有限度的变革，是要在激进派的趋新和顽固派的守旧之间，寻求一条稳健的可望会被慈禧采纳、同时“布告天下则不至于骇俗”②的变法道路。在起草过程中，张之洞也曾有过诸如“设议院”之类的估计会惊世骇俗的议论，但最后都没有写入奏折。③

1901 年 7 月 20 日，在称许刘坤一、张之洞会奏的同时，慈禧太后颁旨再次强调决意推行新政：“尔中外臣工，须知国势至此，断非苟且补苴所能挽回厄运，惟有变法自强，为国家安危之命脉，即中国民生之转机。予与皇帝为宗庙计，为臣民计，舍此更无他策。”④此后，清朝政府便相继推行了一系列新政措施。

---

① 中国第一历史档案馆：《光绪宣统两朝上谕档》第 27 册，广西师范大学出版社 1996 年版，第 188 页。

② 张之洞：《遵旨筹议变法拟采用西法十一条折》，见苑书义等主编：《张之洞全集》第 2 册，河北人民出版社 1998 年版，第 1450 页。

③ 参见李细珠：《张之洞与〈江楚会奏变法三折〉》，《历史研究》2002 年第 2 期。

④ 朱寿朋：《光绪朝东华录》，中华书局 1958 年版，第 4771 页。

第二章

新政的中枢要员

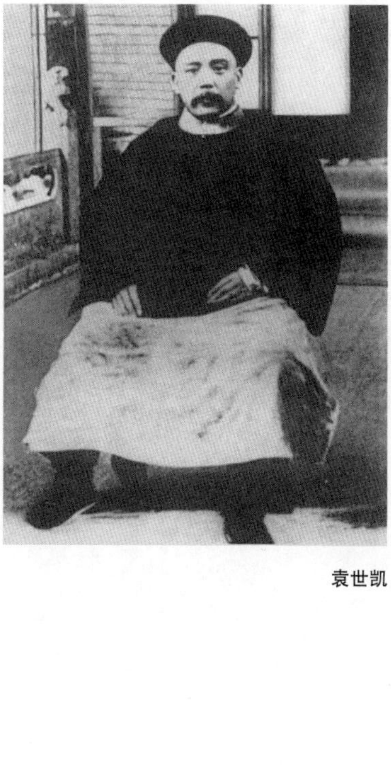

袁世凯

一　高层政要的变动

慈禧太后决意启动新政后，清廷于 1901 年 4 月 21 日在军机处之外，又设立了督办政务处，具体负责新政的推行。

军机处和督办政务处的职权　军机处是清代辅佐皇帝的政务机构，1792 年雍正帝以用兵西北所需，设军机房。1795 年改称办理军机处，简称军机处。军机大臣，习称大军机，分设满、汉员，从大学士和各部尚书、侍郎中选拔，为兼差，人数无定额，任命时按各人资历分别称为军机处行走、大臣上行走、大臣上学习行走等等。其部下称军机章京，习称小军机，负责缮写谕旨、记载档案、查核奏议等；分为满、汉四班，各 8 人，共 32 人，每班有领班、帮领班各 1 人。

袁世凯

军机处的任务是每日晋见皇帝，商议军国大事，并以面奉谕旨的名义发布下达各种指令。自军机处设立，内阁的权力大为削弱，领班的军机大臣实为首相，习称首辅。

督办政务处（简称政务处）成立后，以军机大臣领督办事，其成员以庆亲王奕劻为首，另有李鸿章、荣禄、昆冈、王文韶、鹿传霖和瞿鸿禨，呈递"江楚会奏”的刘坤一和张之洞则“遥为参与”。同年，李鸿章去世；次年，刘坤一病逝。1903 年夏，张之洞和袁世凯出任政务大臣；同年稍后，又有荣庆、张百熙、孙家鼐担任政务大臣。

袁世凯的官场生涯

袁世凯，字慰庭，又作慰廷或慰亭，别号容庵，河南项城人，1859 年 9 月 16 日生。其叔祖父袁甲三以办团练镇压捻军起家，官至漕运总督。父亲袁保中为地方豪绅，叔父袁保庆在袁甲三军中带兵，官至江南盐巡道。1866 年袁保庆出任山东济南候补知府时，年已四十，尚未得子，便让袁世凯过继为嗣子。于是年方 7 岁的袁世凯跟着袁保庆到了济南。袁世凯自小不爱读书，经常托词逃避，或逞强打架，或逛街看戏，乐此不疲。次年袁世凯又随袁保庆到了江苏南京，仍旧习不改，四处闲逛。

1873 年袁保庆突患霍乱，病死南京。是年冬，袁世凯扶灵柩返回河南项城。办完丧事后，他于次年去北京投奔在京城当大官的堂叔袁保恒和袁保龄，前者时任户部左侍郎，后者为内阁中书。在两位堂叔的督促下，袁世凯“昼习词章，夜究兵书”，但进步甚慢，文章仍不入门。1876 年和 1878 年，他曾两次回河南参加乡试，结果都名落孙山。一气之下，他把自己写的诗文都付之一炬，决意另寻一条仕途发迹的捷径。

1881 年，袁世凯去山东登州投奔袁保庆的结拜兄弟、淮军将领吴长庆，被委派为营务处帮办。次年，朝鲜发生“壬午兵变”，清廷派吴长庆率兵赴朝镇压，袁世凯随军前往。最初，他的职务是“前敌营务处”，主要负责军需供应和勘定行军的路线，后因办事干练，很快崭露头角，参与了诱捕朝鲜大院君李昰应的行动。在清军的帮助下，朝鲜闵妃集团重掌政权。兵变平定后，朝鲜国王曾单独接见了袁世凯，清朝政府也以袁世凯“治军严肃，剿抚应机”给予嘉奖，“以同知分发省分前先补用，并赏戴花翎”。不久，袁世凯应朝鲜国王之请，帮助编练朝鲜新军。在袁世凯的主持下，首批 1 000 名新军训练进展顺利，朝鲜国王检阅后，夸奖袁世凯教练有方，遂又选调 500 人交袁世凯训练。

1884 年中法战争爆发后，吴长庆奉命从朝鲜带三营清军回防辽东，驻扎金州，其余三营仍留驻汉城，由记名提督吴兆有、张光前统带，袁世凯得李鸿章的赏识，被任命为“总理营务处，会办朝鲜防务”，跻身驻朝清军重要官员之列。是年底，朝鲜发生由日本幕后策动的开化党政变。袁世凯未及请示清廷,自行决定带兵入宫镇压,迅速平定了政变,闵妃集团重新上台,袁世凯因此更得李鸿章的器重。1885 年 10 月,袁世凯得李鸿章举荐,出任“驻扎朝鲜总理交涉通商事宜”的全权代表,并以知府分发,尽先即补,候补缺后以道员升用,加三品衔。

升迁后的袁世凯,趾高气扬,刚愎自用,一味醉心于权谋诈术,以为凭借他的手腕,便能控制局势,对日本介入后朝鲜政局的演变没有清楚的认识。1894 年朝鲜发生东学道起义,袁世凯主张清廷应朝鲜政府的请求派兵入朝镇压,并误以为日本不会出兵干预。及至清军赴朝,日本即按预定计划派遣大军侵入朝鲜,占据汉城,于是出现中日两军对峙的局面,战争一触即发。袁世凯见事态严重,自知无法收拾,一再以病请求回国。是年 7 月 19 日,袁世凯悄悄搭乘平远舰返回天津。8 月 1 日,中日甲午战争全面爆发。此后,袁世凯被李鸿章派往辽宁凤凰城办理清军前敌营务处兼筹转运事宜。清军连遭败绩,袁世凯也先后随军败退辽阳和锦州,最后回到天津销差。

中日甲午战争后,李鸿章逐渐失势,袁世凯遂转而投靠其他权贵。1895 年 12 月,他得兵部尚书、总理各国事务大臣兼督办军务处大臣荣禄及军机大臣李鸿藻等人奏准,赴天津附近的小站,接统定武军,将其扩编改建,更名为新建陆军。袁世凯到任后,聘请德国教官进行西式操练,部队扩编至 7 000 余人,武器装备全从国外采购。为了严密控制这支军队,他网罗和栽培了徐世昌、段祺瑞、冯国璋、曹锟、段芝贵、张勋等一批亲信,这些人成为日后北洋军阀的基干。1897 年,清廷认为他练兵有功,授以直隶按察使,仍专管练兵事宜。此后,袁世凯依仗他统领的北洋新军,权势显赫。

督办政务处诸大臣　1902 年清廷从西安返京后,荣禄接替去世不久的李鸿章,出任军机处大学士。此人头脑机敏,城府很深,早年跟随光绪帝的生父训练神机营,后步步高升,曾出任西安将军。1894 年慈禧六十庆典时,他回京祝寿,被慈禧留在京城重用,不久便先后出任步军统领、兵部尚书、军机大臣和大学士,逐步取代老气横秋的恭亲王奕䜣和平庸的礼亲王世铎,成为满族权贵中的核心人物。①

当时与他有过交往的英国传教士李提摩太记述,1902 年李在北京时,“荣

① 参见孔祥吉:《清人日记研究》,广东人民出版社 2008 年版,第 272—273 页。

禄派人来传话，让我去跟他见个面。会见持续了一个小时，其间他就很多重要事情，提出了许多问题。在能力方面，与我所遇到过的其他中国人相比，他更像李鸿章：头脑清晰，思维敏锐。会谈结束时，他问我是否愿意见见鹿传霖。我猜想，他以这种方式提出这个问题，是因为鹿传霖以最排外的内阁大员而闻名。我回答说，如果他真的愿意见我，我可以登门拜访。于是荣禄说：'明天五点，他将在他家里恭候你。'"①

英国传教士李提摩太

奕劻是乾隆帝第十七子永璘孙。1884年任总理各国事务衙门大臣，并封庆郡王，10年后封庆亲王，深得慈禧太后信任，甚至一度超过荣禄。有学者据清宫档案发现，奕劻从戊戌维新到义和团前后，一直为慈禧出谋划策，言听计从。两人关系诡秘，其亲密程度无人可比。当八国联军兵临城下，炮火连天，风声鹤唳，慈禧几乎每天见奕劻，密商对策，并一同逃往西安。相反，慈禧西逃的决定，身为武卫军统帅的荣禄居然全不知晓。列强攻占北京后，荣禄逃往保定一带，他在一封私人密信中抱怨："不图扈从诸人利兄之出，竟不容赴晋朝天，中间留滞畿南，备尝艰楚。"其中"扈从诸人"，指的就是随同慈禧西逃的奕劻等人。②

北京沦陷后，奕劻奉慈禧太后之命，赴京与李鸿章同任全权大臣，与列强议和。《辛丑条约》订立后，总理各国事务衙门改为外务部，他出任总理大臣。1903年荣禄病逝后，又任军机大臣。此后，军机处的局面有明显变化。1905年2月26日，时任外务部侍郎的伍廷芳告诉日本驻华公使内田康哉：

以前荣禄在世时，军机处之诸般事务都由其自己处理，并不委于诸同僚大臣。荣禄将大小政务都面奏皇太后、皇帝，仰其决裁。其他军机

① 李提摩太：《亲历晚清四十五年——李提摩太在华回忆录》，李宪堂等译，天津人民出版社2005年版，第298页。

② 参见孔祥吉：《我书架上的手抄本》，《南方周末》2011年1月13日。

清末外务部大楼

处大臣则沦为备员，在政务上毫无实力。但庆亲王当政时，与之相反，在政务上没有自己全般处理之魄力，根据事之不同，往往委派给其他军机大臣。荣禄在世时，不存在有实权的军机大臣。在作为庆亲王部下时，或多或少渐得权力，但王文韶、鹿传霖两老俱已耳聋，故实际非能面奏。瞿鸿禨及新进之荣庆两人利用此好机会，屡屡向皇太后进言，由此二人渐成竞争者，以至互相敌视。①

鹿传霖是直隶定兴人，咸丰朝的举人，后入清军胜保军营，协助围剿捻军，因功获授同知。1862 年成进士，次年任广西兴安知县，1874 年任桂林知府，后历任河南、陕西巡抚，四川总督。因与奕䜣不合，一度被撤职。1898 年戊戌政变后，经荣禄密荐，任广东巡抚；次年，任江苏巡抚兼署两江总督。八国联军攻陷北京后，募兵三营赶往山西，护送慈禧太后逃往西安，授两广总督，任军机大臣。新政启动后，又兼督办政务大臣。

据见过他的李提摩太忆述："在荣禄安排的那次同他的会见中，我问他，在他看来，中国的状况与六十年前相比，是更好了还是更坏了。'别问我这样的问题'，他回答，'比以前差多了，并且一年比一年变得更坏'。这是我故意给他设的陷阱，他很轻易地就陷进去了。于是我说：'那么说，在这种情况下，坚持那些使中国陷入灾难的陈规陋习，才是聪明的做法？'看到自己落进了圈套，他很老到地使自己摆脱了困境：'如果你处在我的位置，你会怎么

① 内田康哉报告的原件藏日本外务省外交史料馆，转引自孔祥吉：《清人日记研究》，广东人民出版社 2008 年版，第 113 页。

做？'这给了我一个我所期待的机会，我列举了几项我认为必不可少的改革措施。"李提摩太的印象是，"鹿传霖是一个上了年纪的固执的绅士，以一种巨大的热情坚持自己的观点。但不幸的是，正如他的一个同乡，偏见误导了他，使他无法对事物形成正确的判断"。①

王文韶

王文韶是浙江人，咸丰朝进士，历任湖北按察使、湖南布政使、署湖南巡抚、云贵总督等职。1895年调任直隶总督、北洋大臣。1898年以户部尚书、协办大学士入军机处。戊戌变法时，受命办理矿务铁路总局，筹议铁路矿务等专门学堂。1900年随慈禧太后西逃，力主对外妥协，授体仁阁大学士，后任督办政务大臣，为人世故，为官圆滑，1908年去世。

张百熙是湖南人，同治朝进士，曾任山东学政、侍读学士、广东学政等等。戊戌政变后，因曾荐举康有为被革职留任内阁学士。1900年任礼部侍郎，擢左都御史。新政诏令后，上书奏请改官制、理财政、变科举、办学堂、设报馆。曾任管学大臣，主持复办的京师大学堂和选派留学生出国深造。

孙家鼐是安徽人，咸丰年间曾中状元，曾任工部、礼部、吏部尚书等职，与翁同龢同为光绪帝师傅。戊戌变法时，主办京师大学堂。继新政初期任督办政务大臣后，又在新政后期出任资政院总裁。

二　政策出台的周折

新政诏令颁布后，有识之士已认识到废科举、办学堂以培养新政所需人才势在必行，如后来出任京师大学堂总教习的吴汝纶所言："教育与政治有

① 李提摩太：《亲历晚清四十五年——李提摩太在华回忆录》，李宪堂等译，天津人民出版社2005年版，第298—299页。

密切关系，非请停科举则学校难成。”①但具体进程，仍受制于新政中枢机构的人事变动和决策过程。

科举时代的北京贡院号房

废科举的争议 1901 年督办政务处设立后，军机处原有四位大臣即荣禄、王文韶、鹿传霖和瞿鸿禨同时兼任督办政务处大臣。瞿鸿禨是湖南人，同治朝进士，曾任内阁学士，先后典试福建、广西，督办河南、浙江、四川学政。1900 年跟随慈禧太后西逃，任工部尚书、军机大臣。

瞿鸿禨

上述四人中，荣、王、鹿三人都反对废科举，只有瞿一人赞成，孤掌难鸣。1903 年 4 月 11 日，荣禄去世，庆亲王奕劻接任军机大臣，户部尚书荣庆出任军机大臣学习行走。督办政务处方面，除四军机外，昆冈于 8 月 31 日乞休，荣庆、孙家鼐、张百熙则先后

① 吴汝纶：《与张尚书》(1902 年 10 月 12 日)，见施培毅等校点：《吴汝纶全集》第 3 册，黄山书社 2002 年版，第 437 页。

受命进入，新政要员中，赞成科举改革的力量明显增强，并成为实现停废科举的契机。

科举时代的南京贡院

徐世昌

废科举的契机　荣禄去世后，王文韶成为反对科举改革的领头羊。为换得他的让步，袁世凯、张之洞等人也作了妥协，提议先递减科举中额，再停废科举。由于事前已有沟通，1904年1月13日，张之洞、张百熙、荣庆等人奏准递减科举中额，从而为最终停废科举打开了缺口。当时在华的外国人也看出了其中的奥妙，1904年2月21日，时任天津北洋大学堂总教习的英国人丁家立写信告诉莫理循："袁（世凯）和张（之洞）两位总督，目前已着手实施他们彻底废除旧式科举制度的计划，定期削减考取功名的名额，只需十年就将停科。此后，学位概由书院颁发。"①

① 骆惠敏编：《清末民初政情内幕——〈泰晤士报〉驻北京记者、袁世凯政治顾问乔·厄·莫理循书信集》上册，刘桂梁等译，知识出版社1986年版，第311页。

但此事并非一帆风顺，反对者仍大有人在，不久京城竟有人提议修复贡院。正当科举改革进程有可能出现逆转之时，新政中枢机构的人事变动又使事态的发展“峰回路转”。1905 年 6 月 30 日，清廷以体恤王文韶年迈体弱为由，免去其军机大臣一职，与袁世凯关系密切的徐世昌、铁良则先后进入军机处并充任政务处大臣。

王文韶的出局，在新政中枢机构中扫除了反对科举改革的障碍，袁世凯、张之洞等人抓住这个良机，乘势于 1905 年 9 月 2 日联名奏请中止减额、直接停废科举，直言“欲扑救时艰，必自推广学校始；而欲推广学校，必自先停科举始。拟请宸衷独断，雷厉风行，立沛纶音，停罢科举”①。慈禧被说服，准许立停科举，延续已久的科举取仕制度终于被废除。废科举历时数年几经周折的整个过程，折射了新政改革举措能否出台并顺利实现，很大程度上取决于主政机构要员们的态度和彼此间的关系，当然最终是取决于慈禧太后的决断。

科举时代的江南贡院

三 “丁未政潮”起风波

1906 年清廷宣布“预备立宪”后，统治集团内部掀起一场激烈的权力争夺。争夺的结果，是以袁世凯的失败而告终。

高层权力争夺 宣布“预备立宪”的上谕，明白声称预备立宪“必从官制

① 关晓红：《科举停废与清末政情》，《中国社会科学》2004 年第 3 期。

入手”，上谕发布的第二天，就派载泽、世续、那桐、荣庆、袁世凯等，共同拟订官制改革方案，由庆亲王奕劻、瞿鸿禨、孙家鼐总司核定。9月6日，设编制馆于郎润园，以孙宝琦、杨士琦为提调，他们都是袁世凯的人；起草委员4人，张一廖是袁世凯的亲信，金帮平、曹汝霖、汪荣宝是刚回国的留日学生。整个编纂工作完全掌握在袁世凯的手中。曹汝霖回忆说：“袁制军[袁世凯]特到北京，住于海淀，并于西郊郎润园设修改官制馆亲自主持”；“编修皆宿于园中，以期克期蒇事，分司法、行政二部，各拟说帖、附以条例，由提调汇项城[袁世凯]阅定，可见其对于此举之重视”。①

那　桐

袁世凯为什么对改革官制如此积极？主要是“他想借改革官制的机会，把军机处裁撤，按照立宪国的责任内阁制，由首相组织内阁，再拥护庆王[奕劻]做国务总理大臣，自己做副总理大臣。至于各部的大臣，则由首相推荐，称为中央政府。等中央政府成立之后，再议改革各省官制。如此，则一切用人行政之权，都操在庆王之手。说穿了，就是操在世凯之手”②。

他们所拟的方案，其中最重要的一条正是：内阁设总理大臣1人，左右副大臣2人，各部尚书均为内阁政务大臣参知政事，以此作为总机关，而将军机处撤销。

袁世凯的方案传出后，“朝论大哗，部院弹章蜂起”，纷纷指责这样必将导致“大臣陵君”、“大权旁落”。内阁学士兼礼部侍郎衔文海还直接点了袁世凯的名，说：“所有厘定官制应请即行裁撤，并请饬下直隶总督袁世凯速回本任，以重职守。”③

袁世凯的方案也引起了慈禧太后的疑忌和不快。袁世凯的政敌、受到

① 曹汝霖：《曹汝霖一生之回忆》，中国大百科全书出版社2009年版，第56页。
② 刘厚生：《张謇传记》，上海书店出版社1985年版，第135页。
③ 故宫博物院明清档案馆编：《清末筹备立宪档案史料》，中华书局1979年版，第140页。

慈禧太后信任的军机大臣瞿鸿禨可能也在她面前进了言。她终于恼怒了。胡思敬在《大盗窃国记》中说："官制草案上，诏孙家鼐、瞿鸿禨为总核。召见世凯尽以参折示之。世凯言：'筑室道谋，安能成事？请严惩一二人以息众嚣。'孝钦[慈禧太后]大怒，曰：'汝兵柄在手，何不执言者而尽诛之？'世凯股栗，不敢对。次日，即请训出京，尽辞兼差，知天威尤在，人口难防，蓄势待时，不敢遽甚。"

11 月 6 日，清廷厘定官制的上谕正式颁发。它首先宣布，军机处决不能裁撤。军机处不撤，大权自然仍直接操在君主手中。在这道上谕中还规定：各部设置的外务部、吏部、民政部、度支部、礼部、学部、陆军部、法部、大理院、农工商部、邮传部、理藩部，"除外务部堂官缺照旧外，各部均设尚书一员，侍郎二员，不分满汉"①。

铁 良

清廷厘订官制上谕的颁发，对袁世凯实为当头一棒。不仅他推奕劻做总理、自己任副总理，以直接掌握政府大权的计划落空，而且连他原有的权力也大大削弱了。因为这个厘订官制上谕，不仅规定保留军机处（当时军机处大臣有奕劻、鹿传霖、瞿鸿禨、荣庆、铁良、徐世昌），而且还规定，军机大臣不得兼各部尚书及其他差使，唯一的例外是可兼外务部，因为《辛丑条约》载明，总理各国事务衙门改为外务部，其管首领，必须兼军机大臣职务。

这样，同袁世凯关系密切的荣庆、徐世昌都不得不退出军机处，而袁的政敌瞿鸿禨因兼任的是外务部尚书，仍能留在军机处内。由是袁世凯在中枢的影响就大大削弱了。同时新官制还规定外交归外务部，财政归度支部，轮电路邮设专部，军务归陆军部，这样，就加强了中央集权，削减了督抚的权力。袁世凯迫于形势，不得不辞去所兼各差，并奏请"所有各镇各军应请归

① 《清帝厘订官制上谕》，见《中华民国史档案资料汇编》第 1 辑，江苏人民出版社 1979 年版，第 99 页。

入陆军部，惟第二、第四两镇请归臣督饬训练”[①]。清廷虽允其所请，但实际上他的军权被大大削弱。

“丁未政潮” 统治集团高层内部的矛盾与争斗，历来是错综复杂的。1907年春夏之交，慈禧太后对全力支持袁世凯的首席军机大臣奕劻的不满逐渐表面化。当时奕劻和袁世凯在军机处中主要的政敌是军机大臣、协办大学士兼外务部尚书瞿鸿禨；而在外省督抚中，得到慈禧太后的信任，有力量和袁世凯抗衡的，是曾任两广总督的岑春煊。1906年8月，岑春煊由两广总督调任云贵总督。据说，岑被调离两广总督，“是徇广东人和其他人等联名上的请求。请愿书上的头一个名字是唐绍仪”[②]。唐绍仪为袁世凯的亲信，这表明岑被调离两广，与袁在幕后的活动有关。

岑春煊与子女合影

云贵边远瘠苦，其总督的地位，亦不能与两广相比。岑知调任云贵，是袁世凯从中捣鬼，他在交卸两广总督之后，到上海即请病假，拖延去云贵就任。假满后即请开缺，而慈禧太后一再挽留。至1907年，又改调四川总督。4月末，岑春煊乘调任四川总督，道经汉口之际，突然自行来京陛见。岑抵京后，面奏请求“开去四川总督之缺，留京当闲散差使”。5月3日奉旨补授邮传部尚书，留京供职。这时，瞿、岑就联合起来，全力向袁世凯和奕劻发动进攻。

奕劻的贪污受贿早已人言藉藉。1902年，在京城消息灵通的英国记者莫理循就曾告诉友人：“中国新设立了几个出使大臣，派驻意大利、比利时和维也纳，每处拨有固定年度花费

① 陈旭麓等编：《辛亥革命前后》（盛宣怀档案资料选辑之一），上海人民出版社1979年版，第31页。

② 骆惠敏编：《清末民初政情内幕——〈泰晤士报〉驻北京记者、袁世凯政治顾问乔·厄·莫理循书信集》上册，刘桂梁等译，知识出版社1986年版，第495页。

共三万两。想要得此职位，须出钱买通，卖官的钱便入了清朝最不足道的庆亲王的私囊。"[①]1907年春东北三省改制(即改盛京将军为东三省总督，兼管三省将军事务，奉天、吉林、黑龙江三省则设巡抚)时，袁世凯的亲信段芝贵购得歌妓杨翠喜献给奕劻的儿子载振，并将白银10万两馈献奕劻，竟得直隶候补道超擢为黑龙江巡抚，舆论为之哗然。

岑春煊进京陛见，"谢恩召对之时，首先攻击庆亲王贪污无能"[②]。隔了4天，5月7日御史赵启霖又奏参载振、段芝贵。京、津各报纷纷为文攻击奕劻父子，造成轰动一时的"杨翠喜案"。赵启霖奏参后得旨，段芝贵撤去布政使衔，毋庸署理黑龙江巡抚；所参各事，交由醇亲王载沣及大学士孙家鼐复查。这时，奕劻的处境已很危殆。

清末天津名歌妓杨翠喜

可是就在5月28日，局面突然发生了戏剧性的变化，慈禧太后降旨将岑春煊外放为两广总督。岑春煊奏称病尚未痊，请求收回成命，也没有得到允准。6月17日，翰林院侍读恽毓鼎奏参瞿鸿禨"暗通报馆，授意言官，阴结外援，分布党羽"，有旨将瞿鸿禨"开缺回籍，以示薄惩"。

其实岑春煊的外放出都，瞿鸿禨的被"开缺回籍"，关键在于5月27日奕劻的"独对"，即单独晋见慈禧太后。这次"独对"的内容，袁世凯在致端方的一封密信中披露说：岑春煊"举武进、郑、张，上均不以为然。人得借口谓其推翻大老，排斥北洋，为归政计"[③]。"武进、郑、张"指的是盛宣怀、郑孝胥、张謇，"上"指慈禧太后，"归政"指恢复光绪帝亲政，这是最触犯慈禧太后大忌的。

此外，瞿鸿禨在1901年为延揽新政人才，曾建议解除党禁，赦免康有

① 骆惠敏编：《清末民初政情内幕——〈泰晤士报〉驻北京记者、袁世凯政治顾问乔·厄·莫理循书信集》上册，刘桂梁等译，知识出版社1986年版，第241页。

② 刘厚生：《张謇传记》，上海书店出版社1985年版，第140页。

③ 同上书，第142页。

为、梁启超等人。岑春煊在1903年署理两广总督后，相继招揽并重用原维新派人士周善培、丁惠康、陈锦涛等人。1905年，梁启超邀约周善培、张鸣岐在香港会面，周、张请示岑，岑明确表示："可惜我不能去会他。"嘱咐两人向梁致意，"问任公出国几年，有什么挽救国家的办法，尽量告诉他"。后来岑又想聘用康有为的门生和女婿麦孟华，并计划与梁启超在上海秘密会面，有人因而参劾岑"以应行严缉之人，而竟倚为心腹"①。

盛宣怀

梁启超

其实，当时一些汉族大员乃至王公权贵暗中结交维新人士，已是公开的秘密。他们有的本来就是维新变法的同道，新政的推行，重启戊戌变法"百日维新"中的一些改革举措，当政者与原维新派人士的政见隔阂渐趋模糊，相互利用处日见增多。在这方面，袁世凯与岑春煊并无不同，但在清朝政府内部的权力争斗中，却立场各异。"丁未政潮"事发，袁世凯等人以勾通康、梁为罪名，对岑春煊落井下石，无非是为了打击他人，保护自我。

"丁未政潮"中，瞿、岑的政敌罗织罪状，终于说动了对康、梁仍深为忌恨的慈禧太后，而把瞿、岑两人一举击败。这场政潮的背后，是满族权贵与汉族官员之间的尖锐矛盾。慈禧最后决定袒护奕劻，贬撤瞿、岑两人，正是从

① 桑兵：《庚子勤王与晚清政局》，北京大学出版社2004年版，第270页。

维护满族贵族的统治地位着眼的。而袁世凯因为早就投靠奕劻，权位依旧。在这场政潮中，受袁世凯指使充当枪手的恽毓鼎则发了一笔小财。有史料记载，为了怂恿他上奏弹劾瞿鸿禨，袁世凯曾一次就给了他2万两白银。恽毓鼎本人的日记也透露，原先连房租也很难支付的他，一下子手头就阔绰了，竟有钱在北京太平湖畔买了一套豪宅，同时还成了庆王府的常客，其故乡也有好友指责他"不当助满洲逐汉人政府"①。

1906年11月的官制改革，表面打着"不分满汉"的旗号，实际在所设11个部的13个大臣、尚书里，满人占7席，汉人仅5席，蒙古1席，蒙古恒党于满，满汉平衡业已出现倾斜。②在1907年的"丁未政潮"中，排去瞿、岑自然是奕劻、袁世凯取得的一次重大胜利，但并不能因而消除多疑的慈禧太后对他们（主要是对袁世凯）的猜忌。不久醇亲王载沣奉旨入军机处，当是罢斥奕劻的先声。9月4日，袁世凯和张之洞同时调入军机处，袁并补授外务部尚书，明是重用，实际是解除了他的兵权，统治集团内部的矛盾依旧尖锐。

摄政王载沣

① 孔祥吉：《清人日记研究》，广东人民出版社2008年版，第199页。

② 参见郭卫东：《论丁未政潮》，《近代史研究》1989年第5期。

第三章

自上而下的革新

康有为

1901年7月20日，慈禧太后在颁旨再次强调决意推行新政的同时，宣称“予与皇帝为宗庙计，为臣民计，舍此更无他策”①。此后，清朝政府便相继推行了一系列新政措施，其中包括：

在政治机构方面，将总理各国事务衙门改为外务部；裁河东河道总督，湖北、云南、广东三省巡抚；裁詹事府、通政司、太常寺、太仆寺、光禄寺、鸿胪寺等衙门。

在军事方面，裁汰制兵防勇，精选若干营分为常备、巡警等军；停武科试，设武备学堂；设练兵处，编练新军；设立巡警部，举办警政。

在经济方面，设立商部；公布商会简明章程，制定奖励公司章程；颁布商律及公司注册试办章程；在京师设立劝工陈列所，设立高等实业学堂，设立户部银行。

在文化教育方面，诏开经济特科；废科举，令各省设立学堂；奖励留学。

在政治制度方面，宣布“预备立宪”，承诺将筹划召开国会，实行君主立宪制度。

在上述新政措施中，废止科举、编练新军、奖励实业、改革教育制度和推行“预备立宪”最为引人注目，传统中国因此也初具现代国家的雏形。

一　废科举办学堂

新政的推行，需要相应的大批新式人才，设立新的学制被提上议事日程。

改学制　1901年9月，清廷颁旨：“著各省所有书院，于省城均改设大

① 朱寿朋：《光绪朝东华录》，中华书局1958年版，第4771页。

学堂，各府及直隶州均改设中学堂，各州县均改设小学堂，并多设蒙养学堂。其教法当以四书五经纲常大义为主，以历代史鉴及中外政治艺学为辅。"同年 12 月又颁布学堂选举鼓励章程，规定大学堂毕业生考试合格者可得举人、进士等出身，"量加擢用，因材器使，优予官阶"。①传统的教育制度因此发生重大变革。次年 7 月，山西巡抚岑春煊奏准，将原有的一所学堂并入由英国传教士李提摩太主办的山西大学堂，"作为西学专斋"②。

京师农务大学堂学生列队迎接慈禧太后巡视

1902 年，清朝政府拟定颁布了《钦定学堂章程》，是年为旧历壬寅年，故称"壬寅学制"。它将学校分为 7 级，修业年限共计 20 年，从蒙学堂起始，依次为寻常小学堂、高等小学堂（另含简易实业学堂）、中学堂（另含中等实业学堂）、高等学堂及大学预备科（另含高等实业学堂）、大学堂、大学院，此外还有师范学堂和高等教育性质的师范馆、仕学馆，这是中国首次颁布的较完备的近代学制系统。它几乎照搬了明治三十三年（1900）的日本学制，但删除了女子教育，学制的年限增加了 2 年。壬寅学制规定，学制系统同时也是教育行政系统，大学院既是最高学府，又是全国最高教育行政机构。但该学制并未具体实施。同年 12 月 17 日，因庚子事变停办两年的京师大学堂（今

① 朱寿朋：《光绪朝东华录》，中华书局 1958 年版，第 4719、4787 页。

② 中国第一历史档案馆等：《清代外务部中外关系档案史料丛编——中英关系卷》第 2 册"留学办校"，中华书局 2007 年版，第 48 页。

清末学部，京师大学堂旧址

北京大学的前身），复校开学。①

次年，经过修订后的《奏定学堂章程》即“癸卯学制”正式颁布实施。较之壬寅学制，正式推行的癸卯学制又有新的内容。修订后的学制专设总理学务大臣，主管全国学政，与学校教育系统分开，初步形成中央一级的教育行政机构；癸卯学制承认女子在家庭范围内接受教育的权利，并将初等教育 10 年减为 9 年，初小一级增设艺徒学堂，中学分设实业科，大学预科与高等实业学堂平行，增加了中学选择实业深造的途径，癸卯学制加强了师范教育，扩大了师范学校的类型；癸卯学制增设了译学馆及方言学堂，增强了外语教学。癸卯学制的实施和次年科举考试制度的废除，标志了中国近代教育体制的建立。

1909 年苏州公立第一中学堂

① 参见陈平原：《老北大的故事(增订版)》，北京大学出版社 2009 年版，第 99 页。

当时在上海主持商务印书馆的张元济，敏锐地抓住这个时机，延聘高梦旦、蒋维乔、杜亚泉、庄俞、伍光建等人，率先按照新颁学制陆续编成一套较齐全的"最新教科书"。这套书分初小、高小和中学三类。初小教科书，包括国文、格致、算术、笔算、珠算、地理、修身等7种；高小教科书，包括国文、历史、地理、算术、农业、商业等9种；中学教科书有13种；另有师范学堂、高等学堂、实业学堂用书数十种，以及教授法、英文初范、铅毛笔画帖等数十种，基本上包罗了"癸卯学制"规定的各类新式学堂教学用书。

张元济

在清末学制改革的过程中，慈禧太后的态度是值得注意的。当时在北京的美国传教士何德兰的太太，常有机会入宫见到慈禧。她告诉丈夫：

只要一有机会，她[慈禧太后]总是很想了解外国的习俗和做法。有一天看戏时，她把我叫到她旁边，给了我一把椅子，详详细细地询问我美国的妇女教育制度。

"我听说，"她说道，"在贵国，女孩们全都读书。"

"是的，陛下。"

"她们跟男孩子学得一样不一样？"

"在公立学校里是一样的。"

"我真盼望中国的女孩子也能读上书，可百姓供男孩上学就已经不容易了。"

于是我用几句话，稍稍解释了一下我们的公立学校制度。

她答道："眼下中国赋税很重，要这么着再增加开支是不行的。"

但没多久，就有一道奖励女学的诏书颁布了下来。①

① 何德兰：《慈禧与光绪》，晏方译，中华书局2004年版，第61—62页。

清末苏州慧灵女校

为了督促检查各地的新式教育，还建立了从中央到地方的三级视学制度。1906 年 5 月公布了《奏定学部官制》和《奏定各省学务官制办事权限并劝学所章程》，在全国范围内规定了地方视学的名称、设置方法和人数、任选资格、职务内容等，要求其通过指导、监督各属学堂的教学和管理，推动各地的新式教育。与此同时，清朝政府还鼓励出洋留学，要求各省督抚选派学生出洋游学，并许诺对学成回国的留学生经考试合格，予以任用；对自费出洋留学者，规定也给予鼓励。

1906 年清廷考试留学生，应试学生留影

1904 年，随着许多留日学生回国并在新式学堂任教，一些全新的课程相继开设，其中就有音乐课。它从一开始，就有别于中国古代音乐大多讲究的曲高和寡，而以浅显的音乐语言，生动鲜明的音乐形象，寓教于乐，培养学生的道德心和爱国观。1904 年，天津《大公报》刊载的分别供幼稚园、小学

1906年清廷考试留学生，考官合影

堂、中学堂选用的三首歌曲，就有生动的体现：

老鸦(幼稚园用)

老鸦老鸦对我叫，老鸦真正孝。老鸦老了不能飞，对着小鸦啼。小鸦朝朝打食归，打食归来先喂母。自己不吃犹是可，母亲从前喂过我。

马蚁(小学堂用)

马蚁马蚁到处有，成群结队满地走。米也好，虫也好，衔了就往洞里跑。谁来与我争，一齐出仗，大家把命拼。不打胜仗不肯回，守住洞口谁敢来。好好好，他跑了，得胜回洞好。有一处更好住，要做新洞大家去。

莫说马蚁马蚁小，一团意气真正好。人心齐，谁敢欺。一朝有事来，大家都安排。千千万万都是一条心，邻舍也是亲兄弟，朋友也是自家人。你一担，我一肩，个个要争光。你莫笑马蚁小，义气真正好。

黄河(中学堂用)

黄河黄河出自昆仑山，远从蒙古地，流入长城关。古来圣贤，生此河干，独立堤上，心思旷然。长城外，河套边，黄沙白草无人烟。畏得十万兵，长驱西北边，饮酒乌梁海，策马乌拉山，誓不战胜终不还。君作铙吹，现我凯旋。

清末一所中学堂的军训

诚如有学者所指出的，以上三首歌针对受教育者的不同层次，以老鸦与小鸦的亲情关系，向幼儿灌输了人类的基本感情爱心和孝心；以马蚁喻团结，教育少年人要齐心协力讲义气；以黄河为中华民族的象征，仿岳飞的《满江红》，以雄浑慷慨之气，激发青年人的爱国情怀。这类音乐课，因其生动活泼，广受学生欢迎，当时学校凡有庆典，必有唱歌活动，很多学堂还有自己的校歌、毕业歌。①

清末的管弦乐演出

① 参见闵杰：《近代中国社会文化变迁录》第二卷，浙江人民出版社 1998 年版，第 382、383、386 页。

废科举 科举制度始于隋朝。这种通过考试选拔官吏的制度，一直延续到清朝。

清朝科举考试的试题，仍摘自“四书五经”即《大学》、《中庸》、《论语》、《孟子》和“易、书、诗、礼、春秋”等儒家经典。凡应试文，均要合破题、承题、起讲、入手、起股、中股、后股、束股八个部分。破题用两句说破题意；承题指承接破题而阐明之；起讲是议论之始；入手为起讲后入手之处；以下四个段落即起股、中股、后股和束股，是议论的主体，每段都有两股排比对偶的文字，共八股。这种有规定程式的文章，人称“八股文”。

科举考试是三年一科，分四级。第一级是“院试”，参加者是经过县、府两级预备考试录取的童生，考中者为“秀才”。第二级是“乡试”，次年在各省城（包括京城）举行，故又称“省试”，参加者为秀才，考中者称“举人”，其中各省第一名举人称为“解元”。第三级是“会试”，秋季在京城礼部举行，参加者为各省的举人，考中者称“贡士”，其中第一名贡士称“会元”。凡贡士均参加来年春天的第四级考试即“殿试”，由皇帝亲自在宫殿（通常是保和殿）上主持，试题有关国是，应考者针对考题提出对策，称作“策论”。这种殿试，实际上是会试的复试，一般不会再有淘汰，只是经殿试后，称为“进士”，名次重新排列。殿试的结果，要在两三天后揭晓，前三名依次称为状元、榜眼、探花。

清末南京夫子庙

据统计，清代的高级官员不少出身于进士。尚书 744 人，其中进士出身 339 人；左都御史 430 人，进士出身 221 人；总督 585 人，进士出身 181 人；

巡抚989人，进士出身390人。①但总的说来，进士出身的人，在高层官员中所占的比例不足一半，这是因为清代官制以满人为主体，实行满汉双轨制，而满人入仕，照例不用科举。

陈独秀回忆，在中国传统社会：

> 科举不仅仅是一个虚荣，实已支配了全社会一般人的实际生活，有了功成才能做大官，做大官才能发大财，发了财才能买田置地，做地主，盖大屋，欺压乡农，荣宗耀祖；那时人家生了儿子，恭维他将来做刚白度（即买办）的，还只有上海十里洋场这一块小地方，其余普遍的吉利话，一概是进学、中举、会进士、点状元；婆婆看待媳妇之厚薄，全以儿子有无功名和功名大小为标准，丈夫有功名的，公婆便捧在头上，没有功名的连佣人的气都得受。②

1905年8月，日本在日俄战争中获胜已成定局，中国国内要求废除科举、效仿日本教育制度的呼声大为高涨。袁世凯领衔，会同张之洞、端方、赵尔巽、周馥、岑春煊等地方督抚，顺势奏请立停科举、推广学校。随即，得谕旨批准，于9月2日宣布自1906年开始，停止科举考试，并令各省兴办学堂。

端　方

科举制度的废除，是中国的教育制度同时也是中国传统社会官员选拔制度的一次革命性变革。引人注目的是，它在当时并没有引起巨大的社会动荡，而是能够较平稳地过渡。主要原因在于科举废除是一个渐进的过

① 参见陈捷先等主编：《清史论集》，人民出版社2006年版，第729页。

② 陈独秀：《实庵自传》，见杨光编著：《最后的名士——近代名人自传》，黄山书社2008年版，第73页。

程，其间还适时推出了一些相应的补救措施，因而减缓了对社会的冲击。具体表现为：其一，先分科递减科举中额，再立停科举，使社会具备了一定的心理承受能力。其二，新学制的制定和新式学堂的开办，已为废除科举准备了制度性替代物。其三，给新式学堂毕业生和归国留学生以相应的科举功名，犹如釜底抽薪，使旧的科举制度成为一具空躯壳，也使新学堂取代旧科举得以较顺利地实现。①

清末直隶高等工业学堂学生在上课

留学生 1901年9月27日，新政伊始，清廷就宣布鼓励公费或自费出国留学，学成回国，经考试合格，也可得功名。谕旨称：

造就人才，实系当今急务，前据江南、湖北、四川等省选派学生出洋肄业，著各省督抚一律仿照办理，务择心术端正、文理明通之士遣往学习，将一切专门艺学认真肄业，竭力讲求。学成领有凭照回华，即由该督抚学政按其所学分门考验。如果学有成效，即行出具切实考语，咨送外务部复加考验，据实奏请奖励。其游学经费，著各直省妥筹发给，准其作正开销。如有自备旅资出洋游学者，著各该省督抚咨明该出使大臣随时照料。如果学成得有优等凭照回华，准照派出

① 参见李细珠：《张之洞与清末新政研究》，上海书店出版社2003年版，第140—144页。

学生一体考验奖励，候旨分别赏给进士、举人各项出身以备任用，而资鼓舞。①

以后，清朝政府又先后颁发《游学章程十款》、《奖励章程十款》和《游学西洋简明章程》等等。当有人学成回国并通过了相应的考试，也确实得到了功名身份。1905 年 7 月 14 日，金邦平、唐宝锷、曹汝霖、陆宗舆等归国留日学生，就因此被分别授予进士或举人身份。②曹汝霖曾忆述 1905 年 6 月归国留学生首次考试的情景：

第一次应试者只有十四人，西洋学生无一人应试。考试分两次，第一次在学务处，及格者再行保和殿殿试。殿试悉循科举制。点名后，入保和殿。有顷，监试大臣二人入场。少顷，钦派阅卷大臣三人手捧钦命试题（试题用黄纸恭缮，宣纸折格，划红直线，即殿试卷纸），分各生每人一份。分发毕，阅卷大臣即退，只留监试大臣。

题分理科、文科，文科题为策题一道。阅卷大臣，一为孙家鼐中堂，一为陆润庠中堂，一为像是张亨嘉侍读学士。到申刻，监试大臣即说快交卷了，不能续烛。

越两日发皇榜，张于左角门外。一榜尽赐及第，唯分一等为进士，二等为举人。此次殿试结果，引见后授职。一等者授翰林检讨、主事、内阁中书；二等授七品小京官、县知事。吏部定日引见，在颐和园仁寿殿，御案移近殿门，引见者站在阶下，上下都能看见，每人高声自背履历。慈禧太后坐中间，光绪皇帝坐于左侧。揣引见用意，要观其容，听其声，察其举止而见。③

出洋留学的人越来越多，所以后来对归国留学生经考试授予功名的资格也有明确规定。1907 年 4 月学部称："游学东西洋各国毕业学生，上年经臣部先后奏准每年考验一次，必以在外国大学堂、高等专门学堂毕业者为限。其肄业速成中学堂、寻常专门学堂毕业者，概不准与考，所以于奖励人

---

① 朱寿朋：《光绪朝东华录》，中华书局 1958 年版，第 4720 页。

② 参见中国第一历史档案馆：《宣统光绪两朝上谕档》第 31 册，广西师范大学出版社 1996 年版，第 89 页。

③ 曹汝霖：《曹汝霖一生之回忆》，中国大百科全书出版社 2009 年版，第 43—45 页。

才之中，寓慎重名器之意。”①

新式学堂与图书馆 鸦片战争后，已有教会学校和洋务学堂相继开办，但新式教育在中国各地较普遍的开展，是在1901年清末新政启动后，如1901年9月21日孙宝瑄《忘山庐日记》所记：“朝廷降诏，各省大书院改为大学堂，府书院为中学堂，县书院为小学堂，内地风气从此大辟矣。”②江南各主要城市尤见成效，据估计，“清末十年间，上海至少就培养了13万多名新学学生”③。

1906年创办的通州女子师范学校

1876年，就有美国传教士来到南京。在最初的六年内，“美国人开办了一个诊所、一所全日制学校，还在城市和乡村传播基督教的教义。两年后，他们又开办了一所女子学校”。时至1911年，南京“已经有五所这样的女子学校和300名女学生”④。同年海关报告称：“本地[南京]教育制度领域已

① 中国第一历史档案馆：《光绪三十三年留学生史料》，《历史档案》1998年第1期。

② 孙宝瑄：《忘山庐日记》上册，上海古籍出版社1983年版，第396页。

③ 施扣柱：《青春飞扬——近代上海学生生活》，上海辞书出版社2009年版，第3页。关于清末新政期间教育改革的各种举措和条令等，详可参见陈元晖主编的十卷本《中国近代教育史资料汇编》（上海教育出版社2007年版）。另按：晚清江南城市中，上海的地位较为特殊，以往包括教育在内的研究成果颇多，如新近就有施扣柱上述《青春飞扬——近代上海学生生活》问世，故本节有关上海的内容从略。

④ 威廉·埃德加·盖洛：《中国十八省府》，沈弘等译校，山东画报出版社2008年版，第201页。

经取得了巨大进步。中国年轻人很早以前就发现接受以英语、数学等内容的现代教育，甚至是了解一些肤浅的内容，也要比勤奋攻读旧式经典更容易令人满意地谋生，有更好的成功机会。”①

周作人在 1901 年考入南京的江南水师学堂，他后来回忆说：

在南京的学堂里五年，到底学到了什么呢？除了一点普通科学知识以外，没有什么特别的东西。但是也有些好处，第一是学了一种外国语，第二是把国文弄通了，可以随便写点东西，也开始做起旧诗来。这些可以笼统的说一句，都是浪漫的思想，有外国的人道主义，革命思想，也有传统的虚无主义，金圣叹梁任公的新旧文章的影响，杂乱的拼在一起。②

清末南京陆军小学校

镇江在清末十年间，教育同样发生了显著的变化，“过去被看不起、遭抵拒的西学，缓慢但却肯定无疑地取代了中国古代经典的地位”。但它“尚无法与南京、苏州、上海相提并论，在那些地方，设备良好的各类学堂吸引了全省各地的学生争相前往求学”。③

1901 年，南洋小学堂在苏州开办，“学生来自全城各区域，在这所学堂

① 郭大松选译：《中国海关〈十年报告〉选译（1902—1911）》，见中国社会科学院近代史研究所《近代史资料》编辑部编：《近代史资料》总 117 号，中国社会科学出版社 2008 年版，第 37 页。

② 周作人：《知堂回想录》上册，安徽教育出版社 2008 年版，第 113—114 页。

③ 郭大松选译：《中国海关〈十年报告〉选译（1902—1911）》，见中国社会科学院近代史研究所《近代史资料》编辑部编：《近代史资料》总 117 号，中国社会科学出版社 2008 年版，第 38—39 页。

内，长期崇尚的三字经、千字文被扬弃了，对学生进行读写、心算、笔算和地理教学，以取代古典式教育”；该校“教学采用仿照外国课本编写的初级课本，学校取得官方的承认，这样既可确定教学内容中中国文学与西方科学的适当比例，又便于以中文来教授西方科学”。同年，东吴大学堂[今苏州大学的前身]在苏州设立，由美国基督教卫理公会创办和管理，“它设有附属中学，在1911年10月，大、中学生共有225名”。此外，“苏州桃坞中学是由美国教会团体主办，它是为培养中学生以准备升入上海圣约翰大学”。①

清末东吴大学堂足球队

清末十年，苏州“全城已有许多初等小学，有的上午和下午分批接受小学生就读。一个男孩子在读完4年初等小学之后，接着读4年高等小学，再进入中学读5年，然后入高等学堂读3年”。当然，“对一个普通家庭的孩子来说，是很难在他自立谋生之前，供给他去受16年学校教育的”。在课程方面，初等学校设有音乐、体育和军事操练；中学注重数学、科学和外语；高等学堂则有经济、地理、物理、化学、基本法律、微积分、机械制图、法语和德语。此外，“苏州有若干所专科学校，其中最大的是师范学堂，它有300名学生注册入学，另有一所武备学堂、一所警察学堂、一所铁路学堂、一所农业学堂和一所专为培养官员的法政学堂”。同时苏州仍有一所存古学堂，“旧式儒生进此学习”。②

① 陆允昌：《苏州洋关史料》，南京大学出版社1991年版，第82、104、105页。
② 同上书，第103、104页。

在近代工业颇盛的无锡，新式教育的开展，得助于一批工商及知识界人士的积极参与和推动。1905，周廷弼在周新镇开办了商业半日学校，后改为廷弼商业学校。继而，荣德生与其兄荣宗敬开办了公益小学和公益工商中学，曾在上海创办亨吉利织布厂的匡仲谋在其家乡杨墅园开办了匡村中学，在上海经营桐油贸易致富的沈瑞洲在家乡方桥镇开办了沈氏小学和锡南中学。此外，留日学生侯鸿鉴1905年在无锡城内设立竞志女学，这是无锡最早的女子学校。同年他还与人合作，在钱业公所内创办了商余补习夜校，这是无锡最早的职工业余学校。

荣德生

与无锡工商业较发展相联系，当地的工商职业教育较活跃。继商余补习夜校设立后，1907年无锡城区锡山绣工会附设刺绣传习所，传授刺绣工艺。同年，西门外的菁茂学校增设商业科。1911年，无锡县立初等工业学堂在荣安寺设立，设染、织专科，学制3年，是无锡最早的职业学校。同年，在无锡东北乡还开设了泾皋女子职业学校，开设缝纫、刺绣等课程，学制4年，是无锡最早的女子职校。辛亥革命前，无锡城乡共有公立、私立学校152所，其中职校和业余补习学校有10多所。①这些学校的开办，得助于无锡工商业的发展，也给当地近代经济以新的活力。

清末十年，浙江的新式教育也有明显推进。此前如周作人所描述的：

前清时代士人所走的道路，除了科举是正路之外，还有几路权路可以走得。其一是做塾师；其二是做医师，可以号称儒医，比普通的医生要阔气些；其三是学幕，即做幕友，给地方官"佐治"，称作"师爷"，是绍兴人的一种专业；其四则是学生意，但也就是钱业和典当两种职业，此

① 参见佚名：《无锡最早的职业学校》，见《无锡地方资料汇编》第8辑，1986年12月；方玉书等：《解放前的无锡职业教育》，见《无锡文史资料》第14辑，1986年7月。

外便不是穿长衫的人所当做的了。[①]

此种情景，在清末有明显改观。新政期间，浙江“最低级的学校是初等小学堂，每个市镇上都有这种学校，只教中文和简单的算术。进这种学校，必须通过一次简单的考试并保证做个好学生，完成所有的课程。本地还建有高等小学堂，课程相似但要求较高”[②]。夏衍曾回忆他进新式学堂的经过：

我八岁那一年[1908年]正月，母亲带我去樊家拜年，当大姑母知道我在邬家店的私塾读书，就严肃地对我母亲说，这不行，沈家是书香门第，霞轩(我大哥)从小当了学徒，可惜了；又指着我说，这孩子很聪明，别耽误了他，让他到城里进学堂，学费、膳费都归我管，可以“住堂”(住在学校里)，礼拜日可以回家。大姑母主动提出，母亲当然很高兴地同意了。

这一年春季，我进了“正蒙小学”，这是一家当时的所谓“新式学堂”，但是功课并不新。我插班进二年级，一年级学生念的依旧是《三字经》，不过这种新的《三字经》已经不是“人之初，性本善”，而是“今天下，五大洲，亚细亚，欧罗巴，南北美，与非洲……”了。[③]

继高等小学堂后，“接下来就是进入府中学堂，开设的课程有中国古典文学、数学、地理、中外历史、基础科学，此外还有英语和日语。从府中学堂毕业后就可进入浙江高等学堂，它设在杭州城，有三名外籍教师任教，课程同府中学堂一样，不过要求更高，而且还附加法语和德语”[④]。当时有人在日记中写道：“近来中外学堂皆注重日本之学，弃四书五经若弁髦，即有编入课程者亦不过小作周旋，特不便昌言废之而已。”[⑤]

与苏州相似，杭州也有一些专门学校，如商业学堂、农业学堂、艺徒学堂、巡警学堂和法政学堂。这些学堂都是由官府全部或部分出资建立的。

---

① 周作人：《知堂回想录》上册，安徽教育出版社2008年版，第37页。

②④ 陈梅龙等译编：《近代浙江对外贸易及社会变迁——宁波、温州、杭州海关贸易报告译编》，宁波出版社2003年版，第254页。

③ 夏衍：《懒寻旧梦录》(增补本)，生活·读书·新知三联书店2006年版，第8页。

⑤ 恽毓鼎：《恽毓鼎澄斋日记》，浙江古籍出版社2004年版，第250页。

凡官立学堂,“浙江本地学生不收学费,外省籍学生象征性地收取一点。食宿、服装、课本等费用,由学生交纳”。在杭州,也有一些女子私立学堂,其中著名的是女子工艺学堂。“兴办女子教育的结果,是现在女子中能读书写字的人已占很大比例。而几年以前,极少有女子识字。事实上,那时女子识字简直就是奇事”。①

清末宁波英商太古公司码头

在当时的宁波,开办了各级各类学堂:

各地的人都非常渴望送自己的孩子去学习西学。成百上千的年轻人学习英语,在年轻一代人中,英语迅速取代了迄今为止传统中国文人心目中至关重要的中国经典的地位。过去浙江很容易见到的好书法,现在要付费才可以求到。所有阶层的人似乎一直认为学习毛笔书法是浪费宝贵的时间,而毛笔书法不久以前还是读书士子的必修课。英语战胜了《四书》,数学战胜了书法。现在,在浙江找一位优秀的传统中国学者,就像十年前找一位操英语工作的本地人一样难。即使在本省内地一些相对小规模的学堂,英语教师也拿很高的薪水,供不应求。②

① 郭大松选译:《中国海关〈十年报告〉选译(1902—1911)》,见中国社会科学院近代史研究所《近代史资料》编辑部编:《近代史资料》总117号,第45页。

② 同上书,第46页。

1903年10月20日，孙诒让在温州教会艺文学校发表演说："吾们温州虽是通商码头，而地方风气亦未能开通。敝县瑞安近年来初办几处学堂，而经费短绌，校舍、课程都未完备。学董、讲师、办事人员多是科举出身的旧人，恐怕对于新的教学方法及新的各科教材，所见所知都很有限。总而言之，诸凡草创，比较各强国的先进规模，真不啻天壤之判了。"①

时隔五年，温州师范学堂开办，"有200名学生和12名教师，大多数教师是从日本留学回来的"；1911年又有1所中级学堂设立，有307名学生和23名教师，"课程包括中文、古典文学、伦理学、历史、英语、地理、生物、自然、数学、化学、物理和体育，大多数教师用从日本翻译过来的课本吸收新知识"；当地还有2所专门学校，"一个养蚕，一个培养用本国棉纱织布的人员"；初级学堂则有209所，有7 912名学生和715名教师。②温州和周围地区的居民，甚至"正在酝酿建立幼儿教育体制"。③清末江南各地新式教育开

清末幼儿园孩子在做哑铃操

① 孙延钊：《孙衣言孙诒让父子年谱》，上海社会科学院出版社2003年版，第468页。

② 参见陈梅龙等译编：《近代浙江对外贸易及社会变迁——宁波、温州、杭州海关贸易报告译编》，宁波出版社2003年版，第171、172页。

③ 郭大松选译：《中国海关〈十年报告〉选译(1902—1911)》，见中国社会科学院近代史研究所《近代史资料》编辑部编：《近代史资料》总117号，第49页。

展之活跃，于此亦可见一斑。①

据统计，1905 年学部成立时，全国共有新式学堂 8 000 余所，学生 25 万余人；到 1909 年，学堂增至近 6 万所，学生约 160 余万人。②即使在僻远贫穷的甘肃海原（今属宁夏），也有新式学堂的开办，"池衔于光绪三十二年（1906）设初等小学堂一处，系因旧有百泉书院一座，尚存泥修破坏小房数间，稍为补修改设。全年经费的款，尚只筹有六十金，不敷之数，全恃随时设法筹给。教习一员，员司两员，学生三十名"③。

1910 年川滇地区的学堂

就连北京城里的八旗子弟，也不例外。1901 年底，有 28 名八旗官费生被选送到日本留学。次年，国子监所属的八旗官学，奉命改为八旗第一至第八高等小学堂。④据当时人记载，这 8 所高等小学堂，"依数目字排列，

① 清末江南在上述城市以外的各城镇，也多有新式学堂陆续开办。如建于同治八年（1869）的湖州双林镇蓉湖书院改为蓉湖学堂，聘请传授西学的教师，并改司事为学董，以后又改称蓉湖两等学堂。光绪二十九年（1903），南浔镇绅商成立"教育普及会"，先后建立了中学、女学、两等小学、高等小学各 1 所，初等小学 4 所。上海西郊的真如镇，由当地绅商集资分别于光绪三十一年（1905）和光绪三十四年（1908）设立了 2 所初等小学堂。据统计，光绪二十九年（1903）无锡堰桥镇有 7 所小学，其他如浙江嵊县有学堂 31 所、嘉兴 16 所、南浔 6 所，江苏吴江 12 所、金山 5 所、南翔 3 所等等。

② 参见朱有瓛：《中国近代学制史料》第 2 辑下册，华东师范大学出版社 1987 年版，第 840 页。

③ 刘华编校：《明清民国海原史料汇编》，宁夏人民出版社 2007 年版，第 153—154 页。

④ 参见中国第一历史档案馆编：《光绪宣统两朝上谕档》第 28 册，广西师范大学出版社 1996 年版，第 12 页。

如第一个小学堂即名为宗室觉罗八旗第一小学堂，由此往下推，直到宗室觉罗第八小学堂”；它们“专收宗室觉罗满洲蒙古汉军旗籍子弟读书，其他汉族人绝对不收”。①1903 年 6 月 18 日《大公报》亦载：“自城内设中小学堂以来，八旗子弟多就学焉。日前在东单牌楼某胡同，见壁上有白土画成地球形并经纬道，且书其名于上，此必童子之游戏所画，然亦可见北京之输入文明矣。”1907 年京师大学堂举办运动会，英国《泰晤士报》驻北京记者莫理循前去参观：

清末京师大学堂足球队

我估计至少有五千名学生参加，他们身穿制服，旌旗飘扬，乐鼓齐鸣，秩序井然地排队走向运动场。这些品学兼优的年轻人，顺序停在运动场上，观看外国式的运动项目：赛跑、跳高、跳远、举重、掷链球等等。

这里全是中国人，中国人维持秩序，中国人充当干事，中国人散发中文节目单。参加竞赛的全是中国人，裁判员都是中国人，只有竞赛的项目是纯粹外国式的。②

① 赵润龄：《北京小学教育的变革》，见全国政协文史委编：《文史资料存稿选编·教育卷》，中国文史出版社 2002 年版，第 630 页。原编者注：赵润龄原系宗室觉罗八旗第六小学堂学生。

② 骆惠敏编：《清末民初政情内幕——〈泰晤士报〉驻北京记者、袁世凯政治顾问乔·厄·莫理循书信集》上册，刘桂梁等译，知识出版社 1986 年版，第 311 页。

清末的全国体育运动会

清末各地新式学堂开办后，多开设有令人耳目一新的体育课，中国近代的体育运动首先在学校内得到普及，并由此引起社会各界的浓厚兴趣。当时各地学堂经常办运动会，其中不少是校际运动会，吸引大批社会人士前往观看。

在清末由各学堂主办的运动会中，1905 年 5 月 28 日的京师大学堂第一届运动会颇为轰动。它设有 100 米、200 米、300 米、400 米、600 米、1 000米跑，以及跳高、跳远、投掷等比赛项目。次年，该学堂又办了规模更大的第二届运动会。1907 年，在南京举办了宁垣学界第一次运动会，有 80 多个学校参加，设有 69 个比赛项目。

1910 年南京筹办南洋劝业会，基督教上海青年会干事艾克斯纳借此机会赴南京，假劝业会场地发起举行了“全国学校区分队第一次体育同盟会”，以后称之为“第一届全运会”。会期是 1910 年 10 月 18 至 22 日，前后共 5 天，观众达 4 万余人。

当时参加运动会的有华北（京、津）、华南（港、澳）、华中（武汉）、华东，其中华东又分为吴宁（苏州、南京）和上海，总共为五区。每一区的运动员，都佩有不同颜色的布带以示区别，华北是青色，华南是紫色，华中是黄色，吴宁是蓝色，上海是红色。华北区的运动员有 20 名，华南区 28 名，华中区 21 名，吴宁区 31 名，上海区 40 名，总计 140 名。

运动会比赛项目，有田径、足球、网球、篮球四项。足球是华南与上海决赛，华南获胜。网球的前四名，均为上海圣约翰大学的学生。篮球比赛，由华北获得冠军。

这次运动会虽被称为第一届全运会，实际参加的代表队多属学校，而且限于沿海少数城市，代表面有限。

在全国各省中，直隶新办学堂成绩突出，1909 年共有学堂 11 201 所，学生 242 247 人，两者均占全国总数的近六分之一。①这与曾任直隶总督袁世凯的大力推动直接有关。天津海关资料载：“有些地方之官绅，对教育革新

① 参见朱有瓛：《中国近代学制史料》第 2 辑下册，华东师范大学出版社 1987 年版，第 840 页。

清末直隶高等农业学堂学生在春播

侧目而视，惟畏于直督袁世凯，只得隐忍而默许之。”①

应该指出，对新式学堂的推广不能估计过高。1911 年，黄炎培在其邻近上海的家乡川沙县调查所见，“全境私塾百七十一所，内男教员百五十六人，女教员十五人，学生共二千五百八十五人”，而当时该县只有小学 17 所，

清末私塾

① 天津海关译编委员会编译：《津海关史要览》，中国海关出版社 2004 年版，第 55 页。

学生 674 人,只占当地适龄儿童的 6.3%,私塾的学生则占适龄儿童的 24.1%。据黄炎培的调查,“学堂有学生父兄所不喜者三焉,一体操,二读经钟点太少,三习字不用描红簿,以是私塾多学生而学堂较少也”。此外,还有新式学堂的开办经费及学生缴费过多。其影响,如黄炎培的调查所显示的,城乡间教育的不平衡极为突出,教育资源集中于城市,而农村的新式学堂相对较少,同时新式教育相对于科举时代的旧式教育来说,是非常昂贵的教育,其后果是乡村儿童的入学率非常低,乡村初等教育仍然是以旧式的私塾为主。①

清末济南的公共阅览室

清末新政时期,在清朝政府的明令提倡和地方督抚的推动下,各省图书馆相继筹建。至 1912 年初,直隶、江苏、河南、湖南、湖北、奉天、山东、山西、浙江、黑龙江、云南、广西、贵州等省的图书馆或已建成开放使用,或在筹备之中,粗具规模。②

二 编练新式军警

清代前期,八旗、绿营是兵制的主干。太平天国起义爆发后,八旗、绿营难以应付,遂有曾国藩、李鸿章分别编练湘、淮军之举。针对八旗、绿营世袭兵制的弊端,湘、淮军都实行募兵制,并通过由上而下、层层招募的形式,强化了军队内部的统属关系。1862 年后,淮军开始引进西式枪炮和军事操练。

① 参见赵利栋:《从黄炎培的调查看清末江苏兴办学堂的一些情况》,见《中国社会科学院近代史研究所青年学术论坛(2008 年卷)》,社会科学文献出版社 2009 年版。

② 参见张小莉:《清末“新政”时期文化政策》,人民出版社 2010 年版,第 281 页。

此前，署步军统领文祥于1861年在北京创设神机营，挑选八旗各营精锐，使用洋枪训练，旨在提高八旗、绿营的战斗力，避免兵权完全落入汉族督抚之手，是为创设练军的肇始。其他各省在1866至1883年间，也先后从绿营中选择精壮，设立了练军，但人数不一，少者千人，多者数万人。

晚清防军的设立，主要是由太平天国被镇压后未予遣散的湘、淮军演变而来，其中尤以李鸿章的淮系防军实力最强。非湘、淮系的防军，则有河南的毅军、嵩武军，山西的晋勇，云南的滇军等。另外，还曾有福建水师、北洋水师等近代海军的编练。

中日甲午战争后，由于清军在战争中的惨败，“一时内外交章，争献练兵之策，于是北洋则有新建军，南洋则有自强军，是为创练新军之始”①。但比较完整意义上的军制改革，则是在新政推行后开始的。

清代的兵制沿革

满族贵族夺天下、入主中原的基本武装是八旗。1601年，努尔哈赤把他统辖的满族人编为四组，分别以黄、白、红、蓝四种颜色的旗帜为标志，是为“四旗”。以后随着他控制的土地和人口的增多，又增建四组，用红边分别镶黄、白、蓝旗，红旗则镶白边，作为新组建的四旗的标志，1615年与原先的四旗合称“八旗”。

随后，这种形式又相继推广到蒙古旗和汉族人中，建立了蒙古八旗和汉军八旗。于是便有二十四旗，但依旧通称“八旗”。其大体上是兵民合一，集生产、军事、政治等为一体的社会组织，八旗子弟有世代当兵打仗的义务。

清入主中原后，八旗兵分为两大部分，驻扎京城者称为“禁旅八旗”，驻守各省者称为“驻防八旗”，总人数约20多万，不敷需用，遂有绿营的组建。它由汉人组成，以绿色旗帜为标志，基本建制单位是营，故名“绿营兵”，简称“绿营”。绿营兵全家均编入兵籍，世代相袭，主要驻守各地，协助“驻防八旗”控制地方。绿营兵额不确定，多时约有60余万人，建制为标、协、营、汛。

① 刘锦藻：《清朝续文献通考·兵考二》，第9509页。

甲午战后，开始编练"新军"。1901 年新政推行后，宣布停止武科举考试，同时在各地开设武备学堂，培养新式军官。1903 年中央设立练兵处，各省设立督练处。次年，练兵处会同兵部颁布《陆军营制饷章》，对全国陆军统一编组，分设常备、续备和后备三军，并仿效西方国家的兵制，具体规定其内部组织结构、官兵选拔招募、后勤保障供给等等。

1906 年，兵部改为陆军部，练兵处、太仆寺被撤并。次年，陆军部决定在全国编练 36 镇(师)新军，其中京畿 4 镇，四川 3 镇，直隶、江苏、湖北、广东、云南、甘肃各 2 镇，其他省各 1 镇。实际上，到武昌起义爆发时，只有京畿、直隶、浙江、福建、吉林等省大体完成编练。

甲午战后，海军重建，但进展缓慢。1909 年，设全国陆海军大元帅，由摄政王载沣代理，同时设立筹办海军事务处，同年宣布将南北洋各海军舰船编为巡洋、长江两个舰队，前者担负海防，后者负责长江河防。1910 年，筹办海军事务处改为海军部，设海军大臣、副大臣各一员。

练新军 1901 年 8 月 29 日，清廷下谕全国停止武科科举考试，9 月 11 日命各省广设武备学堂，以培养新式军官。次年夏，袁世凯就在直隶编练组成北洋常备军一镇约 1.25 万余人；是年秋，张之洞也在湖北练成新军约 7 000 人，并编有军歌，其中唱道：

新军战壕作战演习

朝廷欲将太平大局保，大帅统领遵旨练新操。
第一立志要把君恩报，第二功课要听官长教。
第三行军莫把民骚扰，我等饷银皆是民脂膏。
第四品行名誉要爱好，第五同军切莫相争呶。①

为了在全国推行编练新军，清朝政府于1903年12月设立了练兵处，任命庆亲王奕劻总理练兵事务，袁世凯为会办练兵大臣，铁良帮同办理。各省设立督练处，负责新军编练。次年9月，练兵处和兵部会同奏准《新军营制饷章》和《陆军学堂办法》及选派陆军学生游学章程，确定以镇（师）为经常编制。全国计划编练新军36镇，其中京畿4镇，四川3镇，直隶、江苏、湖北、广东、云南、甘肃各2镇，其他省各1镇。

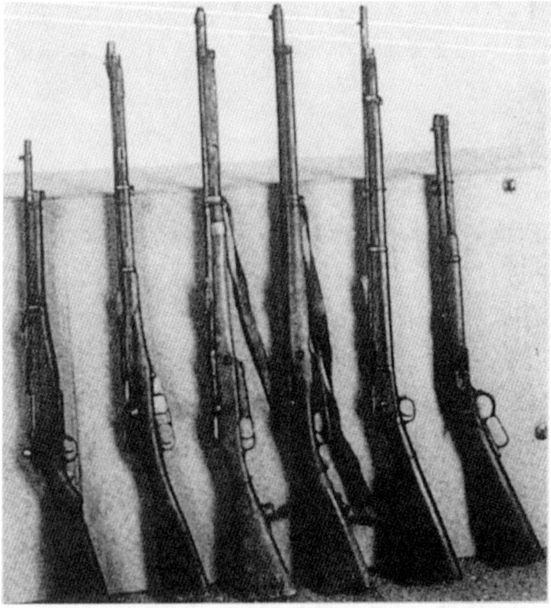

新军的常备武器后膛枪

但到1911年武昌起义爆发时，只有京畿、直隶、浙江、福建和吉林等省区大体完成编练，全国建制完备的新军只有14镇。一些省区新军编练迟滞的原

① 张之洞：《札学务处发学歌、军歌》，见苑书义等编：《张之洞全集》第6册，河北人民出版社1998年版，第4266页。

因之一，是新旧军人间的矛盾尖锐。因为新军编练，要求主持者熟悉近代军事的有关知识，这恰恰是那些清军旧军官所欠缺的，甚至一无所知。有鉴于此，时任盛京将军的赵尔巽，曾力邀留日军校生中的佼佼者蒋百里，赴山海关外前去帮助训练新军，结果引起淮军出身的张勋和绿林受抚的张作霖的不满，他们担心一旦新军练成，旧军势必裁撤，其权位受损，因此迁怒于蒋百里，处处刁难，甚至扬言要杀他。蒋百里见势不妙，走为上策，任职三个月就匆匆离去。[①]1904 年，英国人德・莱斯顿一行从北京动身去西藏，途中在山西省境内有 6 名中国士兵奉命护卫，"他们随身佩戴着滑稽可笑的大刀和拐杖，我[德・莱斯顿]从鞘中抽出一把来看，竟然发现刀刃是用木头做成的，而那位士兵还毫无廉耻地向我解释说，他把铁刀卖掉换鸦片吃了"[②]。

东三省新军

在这些英国人的漫长旅途中，他们发现各地新军的编练成效不一。在归化城(今内蒙古呼和浩特)，他们"看到的最让人感兴趣的还是一组军队的列兵演习，士兵都是由一位中国军官新训练出来的，而这位军官曾经在天津跟着几位德国人学习有关军队行动和军事战术。我[德・莱斯顿]得承认，这位军官从军事课程中获益匪浅，而且得到了归化城的地方官交付给他的这些士兵的极度尊敬和钦佩。五百名士兵演练着欧洲军队每天都要进行的那种操练。他们穿着漂亮的暗色制服，完全不同于长袍，以及别的可能让中国士兵们不便于操练的服装"[③]。

① 参见王晓秋等主编:《戊戌维新与清末新政》，北京大学出版社 1998 年版，第 240 页。

② 德・莱斯顿:《从北京到锡金》，王启龙等译，西藏人民出版社 2003 年版，第 12 页。

③ 同上书，第 15 页。

新军的军医院

在甘肃兰州，则是另一番情景，“我[德·莱斯顿]无法弄清这里[兰州]的守军到底多少，但是长官肯定已经竭尽全力去训练他的士兵。那些士兵相当的次，根本没有我们在归化城见到的那些好。我亲自看了他们的演练，我敢说他们要达到让人看得过去之前，还需要学习很多很多”①。

在已编竣的新军中，以袁世凯统领的北洋六镇最为精锐。其还拥有一支军乐队，“有50位演奏人员，使用的是铜管乐器”②。北洋六镇在当时清军中所占的特殊地位，经历其事者有过一段概述：

> 清末练新军，仅北洋练有六镇，各省亦练有新军，而独北洋著称于时者，其原因可略言之。清末练新军时，以北洋六镇配备最好。枪炮弹药，皆最新购自外国，效能极强。各省新军名为洋操洋械，但与北洋六镇相比，则又多系粗劣旧械，故实际力量相去甚远。
>
> 北洋六镇在编练之始，虽亦收有防军，但选择极严，实同征募兵，兵

① 德·莱斯顿：《从北京到锡金》，王启龙等译，西藏人民出版社2003年版，第97页。

② 凯瑟琳·卡尔：《美国女画师的清宫回忆》，王和平译，紫禁城出版社2009年版，第126页。

新军军乐队

士之体格、文化，皆有一定之标准；而各省则多系旧兵改练，即新招者亦未经过严格之甄别，故士兵之本质亦不同。新军之训练，关系军队之优劣。北洋当时选聘外国知名军人充当教习，尤其中下级军官多半熟习新操新制；各省之督抚统领，或则敷衍塞责，或则对新事所知不多，故训练之认真与敷衍又有极大区别。

北洋六镇军费充沛，故官兵军饷较他省为高；各省则仅按数颁发，这对士兵的鼓舞上影响尤大。综上所述，北洋新军与各省新军实有不同，加以各省互不相属，势力分散，不能统一，以六镇训练有素而装备待遇有极大不同之北洋新军，与各省一镇或一二协相较量，强弱之势非常明显。袁世凯所以能操清室政局，而别人莫可奈何，六镇新军实系其根本。①

此外，其他北方新军，如奉天的第二十镇和第二混成协、河南的第二十

① 张国淦：《北洋军阀的起源》，见《北洋军阀史料选辑》上册，中国社会科学出版社 1981 年版，第 69—70 页。

北洋新军第六镇军官合影

九混成协、江北的第十三混成协等，或者是以北洋六镇一部扩编而成的，或者是由北洋军官训练编成的，也都在不同程度上受到袁世凯的控制。可以说，整个北部中国包括东北在内的主要军事力量，都处在袁世凯的无形支配之下。

清末新军编练的成果，在河间、彰德会操中有所体现。

1905年和1906年，清朝政府曾调集数万名新军，先后在直隶河间、河南彰德举行两次大规模的军事演习，史称河间、彰德会操，为当时中外人士所瞩目。

1905年7月，袁世凯负责督练的北洋新军六镇正式成军，清廷批准其当年在直隶河间举行会操即军事演习，以考察这支部队的实际作战能力，也为各省正在编练的新军作示范，并向国外展示军事改革的成果。阅兵大臣是袁世凯和铁良。

参加演习的北洋新军共两镇四混成协，总兵力约4.5万人，约占北洋新军总数的三分之二。它们分为南北两军，实行南攻北防的作战演练。10月22日，演习正式开始。当天，南北两军的先锋骑兵到达献县和边渡口之间，各以小分队试探前进。之后，双方互有攻防，势不相下，直至11月23日两军主力相交，几乎白刃相搏时，阅兵处下令停止演习。次日，南北两军均穿军礼服会集河间，举行演习结束的阅兵典礼。慈禧太后很关注这次演习，曾致电询问详情，并由袁世凯和铁良向各协的参演官兵分别给以“二千五百金”的奖励。

次年 10 月，彰德会操揭幕，阅兵大臣仍为袁世凯和铁良。此次演习，意在扩大上次军演的成果，并有新的安排。一是邀请外国人前来观看，英、美、俄、法、德、意、奥、荷、比、日等国均派员到场，英国《泰晤士报》和《字林西报》、俄国《警卫报》、德国《营报》、美国《月报》、日本东京《时事新闻报》和大阪《每日新闻报》等都有记者前来采访。二是参演的部队，除了北洋新军，还有湖北新军和河南新军，是南北新军的首次同场演练，总兵力为两镇两混成协，共约 3.3 万人。

采访彰德会操的中外记者

这次演习仍是南攻北防。10 月 22 日，演习打响，主题是南北两军骑兵冲击战，北军占优。次日为两军主力遭遇战，各有得失。24 日，南北两军演练攻防大战，战斗正酣时，阅兵处发令停战。次日，依例举行了参演部队的阅兵典礼，彰德会操结束。

两次演习，展示了新政期间军事改革的成果。其规模是空前的，河间会操的总兵力达 4.5 万人，战马 5 800 多匹，运输车辆 1 500 多辆，阵局 300 多华里，战线长 20 多华里；彰德会操的总兵力有 3.3 万人，战马2 700 多匹，运输车辆 890 多辆，部队运动区域 2 000 多华里，战线长 40 多华

新军引爆地雷演习

美国传教士丁韪良

里。当时报载，“中外人士啧啧叹服，曰法令之严明，战术之娴习，中国前此未有也”。[①]1906年10月30日，在清末政界交游甚广的美国传教士丁韪良于北京记述：

昨天，规模盛天的秋季军事演习刚刚结束。这些演习显示，在铁路运输的帮助下，中国能够聚集起一支训练有素的十万人大军。可是政府对于这支令人畏惧的庞大陆军并不感到满足，它还下令打造一支包括八艘装甲巡洋舰和两艘战舰的精锐海军，其中有五艘军舰和三个海军基地将

① 张华腾：《袁世凯与河间、彰德会操》，《近代史研究》1998年第6期。相关史料，可参见茹静整理：《清末新军秋操史料集佚》，见《近代史资料》总122号，中国社会科学出版社2010年版，第108—139页。

装备有无线电报设备。①

如丁韪良所说，新政期间重建海军也提上议事日程。日后载沣上台，于1909年设全国陆海军大元帅，由摄政王载沣代理，同时设立筹办海军事务处，由载沣的弟弟载洵和海军提督萨镇冰任筹办海军大臣。载洵上任后，提出重振海军的七年计划。头两年，重点整编原有各式兵轮，在此基础上，后五年添

赴欧洲考察海军的载洵（左四）等合影

载洵参观德国海军

① 丁韪良：《中国觉醒》，沈弘译，世界图书出版公司2010年版，第11页。

造头等战舰8艘、巡洋舰20余艘、各类兵轮10艘，编竣三队鱼雷快艇；编定北洋舰队、南洋舰队及闽省各洋舰队，并相应建造各洋军港和船坞，并设立海军大学等。[1]计划可谓庞大，但以当时中国捉襟见肘的财力而言，显然有些异想天开，难以奏效。

办警政 中国近代警政，也始于新政期间。1901年9月12日，清廷颁布上谕："著各直省将军督抚，将原有各营严行裁汰，精选若干营，分为常备、续备、巡警等军，一律操习新式枪炮，认真训练，以成劲旅。"[2]这道上谕，一般被学界视为清朝政府创办警察的起点。严格说来，巡警军并非完全意义上的警察，它源于晚清的兵制变革和治安观念的转换，但清廷最初对其规制并无明确计划。由于督抚理解不一和地方情形各异，各省编练时，有的军事色彩浓厚，有的将之办成近代意义上的警察。

1910年云南巡警合影

各省巡警军的编练，来源不一，饷章有别，演变的流向也不尽相同。从来源上看，有从绿营制兵改编而来，如福建、云南、贵州、河南，但具体

① 参见张侠等：《清末海军史料》，海洋出版社1982年版，第100—101页。

② 《清德宗实录》卷四八五，中华书局1987年影印本。

办法也有差别，福建将绿营尽数归并，贵州除塘汛外酌留七成，云南就现额统裁三成，河南裁二成；有从防营中挑选编练，如广东；有将绿营、练军合并改编，如两江、陕西；也有从练军挑改，如伊犁。此外，直隶、湖北、山东等省，未见编练巡警军，而是筹办警察局所。从饷章看，大多取资裁汰绿营所节存的饷项。随着巡警的兴办和兵制的进一步改革，巡警军有的转化为巡警，有的被整合于新军，有的改编为巡防队，也有的继续留存。

清末甘肃省城巡警教练所学员毕业照

从职责上看，福建巡警军“为缉捕巡防弹压保护之用”。江西水师巡警军，分段梭巡，编查渔艇，验票盘诘，护饷救生等等。两江巡警军，专备巡防警察。这类巡警军的职务，与绿营汛勇承担缉捕巡防的功能类似。而直隶总督袁世凯认为警察“为内政之要图”，可以“禁暴诘奸，周知民隐”，负责救护伤病、护送迷路幼童、劝解民间纠纷、处理突发事故、盘查可疑之人、拘拿人犯、检验尸身、救火救灾等等。湖广总督张之洞主张“凡稽查户口、保卫生民、清理街道、开通沟渠、消除疫疠、防救火灾、查缉奸宄、通达民隐、整齐人心诸善政，无不惟警察是赖”。此类巡警与营勇专司缉捕不同，承担了更为广泛的任务，涉及缉捕、户口、卫生、消防及部分市政，与此后乃至民国警察所承担的任务相同。由于清廷赞同袁世凯、张之洞

清末巡警部官员合影

等人的主张，从而走上了建立近代警察制度之路。①

1905年，巡警部正式建立。其官制章程中规定，警政司下设行政科，掌管关于警卫、保安、风俗、交通及一切行政警察事项；警法司下设司法科，掌审定司法章程；国际科，掌国际警察事务规则，可见当时警察事务已有行政警察、司法警察、国际警察之分。其中司法警察，清廷在1906年改革官制时，将其归司法系统管属。清末的水上警察，先由民政部官员倡议，改原水师巡防营为水上巡警，至1911年1月，民政部通知各省于年内将水上警察设齐。铁路警察初设于1902年，执掌各车站的治安，并有随车巡警稽查。侦探警察即刑事警察，1905年成立巡警部时，下设探访队，负责采访、侦缉等事。1907年，民政部设立稽查缉捕局，专司缉捕事宜。此外，京师内外城巡警总厅另成立警备队和侦缉队，各地省城和商埠也有侦缉队的设置。上述新式警种的设立，明显改变了中国传统的城乡治安管理模式，初步实现了警务职能的合理区分，使警务职能进一步专业化。②1905年12月24日，在北京的英国人埃·巴克斯写信告诉莫理循："首都的警政大有改进，南城由袁从省会调来的一支兵力维持治安，他们控制的街头交通令

① 参见彭雪芹：《晚清"巡警军"考析》，《历史教学》(高校版)2009年第8期。

② 参见汪勇：《略论清末警政建立对租界警察的借鉴》，《山西大学学报》2010年第1期。

人赞佩，各城门不再出现堵塞现象，人人都必须循序而行，不准许向前猛冲猛撞。”①

清末高等巡警学堂

三　鼓励发展实业

甲午战争后，特别是《辛丑条约》签订后，清朝政府的财政危机愈益严重，国库空虚，财源匮乏，促使清朝统治者对其工商业政策相应作出变革。

奖励工商　1903年4月，清廷颁谕宣称：

通商惠工，为古今经国之要政。自积习相沿，视工商为末务，国计民生，日益贫弱，未始不因乎此。亟应变通尽利，加意讲求。兹据政务处议复，载振奏请设商部，业经降旨允准。兹著派载振、袁世凯、伍廷芳

① 骆惠敏编：《清末民初政情内幕——〈泰晤士报〉驻北京记者、袁世凯政治顾问乔·厄·莫理循书信集》上册，刘桂梁等译，知识出版社1986年版，第431页。

清末大臣考察瑞典爱立信公司

先订商律，作为则例。俟商律编成奏定后，即行特简大员开办商部。其应如何提倡工艺，鼓舞商情，一切事宜，均著载振等悉心妥协，请旨施行。总期扫除官习，联络一气，不得有丝毫隔阂，致启弊端。保护维持，尤应不遗余力，庶几商务振兴，蒸蒸日上，阜民财而培邦本，有厚望焉。①

张　謇

同年9月，商部正式设立（1906年将工商并入商部改组为农工商部），所有铁路矿务诸要政均归其办理，由载振任尚书，伍廷芳、陈璧分任左右侍郎，后又聘张謇为头等顾问官。为了管理全国工商业，商部还设立了一些中央专业机构，其中有商律馆、商标局、公司注册局、工艺局等等。

① 朱寿朋：《光绪朝东华录》，中华书局1958年版，第5013—5014页。

商部成立后，先后颁行了《商律》、《公司律》、《商会简明章程》、《商标注册试办章程》、《重订铁路简明章程》、《重订开矿暂行章程》、《奖励公司章程》、《改订奖励华商公司章程》、《试办银行章程》等一系列工商业法规和保护奖励条文，鼓励民间资本投资近代企业。这在中国历史上，还属首次。可以说，清朝中央政府在制度层面，真正意识到并着手自上而下推进实业建设，是在清末新政期间。

1911年四川劝业会颁奖会场

应该说，这些措施是有助于改变旧的社会风气，有利于人们投资兴办实业的。清朝政府还申明，这些条规同样适用于回国投资的海外华侨。

海外侨资引起清朝政府官员的注意，最早始于洋务运动时期。1866年，广东巡抚蒋益澧率先提出应仿效欧美，保护旅居他国的本国侨民，并重视发挥他们的作用。他认为："内地闽粤等省，赴外洋经商者人非不多，如新嘉坡约有内地人十余万人，新老金山约有内地二十余万人，槟榔士、伽拉巴约有内地数万人，和约[中国与英、法等国订立的条约]中原载彼此遣使通好，若得忠义使臣前往各处联络羁维，居恒固可窥彼腹心，缓急亦可藉资指臂。"①1874年，福建巡抚王凯泰更直接提出招徕侨资回国经商，与外国在

① 《筹办夷务始末》(同治朝)卷四十三，第16页；卷九十九，第49页。

华资本抗衡，以期“不受洋人抑勒，是又暗收利权”①。

在此背景下，曾有部分华侨投资国内企业，如轮船招商局、上海机器织布局等皆吸收侨资。②但在清末新政前，侨资参与国内企业尚处于起步阶段，在清朝政府方面并未真正引起重视和形成相应的政策条规；华侨投资也多为零星举动，并不普及，更未形成热潮。相反，由于政府方面没有提供相应的保护，1872年由南洋华侨陈启源在广东南海办的继昌隆缫丝厂还不时受到地方守旧势力的骚扰，以致不得不一度迁往澳门。

1895年中日《马关条约》订立后，面对内外危机和严重的财政困难，清朝政府放宽了对民间资本投资近代企业的限制，也加快了招徕华侨投资国内的步伐。同年8月，清廷上谕称：“南洋各岛暨新旧金山等处，中国富商在彼侨寄者甚众，劝令集股，必多乐从”；决定派人“迅赴各该处，宣布朝廷意旨，劝谕首事绅董等，设法招徕”。③但以法规的形式公布政府的一系列奖励政策和相应的保护措施，并采取一些切实的举措，则是在1901年新政开始以后。

清末新政的重点之一，是奖励实业，并通饬各级官员“一律认真恤商持平，力除留难延搁各项积弊，以顺商情而维财政”④。清朝政府明确，这些条规同样适用于回国投资的海外华侨。为吸引更多的侨资，1904年商部奏准清廷委派先期回国投资并已有成效的南洋侨商张振勋，以“考察外埠商务大臣兼督办闽广农工路矿事宜”的身份，前往南洋各地游说。⑤1907年，清朝政府又委派农工商部右侍郎杨士琦奔赴南洋，令他“前往各该埠考察情况，剀切宣布德意，优加抚慰。如有慨集巨资回华振兴大宗商务者，除从优予以爵赏外，定饬地方官妥为保护，以重实业而惠侨民”⑥。

还在1903年商部设立之初，为打消华侨回国投资的疑虑，清朝政府曾谕令：“各埠华商人等，凡有因事回华者，其身家财产均责成各省督抚严饬地方官切实保护，即行妥订章程，奏明办理。倘有关津丁役、地方胥吏及乡里莠民藉端讹索，即予按律严惩，决不宽贷。”鉴于各地仍不时发生敲诈侨资的

---

① 《轮船招商局档案》，见聂宝璋编：《中国近代航运史资料》第1辑，上海人民出版社1983年版，第983—988页；《上海机器织布局启事》，见《申报》1880年11月17日。

② 参见朱寿朋：《光绪朝东华录》，中华书局1958年版，第3637页。

③ 《清德宗实录》卷五二一，第1页。

④ 朱寿朋：《光绪朝东华录》，中华书局1958年版，第5254页。

⑤ 参见《清德宗实录》卷五七六，第10—11页。

⑥ 朱寿朋：《光绪朝东华录》，中华书局1958年版，第5115、5116、5345、5346页。

事端，以后清朝政府又几度重申，指令地方官员切实保护回国投资的华侨。1905 年，福建诏安县知县王国瑞、典使王锡圭、游击侯培光，南安县知县谭子俊，前署安溪县知县袁英麟等，因对当地侨资保护不力，分别受到撤职查办的惩处。①

应该说，上述法规、条例和措施，对吸引和保护华侨回国投资起到了一定作用。如广东新宁铁路 1906 年 5 月动工后，不时遭到地方守旧势力的阻挠，搞得侨商陈宜禧"心力交瘁"，难以招架。后被商部闻知，遂电令"两广督臣饬于路线所经之处，由该管地方官切实保护，并出示劝导乡民，俾无阻挠，庶几易于施工"，局面始有改观。②

倡导实业 这一时期，国内资本主义近代企业有了明显的发展。据统计，新政前的 1895 至 1902 年，工业投资额为 2 722 万余元，开办矿场 29 处，工厂 101 家；而新政期间的 1904 至 1911 年，工业投资额为 8 346 万余元，增加两倍多，开办矿场 48 处，增加了 66%，工厂 300 家，增长近两倍。③

新政期间近代企业的创办，一部分得到华侨资本的挹注，也有的是来自政府的扶助。袁世凯主持的直隶地方政府，就曾对兴办工业提供资金帮助。一些私人企业在初创时，商股不能招足，得官款支持，《北洋公牍类纂》称"先用官款以植其基，继招商股以广其业。官任保护，商任经营"。如 1904 年，天津商会协理宁世福创办织染缝纫公司，招商股 5 万元，天津官银号贷银 1.5 万两，助充股本；1905 年，天津工商研究会会长宋寿恒创建造胰有限公司，天津官银号贷与银洋 1 000 元；1906 年，天津客籍学堂庶务长王龄嵩开办牙粉公司，天津官银号贷拨银 2 000 两；同年 4 月，周学熙开办北洋劝业铁工厂，天津官银号以长年 5 厘息，贷银 20 万两；7 月，周学熙兴办启新洋灰公司，天津官银号以长年 5 厘息，先后贷银共达 80 万两。

在政府的扶助下，天津出现了官商合力振兴工业的局面。近代企业相继开张，其中规模较大的有机器造纸有限公司、万安有限公司（织造毡呢等物）、电灯有限公司、济安自来水有限公司、北洋劝业铁工厂、实业工艺厂、北洋烟草公司和启新洋灰公司。1900 年以前，天津近代工业只有四五家，资

① 参见《清德宗实录》卷五五九，第 5 页。

② 参见宓汝成：《中国近代铁路史资料》，中华书局 1963 年版，第 946、948 页。

③ 参见朱英：《晚清经济政策与改革措施》，华中师范大学出版社 1996 年版，第 264—265 页。

本额约110万元，到1911年辛亥革命前夕，已达137家，资本总额2 920万元。袁世凯主持的直隶地方政府的扶助措施，对天津乃至华北地区近代工业的建立和发展起了重要的作用。①

清末天津劝业场外门

即使在京城，也有一些倡导实业的举措。农事试验场就是其中之一。它是由农工商部于1906年4月15日奏准在北京设立的，位于京城的西郊(今北京动物园一带)，旨在开通风气，意在劝农，分别试验，广为研究，供人观赏，扩充见识，以资比较，使之成为全国农业的模范。场内建有试验室、农器室、肥料室、标本室、温室、蚕室、缫丝室、切桑室、鸟兽室和办公室等。设总办一人，由农工商部参议上行走诚璋出任。设场长一人，由农工商部章京叶基桢担任，下设农林科、动物科、庶务科、会计科。有科长、司员68人，技师2人，桑工、花匠6人，农工58人，杂役110人，巡警18人。它还附设有初等农业学堂，分农业、蚕业、林业、兽医四科，共有学生60人，学制三年。

农事试验场先后征集全国各地以及世界各国的植物、动物各种珍稀品种和标本。其中，从德国等购买的有美洲麟、印度母象、美洲小象、虎纹马、美洲大鹿、白鹿、黑鹿、野牛等；从美国购置的有各种作物种子、果木品种和

① 参见唐克敏：《袁世凯与中国资本主义》，见上海中山学社编：《近代中国》第4辑，上海社会科学院出版社1994年版，第304页。

清末京师农事试验场(即万牲园)正门

各种鸟兽;从日本长崎一次购买的花木果品就有 166 种。

它还下设博览园,内有动物园(今北京动物园的前身)、植物园和博物馆。动物园展出的有禽鸟类、兽畜类、鱼品类、昆虫类,植物园展出的有五谷类、果品类、蔬菜类、木品类、药材类等。

农事试验场在京城的设立,推动了近代农林牧副渔等科学技术知识在中国的引进和传播,参观者络绎不绝,无不大开眼界,印象深刻。来自廓尔喀(今尼泊尔)的贡使也慕名前往,表示:"贡使远在西陲,向慕中华风景,兹闻农工商部设有万牲园一座,内中楼阁宏敞,生物具备,为世界奇观,贡使拟往游览,俾开眼界而广知识。"①

四　司法和陋俗改革

1906 年,清朝政府仿照西方国家的政治制度,对司法机关作了较大改革。

司法改革　清末司法机关的改革,主要是刑部改为法部,专管全国的司法行政,不再兼理审判;改大理寺为大理院,为最高审判机关,负责解释法

① 原件为中国第一历史档案馆藏"农工商部档案",转引自秦国经:《明清档案学》,学苑出版社 2005 年版,第 638—640 页。

律，并配置总检察厅。司法审判程序，实行四级裁判所、三级审判的制度，习称四级三审制。

四级裁判所是：初级审判厅、地方审判厅、高等审判厅和大理院。三级审判制度规定：初级审判厅，收审无关人命罪案等；如对初级审判厅的判决不服，可上诉地方审判厅为第二审；对第二审判决不服，还可以上诉至高等审判厅为终审，亦即第三审。

地方审判厅收审死罪案等，如不服判决者，可上诉至高等审判厅为第二审；再不服，还可上诉到大理院为终审。大理院是全国最高裁判机关。此外，在大理院和地方各级审判厅，相应地设立各级检察厅。

沈家本

沈家本和伍廷芳出任修律大臣，参考各国法律修订清朝律例。其中，修订后的《大清律例》定名为《现行律例》于宣统二年（1910）正式颁行。该律分别就有关刑法、民法、行政法、诉讼法的违法犯罪行为，规定了量刑办法，并将有些纯属民法规范的内容分出，不再科刑，以示民刑区分；废除了原先《大清律例》中的凌迟、枭首、戮尸、刺字等酷刑，以罚金、徒、流、遣、死取代原来的笞、杖、徒、流、死五刑。《现行律例》还根据形势的变化，删除了一些不合时宜的旧条文，如禁止同姓为婚、良贱为婚等；同时也增加了一些旧律所没有的新罪名，如毁坏铁路罪、破坏电讯罪等等。

1909年，法部为使各级司法机关在审理案件中有所遵循，经清廷核准颁布试行《各级审判厅试办章程》。其中，一是规定民刑区分适用法律；二是明确了审级、管辖、回避、厅票、预审、公判和判决之执行的规范；三是申明起诉、上诉、证人及鉴定人、管收、保释与讼费的规则；四是确定各级检察厅通则；五是明确此项试办章程实施的期限，规定待法院编制法及民事、刑事诉讼法颁行后，此章程即停止施行，因而带有明显过渡法性质。次年，在此项试办章程的基础上，吸收了西方国家近代诉讼办法和某些制度，由修订法律馆编成《刑事诉讼法草案》六编十五章五百十四条和《民事诉讼律草案》四编二十三章八百条，对传统中国社会延续已久的民事刑事混同且家族处断的皇族审判机制，是一个极大的否定，体现了中国诉讼审判制度近代化迈进。①

废缠足和禁鸦片 新政期间，流传很广的缠足、吸鸦片烟等陋俗被明令禁止。

中国妇女缠足，始于宋代。在南宋，渐成风气。迨至清代，已是一种司空见惯的社会陋习，是对妇女的身体和精神的双重折磨和摧残。鸦片战争后来华的基督教传教士目睹此景，深为惊讶和不安，认为这是极不人道和亟应废除的。除了在其主办的《万国公报》等报刊上，揭露和宣传在中国延续已久的缠足陋习不可取，他们还开风气之先，组织"戒缠足会"等团体，积极倡导不缠足。

基督教传教士对缠足陋习的揭露和抨击，在一些较早开眼看世界的中国人的头脑中带来了震动，产生了共鸣。1883年，康有为在其家乡广东南海县，与友人区谔良发起成立"不缠足会"，这是目前已知的第一个由中国人自己组织的戒缠足的民间团体。康有为直言，此举旨在"诚愿与有志之士贤天理，奉王制，全生人之体，完父子之恩，使千年之恶俗一旦涤荡，岂不善欤"！②

康有为

1898年戊戌变法高潮时，康有为呈上《请禁止妇女裹足折》，要求下诏严禁妇女裹足，已裹者一律宽解，违抗者科罚。得光绪帝赞同，于同年8月13日颁发谕旨，准令各省劝诱推行禁止妇女裹足。有史料记载，当时在一些地区这道谕旨曾得到推行，如在戊戌六君子之一的林旭的家乡福州，"正在他领导的反裹足运动处于高潮

① 参见屈春海：《清宫档案解说》，华文出版社2007年版，第142—151页。

② 康有为：《戒缠足会启》，《历史档案》1992年第1期。

时，他遇害了”[1]。随着百日维新的失败，此项改革措施也告中止。官方占主流的态度，决定了禁缠足坎坷难行，为了宣传其废缠足主张，英国立德夫人曾专门拜访了李鸿章，希望得到支持，结果大失所望。李鸿章这样回答她：“你知道，如果你让妇女都不裹脚，她们会变得很强壮，男人已经很强壮了，他们会推翻朝廷的。”[2]这种局面在新政推行后，得到改变。

1905年慈禧颁旨，准许满汉通婚，并称“汉人妇女率多缠足，由来已久，有伤造物之和。嗣后缙绅之家，务当婉切劝导，使之家喻户晓，以期渐除积习，断不准官吏胥役藉词禁令扰累民间”[3]。由此，禁缠足被各地政府正式倡导和推行，在民间也得到更多人的响应。[4]当然，对禁缠足在各地的实效不能太乐观，原因之一，当时在很多地方，守旧的社会风气光靠行政命令是很难一下子完全破除的，与此相联系，当时的女子如果不缠足，便很难找到婆家；已婚的女子如果放脚，也常常会遭到婆家的责骂。因此直到民国年间，女子缠足在各地仍很常见。如1939年，有人在河南林县亲眼所见：“此间缠足之风仍甚，小女孩几乎全包脚。”[5]次年，德国友人王安娜在华北抗日根据地时，“妇女看着我的‘大脚’窃笑，而她们对自己那双像马蹄一样的缠足，却不以为怪”[6]。即便如此，新政期间由清廷颁旨劝禁缠足，对破除陋俗积弊和尊重妇女的人身权利而言，都是顺应时代要求的革新举措。

鸦片烟毒，众所周知在晚清蔓延甚广。自林则徐始，许多有识之士力倡禁毒，但因各级官员置若罔闻，收效甚微。这种态势直到新政启动才有改观。1906年清廷颁谕，明令在产销、吸食诸环节均严禁鸦片烟毒，强调：

> 自鸦片烟弛禁以来，流毒几遍中国，吸食之人废时失业，病身败家。数十年来，日形贫弱，实由于此，言之可为痛恨。今朝廷锐意图强，亟应

---

① 阿绮波德·立德：《穿蓝色长袍的国度》，王成东等译，时事出版社1998年版，第328页。

② 同上书，第308页。

③ 朱寿朋：《光绪朝东华录》，中华书局1958年版，第4808页。

④ 此前，已有一些省份施行，如1902年新任四川总督岑春煊上任伊始，就刊发《劝戒缠足示谕》；次年继任川督的锡良，也曾于1904年通饬各县刊发劝禁缠足的告示。但明显见成效的，是在1905年后。详可参见杨兴梅：《从劝导到禁罚：清季四川反缠足努力述略》，《历史研究》2000年第6期。

⑤ 《高敏夫日记》1939年3月1日条，见迟竹森等编：《高敏夫文集》，中国文联出版公司1997年版，第355页。

⑥ 王安娜：《嫁给革命的中国》，李良健等校译，生活·读书·新知三联书店2009年版，第339页。

中儆国人咸知振拔，俾祛沉痼而蹈康和。著定限十年以内，将洋土药之害一律革除净尽。其应如何分别严禁吸食并禁种罂粟之处，著政务处妥议章程具奏。①

次年制定的新刑律，明确列有鸦片烟罪。1909年颁布的《禁烟条例》，规定凡栽种罂粟、制贩大烟、设烟馆、制烟具等，均受治罪惩办。更为引人注目的是，同年清朝政府在上海主办了由美国倡议，"约请东方有属地之法、德、英和日本等国政府，各派专员考查鸦片情形"的万国禁烟会。②当时有来自中、美、英、法、德、俄、日、意、荷、葡、土耳其、暹罗（今泰国）和波斯（今伊朗）等13个国家的代表，出席了这一人类历史上首次多边性的国际反毒禁毒会议。它第一次确认鸦片等毒品必须在世界范围内禁止，第一次唤起了各国政府对毒品的关注。会议决议的主要内容多被以后的海牙禁毒公约所采纳，成为国际联合反毒禁毒的普遍原则。③

应该指出，新政期间虽有禁烟举措出台，代表中国政府出席万国禁烟会的两江总督端方也表示："我们完全有希望在不到规定的十年期限之内，在全国范围之内完全消除吸食鸦片的现象。"④但各地官府在实际执行时大打折扣，尤其是多把烟税作为增收捷径，"恃此为入款大宗，恨不得广种广销，为增进利源之计"⑤。那些瘾君子也难下决心弃绝烟毒，在票号发祥地之一的山西太谷县县志对此这样描述：

太谷鸦片之毒始于清咸丰朝，蔓延于同治之世，而大盛于光绪季年，富族大家嗜之者无论已，即中下之家降至乡僻小户，无不视鸦片为布帛菽粟须臾不可离而依之如命，虽光宣间上宪屡申禁令而沉溺既久，吸食如故。⑥

在以后的北洋政府和南京国民政府统治时期，这种局面亦无多大改

① 朱寿朋：《光绪朝东华录》，中华书局1958年版，第5570页。
② 参见中国第一历史档案馆编：《晚清国际会议档案》，广陵书社2008年版，第3626—3627页。
③ 参见苏智良等：《全球禁毒的开端——1909年上海万国禁烟会》，上海三联书店2009年版。
④ 上海市档案馆等编：《清末民初的禁烟运动》，上海科学技术文献出版社1996年版，第86页。
⑤ 中国史学会主编：《鸦片战争》（中国近代史资料丛刊）第1册，神州国光社1954年版，第333页。
⑥ 民国《太谷县志》卷三。

变，即使在大都市的上海，仍是“土行烟馆星罗棋布”，人称“今日国府烟禁下沧海一粟之怪象”。[①]即便如此，新政期间由政府明确颁布禁烟法规并有一些实际举措，终究是一种历史的进步，也多少抑制了鸦片烟毒肆无忌惮的蔓延。[②]

政府的禁烟举措，也得到社会舆论和各界的支持。各地都有戒烟会的成立并积极开展活动，1909年3月3日《申报》刊载了由社会名流辜鸿铭、祝兰舫、朱葆三等人为董事的“振华戒烟会”的广告，题为《最妥最善戒烟捷法——振华戒烟会》，其中就有这样的宣传：

> 戒后身体立时强壮，绝无萎靡不振之象，足为一证。本会备有宽敞房屋、休枕、被褥以及居膳饮诸品，无不精美。戒制计分三等，听戒者自择。
>
> 戒愿者请先至本会报名，另有详细章程送阅。倘有怀疑，请到本会查明前经戒脱者姓名，可以就近访察，以资考证。
>
> 有志戒烟者勿失之交臂也。一俟将来成效大著，再行设法推广，施治贫乏，以广善举焉。

五　边远地区的起色

新政期间，中国西部地区近代化进程也有较明显的推进。1907年5月14日，英国《泰晤士报》驻北京记者莫理循称：“我的一个朋友刚从遥远的甘肃省兰州来到北京，他在那里初步设计一座铁桥。这座铁桥在外国人的指导下，将横跨黄河。他告诉我那里发生的变化：碎石子筑的路，通明的路灯，学校和学院和市政警察。今天山西大学代理教习毕善功教授来看我，他也告诉我太原府市政上的同样一些改进。”[③]即使在地处边远的新疆、西藏和川边及内蒙古地区也有具体表现。

---

① 罗运炎：《中国鸦片问题》，见章有义编：《中国近代农业史资料》第3辑，生活·读书·新知三联书店1957年版，第43页。

② 参见王宏斌：《清末新政时期的禁烟运动》，《历史研究》1990年第4期。

③ 骆惠敏编：《清末民初政情内幕——〈泰晤士报〉驻北京记者、袁世凯政治顾问乔·厄·莫理循书信集》上册，刘桂梁等译，知识出版社1986年版，第498页。

地方财力差异　晚清崛起的曾国藩、李鸿章、左宗棠、沈葆桢、丁宝桢、张之洞、刘坤一等东部地区的督抚，致力于推动其辖区内的近代化进程，除了他们较之同时代的其他官员对当时中国的处境认识较为清醒，对学习西方的态度较为积极外，与他们手中握有较为丰实的财源也不无关联。

清朝的财政体制，原先是以解款协款制度规定各款项，由中央政府统一管理收支，户部拥有"制天下之经费"的权力，各省并无财政权，只是奉中央命令征收各项赋税，存入公库，然后奏准开销各项经费，如有节余均须解运中央或收支不敷的邻省。经太平天国之后，解款协款制度渐趋废弛。各地督抚军权在握，原来掌管地方财政并直接听命于中央政府户部的藩司，转而受制于督抚，中央政府已无法通过藩司控制地方财政。

厘金制的实行与就地筹饷，使地方督抚的财权进一步扩大。因数额可观的厘金均由地方征收和控制，上缴仅为其中的一部分，大部分被地方督抚截留。由于各省财政独立的趋势日见明显，户部无法了解各省财政的实况，只得改变解款协款制，推行摊派制。实际执行时，"户部历次筹款，终有一二策或数策不能通行于各省，甚或有一案请行数次，历时数年而各省终未遵办"①。传统的中央集权财政体制趋于瓦解。

相对富庶的东部地区的督抚，在这个过程中崛起。1889年，熟悉内情的薛福成记述："江苏一省，丁、漕、盐、税、厘五者俱赢，岁入白金一千万两以外。曾文正公用之以削平大难，旋乾转坤。今伯相合肥李公亦用之以招练淮军，四出征剿。曾公所用，在江扬淮徐通海者为多，以盐务为最饶，而地丁、厘金辅之。李公所用，在苏松常镇太者为多，以洋税、厘金为最沃，而地丁、漕政辅之。浙江一省，亦五者兼备，岁入可得江苏之半。""福建一省，地丁、盐课、厘金、茶税等项，约逾三百四十万金，加以闽关洋税三百余万金，岁入尚在浙江之上。""广东一省，综地丁、盐课、税、厘四项，岁入几与浙江相埒。"

此外"如直隶、陕西、安徽、广西四省，其力皆足以自顾，如有非常措注，则必赖他省之转输"。"又如山东、河南、山西三省，财赋以地丁为大宗，而他项稍辅之，岁入各逾三百万金。""四川一省，地博物阜，赋额素轻，今于地丁之外加津贴，津贴之外加捐输，虽三倍旧额，尚仅得江南田赋之半。"再有"如

① 彭雨新:《清末中央与各省财政关系》,《社会科学杂志》9卷1期,1947年6月。

甘肃、云南、贵州三省，向赖他省之协助。云南岁入六十余万金，甘肃岁入三十余万金，贵州岁入二十余万金，皆断断不能自立”。[①]

偏重于东部地区的一批洋务企业的兴办，与上述财政背景有着密切的关系，因为总的说来，当时“中央财政对于洋务企业的支持并不是十分积极、有力的。除了天津机器局、江南制造局、金陵机器局、汉阳铁厂等少数大型企业得到中央财政的补助或拨款外，大多数洋务企业都是依靠地方财政的调剂而兴办起来的。这从一个侧面说明，洋务派经济活动的主要动力是来自地方。太平天国时期财政权的下移，为各地督抚经营洋务企业提供了一定的有利条件”[②]。而财政本是拮据甚至须靠外省协款挹注的西部省份，可以腾挪筹措的渠道狭窄，洋务企业寥若晨星，一些已经开办的企业也经营乏力，或因左宗棠、丁宝桢等人离去而陷于停产或半停产的境地。

新政初期，中央政府曾采取各种措施，试图从地方督抚手中收回财权，但收效不大。于是在 1908 年进行财政清理，全面收权，同时决定划分中央和地方两级财政。租税亦分两项，即供中央用的“国税”和归地方用的“地方税”。1910 年，又正式开始编制宣统财政预算。但直到清皇朝覆灭，也未拿出实施方案。在中央政府的督促下，在西部各省新政亦有推行，并取得一些成效。这在稍晚开展新政的新疆和西藏及内蒙古等地区，也有具体表现。

新疆、西藏、内蒙古等省区　时任新疆巡抚联魁、伊犁将军长庚是满族官员中思想比较开明的人，对推行新政态度比较积极。联魁认为“遵筹西北全局，大旨不外置省、改官、开垦、兴学、练兵数端，应酌量缓急，择要施行”。长庚主张“一练兵，二畜牧，三商务，四工艺，五兴学”。[③]其中成效比较显著的是编练新军、兴办实业、开设学校和建谘议局。为推动实业兴办，在各地设立工艺局，创办工艺厂、劝工所、织造局、农林试验场等等。长庚在伊犁创办了制革有限公司，原为官商合办，后来改为商办。经营者是维吾尔族商人玉山巴依，机器从德国购进，技师从德国和俄国招聘，有工人 100 余名，年产

---

① 薛福成：《叙疆臣建树之基》，贝丁凤麟等编：《薛福成选集》，上海人民出版社 1987 年版，第 291—292 页。

② 周育民：《晚清财政与社会变迁》，上海人民出版社 2000 年版，第 307 页。

③ 《清德宗实录》卷五九一、卷五六三。

约1万张大皮。[1]

1904年，英国再次侵略西藏，一度占据拉萨。清廷大为震惊，在英军退兵后，即颁谕称西藏“地大物博，久为外人垂涎。近日英兵入藏，迫胁番众立约，情形叵测，亟应思患预防。补救筹维，端在开垦实边，练兵讲武。期挽利权而资抵御，方足以自固藩篱。前有旨令凤全移驻察木多，西宁办事大臣昨已简放延祉。所有西藏各边，东南至四川、云南界一带，著凤全认真经理；北至青海界一带，著延祉认真经理。各将所属蒙番，设法安抚，并将有利可兴之地，切实查勘，举办屯垦畜牧，寓兵于农，勤加训练。酌量招工开矿，以裕饷源”[2]。并先后任命张荫棠、联豫、赵尔丰等人主持实施清末西藏及川边新政。

1906年出任查办藏事大臣的张荫棠，举人出身，早年赴美曾任清朝政府驻美参赞和总领事职。继任的联豫，早年曾跟随薛福成出使英、法、意、比等国，对时局有较清醒的认识。[3]他在1907年2月10日《详陈藏中情形及拟办各事折》中指出：“窃维西藏近日危险情形，早在圣明洞鉴之中。俄人觊觎于北，暗中诱之以利，英人窥伺于西，近且胁之以兵……奴才心实忧之，后患何堪设想。且西藏之地，南通云南，北连甘肃，东接四川，万一西藏不守，则甘肃、云南、四川俱属可危，而内外蒙古、长江一带亦俱可虑。”[4]

张荫棠等人建议，西藏新政的主要内容应包括练兵、屯垦、通商、建学校，清廷对此予以允准，认为“举凡练兵、兴学、务农、开矿、讲求实业、利便交通以及添置官吏、整饬庶政诸大端，均应及时规画，期于治理日益修明”[5]。西藏适宜畜牧业，张荫棠提出要鼓励畜养牛羊，发展畜牧业，并重视开发利用畜产品资源，在江孜设立了工艺局，招聘技师入藏传授技术。联豫上任后，开办了商品陈列所，陈列四川制造的各种产品，旨在“藉资观感，而工业或可渐臻发达”[6]。同时，他还选派藏民子弟到四川劝工局学习工艺。

---

① 参见曾问吾：《中国经营西域史》，新疆地方志总编室1985年排印本，第734页。

② 中国人民大学清史研究所：《清史编年》第12卷，中国人民大学出版社2000年版，第356页。

③ 参见王川：《从新近刊布的史料看晚清民国藏政要员的洋务背景》，《西藏民族学院学报》2003年第3期。

④ 吴丰培主编：《联豫驻藏奏稿》，西藏人民出版社1979年版，第14页。

⑤ 《清德宗实录》卷五六二、卷五四九、卷五八七。

⑥ 吴丰培主编：《联豫驻藏奏稿》，西藏人民出版社1979年版，第17—18页。

慈禧与达赖喇嘛晋京朝觐

1908年第十三世达赖喇嘛土登嘉措(1876—1933)晋京朝觐，是清末西藏的一件大事。它是继1652年五世达赖喇嘛入京觐见顺治帝、1780年六世班禅额尔德尼入京觐见乾隆帝之后，第三位西藏格鲁派宗教领袖入京觐见。达赖此行的主要目的，是向清朝皇帝禀奏西藏情势，联络与中央政府的感情，寻求中央政府的帮助，进一步巩固和密切西藏地方与中央的关系。他于1908年9月24日抵京，12月21日启程返回西藏，在北京共逗留84天。

清朝政府对十三世达赖此次入觐活动，非常重视。对有关入觐路线、接待计划、仪式、赏项等，都做了精心准备和安排，还把从前接待五世达赖和六世班禅的有关礼仪例案汇集成册，作为依据和参考。关于他的下榻处，最初定在东黄寺(普静禅林)，后来考虑到西黄寺曾接待过五世达赖和六世班禅，又移至西黄寺，由内务府会同理藩部勘测房屋，两次动工修葺添盖房屋共238间。对京城其他佛教寺院，也进行了不同程度的修缮。慈禧曾亲自过问，颁旨"问达赖喇嘛由五台山至京一路均好，现时天气渐凉，藏中气候亦如京中否，京中各庙宇曾否前往瞻仰"。

10月14日，第十三世达赖喇嘛在颐和园仁寿殿晋见慈禧太后和光绪帝。仁寿殿原名勤政殿，光绪年间重建，改称仁寿殿，是慈禧太后、光绪帝坐朝听政的大殿。每年正月至十月，慈禧移住颐和园，在此接见大臣，处理政务。十三世达赖对此次晋见也做了精心准备。晋见前一天，即派随行人员押送贡品30抬、敞车8辆，由西黄寺起行，前往颐和园进呈。达赖在京期间，正逢慈禧生日，又再次前往勤政殿事先奉上祝寿礼品，以表祝福。11月3日，是慈禧的生日，他又亲率徒众在景福门外另班行礼，为慈禧祝寿。慈禧大为高兴，下令封赏。

世事难料，11月14日和15日，光绪帝和慈禧太后接连去世。第十三世达赖率随行人员入安定门，经东华门入紫禁城叩谒并诵经超度亡灵。12月2日，宣统帝登基，达赖又呈请朝贺，率徒众举行祈祷、赞颂之礼，并呈进贡品多种。两项佛事活动，均得到清廷的厚赏。12月21日，第十三世达赖离京返回西藏。此次晋京朝觐，清廷对他的重视和礼遇，令他印象深刻，时隔20多年后，曾这样追忆这段往事："皇上母子[慈禧太后和光绪帝]待我极厚。"详可参见索文清:《1908年第十三世达赖喇嘛晋见朝觐考》,《历史研究》2002年第3期。

在川边藏族地区，清廷强调“四川、云南两省毗连西藏，边务至为紧要。若于该两省边疆开办屯垦，广兴地利，选练新兵，足以固川滇之门户，即足以保西藏之藩篱，实为今日必不可缓之举”①。1906 年赵尔丰出任川滇边务大臣后，力行新政，实施政土归流，奏请屯垦、练兵、设官、兴学、通商、开矿、强调“振兴地方，首在提倡实业”，并重视改善交通，认为“商贾之流通恃乎此，垦务之发达恃乎此，地方之富庶更靡不恃乎此”②。

1908 年，他奏准兴建中渡雅砻江钢丝吊桥，指出“中渡地方为打箭炉通边藏要道，其地即所谓雅砻江也。江面宽至数十丈，水极漂急，每当盛涨，舟船不能径渡，行旅转输饷械，尤为困难。臣前在关外督师，目击情形，以为非建桥不足以资利便，而非仿西法修筑钢桥，亦不能以期坚固。臣于护督任内，曾派员前往切实勘测，绘具详图，筹有端绪。臣到任后，即饬驻沪转运之员，向洋行商议，定造吊式钢桥一座，各洋行均以地处边远，不愿承办。且亦索价过昂，迭经磋商，乃与比商华法公司订立合同，现全桥钢料及工程师均已上路”。

继而，他又奏请兴建泸定钢丝吊桥，指出“中渡桥工已将完竣，查泸定桥尤关重要，因地通边藏之冲衢，而居内地行旅，往返转输饷械，繁盛于中渡。臣到任后，派员勘测绘图，此桥系据金川江，原以铁链造成，因桥身过长，行之簸动，而不能通过重大物件，往往被风吹断，修理困难。在当时拟修铁丝桥，较铁链桥灵便。至与比商定购吊式钢桥，较以前铁链桥坚固百倍。遂于月前与中渡建桥工程师盖利余爱尔订购一座，按照中渡桥样建筑”，待建成后，“由成都至康定一段通道无阻”。③上述举措加强了内地与川边及西藏人员和物资的往来，促进了这些地区的经济开发，也为以后民国年间的西康建省打下了基础。

清末新政期间，在一些较为开明、务实的官员主持下，久已沉寂的新疆、西藏和川边以及内蒙古地区都有一些近代化措施的推行，这种由官府主导的涉及较广泛的改革举措，在西部地区还是首次。如当时在内蒙古进行了大规模放垦，其范围集中于内札萨克蒙古的 6 盟 49 旗，包括东部的哲里木盟、卓索图盟、昭乌达盟，以及西部的乌兰察布盟、伊克昭盟、锡林郭勒盟，地

① 中国人民大学清史研究所：《清史编年》第 12 卷，中国人民大学出版社 2000 年版，第 421 页。
② 文夕：《清末川滇边务大臣衙门档案》，《历史档案》1992 年第 4 期。
③ 吴丰培：《赵尔丰川边奏牍》，四川民族出版社 1984 年版，第 111—112 页。

跨今内蒙古、河北、辽宁、吉林、黑龙江等省区。

清末内蒙古草原的放垦，是这一地区土地所有权制度私有化的开始。在此之前，内蒙古的土地占有和使用，可依据土地所有权获得的途径，分为私有地、公共土地和直属皇家的土地。所谓私有地，包括蒙古贵族、士兵、平民、差役按照爵位、等级领受的不同面积的土地，人死后要上交盟旗重新分配，不能继承，土地仍属于公有范围。公共土地，指的是公共牧场，札萨克对于公有土地有管理权，公共土地一般没有明确的四至，各旗之间只依照山、河或者敖包等，划分一个大概的界限。此外还有清廷划定的皇家园林或是专门服务于皇族的土地。放垦及土地私有化的同时，清朝政府也加快了在内蒙古地区设立县治的速度，清末放垦期间在内蒙古地区设置的府州县有30个，是整个内蒙古地区至清末为止设立的所有府州县的60％。

放垦和土地私有及农业开发，给内蒙古草原带来新的生产关系。榜青作为一种载体，在汉族的精耕细作技术传入内蒙古地区的过程中，起了重要作用。它起源于华北，也称帮租，是一种分益雇佣制。由地主提供劳动力之外的一切生产费用，由佃农提供劳动力，在收获时，以一定比例分成，在华北地区佃农最多得三成。这种生产关系由汉族移民传入内蒙古地区后称作榜青，佃农与地主一般五五分成，副产物如秸秆等物归地主。这种榜青制度在新放垦的地区较为流行，因为土地资源相对丰富，需要更多的劳动力。等到土地垦熟，人口增长，社会模式渐渐接近内地的汉族社会时，榜青关系就开始减少。这种生产关系，促进了内蒙古地区的民族融合和农业开发。

蒙汉交流也引起了蒙古族饮食结构、习惯和服饰的变化。放垦前，蒙古族人通常以食用畜产品为主，农产品为辅。放垦后，随着农业的发展，农产品在饮食结构中的比重逐渐上升。由于农业及商业的发展，茶和纸烟等一些原来只有贵族享用的商品，逐渐成为蒙古族大众的日常生活消费品，而烧锅一类的小作坊的出现，也为牧民饮用粮食酿酒提供了方便。棉布逐渐代替了原来的毡和皮，成为蒙古族的服饰原材料，原来的皮袄、皮靴渐渐被棉袄、棉袍、棉靴替代。

放垦既是内蒙古地区新政的一部分，也有助于当地新政的推进。至清末止，绥远地区设立了大约48所中小学，它们的开办和运营费用，除了部分由王公捐助外，大部分是由学堂地的租银提供。筹备新军、警察及武备学堂的饷银、号衣、马匹、枪械等需要的巨额资金，多来自土地的放垦所得。[1]从长远观察，草原的大量放垦，对植被和生态环境不无破坏性，但就当时而言，放垦的实施，推进了内蒙古地区社会生活的近代化进程。

当然，较之东部地区，边远省区原先存在的那些不利因素依然存在，并依旧制约着改革的推行和成效。其中，资金和人才严重匮乏仍是难题之一。1907年8月9日，芬兰人马达汉在乌鲁木齐参观一家官办军工厂，看到工厂处于停工状态，“机器上的标志是KNAPE，MAGDEBURG（马德堡）。听说机器开足马力时，每天的最高产量是500发子弹”。此时正打算重新开工，为此“在几个月前，工厂里已经从中国东部招募了一批新的工人”[2]。1928年去新疆考察的徐炳昶在乌鲁木齐曾见到当地“有一造火柴机器”，自清末购来后一直“废置未用”。[3]

1908年1月27日，联豫奏称：“藏中用款，既不能取之于番民，即不能不仰给于内省。现在举行新政，各省拮据皆同。即以近拨之二十万两，在部臣已属极力腾挪，在此间仍无异于车薪杯水，且不知何时始能汇藏。”[4]同年8月16日，《重庆商会公报》曾载：“驻藏帮办大臣张荫棠，近与政府诸公讨论西藏要政。张大臣以西藏边界，土番披猖，又有外人蹑足其后，大局不可不虑，亟宜速练精兵，添设藏营，以资防卫。余如兴办学堂，改良风俗，开采矿产，垦辟荒地，建筑铁路，安设电线各事，亦应次第举行。惟因中英藏约中，有窒碍之处，故须妥筹善法，变通办理。至于推广商埠，划建行省各事，亦应预为筹画，免致临时棘手等语。所论皆中窍要，各王大臣均极赞成，即按所陈各节，电致赵季帅酌核办理。”同年10月24日，《广益丛报》则称：“成都府来函云，赵季帅不日起程前赴西藏，心殊郁郁不乐，盖欲实施改革，既乏经费又乏人马，安克臻此。”[5]

此前的9月20日，已有《东方杂志》转述日本《朝日新闻》的评论称：

> 中国政府近来对于西藏问题非常注意，一切刷新行政、充实军备、普及教育设备、交通机关等事，皆苦心筹议。日前驻藏帮办大臣张荫棠

---

① 参见耿晓明：《清末内蒙古垦荒论略》，见侯建新主编：《经济—社会史评论》第5辑，生活·读书·新知三联书店2010年版。

② 马达汉：《马达汉西域考察日记（1906—1908）》，王家骥译，中国民族摄影艺术出版社2004年版，第266页。

③ 徐炳昶：《西游日记》，甘肃人民出版社2002年版，第235页。

④ 四川省民族研究所编：《清末川滇边务档案史料》上册，中华书局1989年版，第171页。

⑤ 卢秀璋主编：《清末民初藏事资料选编（1877—1919）》，中国藏学出版社2005年版，第266页。

氏赴京陛见，陈奏藏事。近日更有朝旨，特命达赖、班禅两喇嘛入觐，盖将大有所展布。虽然今日以前皆仅空言而已，今日以后未知如何，就目下中国及西藏之财政状态而论，则虽欲有所展布，而于根本的改革实行之方法，恐难确立何等之成案。

该报在概述赵尔丰、张之洞等人的筹藏新政的主张后，认为“其如人材消乏、财力不逮何，殆不免多议少成而已”①。

1910年初，达赖出逃印度后，清廷立即宣布革除其名号，继而采取一系列相应措施，责成驻藏大臣联豫“悉心经营”。联豫奉命基本上按照行省建制的架构原则，对西藏地方官制进行改革，在西藏各地设置委员，并仿照内地各省督抚衙门章程，设立幕职分科办事，以专责成。这些举措使西藏地方行政管理体制，有了明显的内地化趋向，在一定程度上加强了驻藏大臣的主事权力。与此同时，清朝政府在川边藏区大力推行改土归流，打通川藏之交通，并为川边藏区与四川省的一体化奠定了基础。②

有学者指出，西藏新政，百举待兴，练兵兴学，务农开矿，讲求实业，便利交通，添设官吏，整饬庶政等等，均需资金作后盾，尽管清廷一再强调西藏地方关系紧要，“著度支部妥速筹划议奏”、“速议筹拨”，终因国库空虚，虽经设法周转，但于西藏仍属杯水车薪，无济于事。联豫深感“无米之炊，实难措手”。1910年起，西藏常年经费共50万两，由俄法款内截10万，英德款内截15万，其余25万则由四川省另筹接济，并谕藏事如有不敷，则由川督遵旨随时接济。但事实上，川督赵尔巽一再上奏，禀川省财政困难，库储奇绌，应付俱穷，度支部仍不予置理。川款无着落，原先的设想如修筑道路、讲求实业、开矿务农等事多只能停留在纸面上。③

此外，由于西部各省新式商人及有实力和有意愿投资实业、参与地方治理事务的士绅人数很少，新政时期在东部地区颇有成效的地方自治运动在西部地区几无动静。据统计，在1908年以前各省研究和筹备自治的机构共99个，其中直隶16个，江苏（包括上海在内）18个，浙江16个，广东13个，山东3个，福建2个，京师9个，广西2个，江西4个，湖北3个，湖南1个，

① 卢秀璋主编：《清末民初藏事资料选编（1877—1919）》，中国藏学出版社2005年版，第76—77页。

② 参见苏德毕力格：《晚清政府对新疆蒙古和西藏政策研究》“导言”，内蒙古人民出版社2005年版，第3页。

③ 参见黄维忠：《清季筹藏新政评述》，《中国藏学》1995年第1期。

吉林4个，奉天4个，黑龙江1个，河南1个，安徽1个，余下的一个是整个西部地区唯一的，即成立于1907年由张百麟主持的贵州自治学社。①来自民间的社会组织的孱弱，既是西部省份市场经济落后的表征，同时也是其社会近代化进程迟滞缓慢的原因之一。

六 "预备立宪"的启动

1906年，清廷宣布仿行宪政，"预备立宪"。

日俄战争的促动 1904年爆发的日俄战争，推动了清朝政府的"预备立宪"。

日俄在中国东北交战

战争加速了统治阶级内部的分化，一批为数不少的官员受到这次战争的强烈震撼，开始明白专制难以久恃、立宪方可图存，纷纷赞同推行君主立宪。当时的《中外日报》这样描述："近者甲辰日俄之战，知微之士闻之，亦曰此非俄日之战也，乃立宪专制二治术之战也。自海陆交绥以来，日无不胜，俄无不败，至于今，不独俄民群起而为立宪之争也，即吾国士夫亦知其事之不容已，是以立宪之议，主者愈多，远猷辰告，始于出使诸公，继者乃有疆吏，

① 参见马小泉：《国家与社会：清末地方自治与宪政改革》，河南大学出版社2001年版，第215—221页。

而今枢臣亲懿之中，亦稍稍持其说矣。”①

这里所说的赞同立宪的官员，大都接触过西学，比较明了世界大势，日俄战争的结局使他们认识到君宪政体的长处，面对强敌四逼、国弱民贫、立宪舆论高涨、革命风潮炽烈的危局，他们终于愿意在尊崇皇室、尽量维护官僚贵族特权地位的前提下，效法日本，实行君民妥协、民权有限的钦定宪法，以拯救清皇朝严重的统治危机。

较早公开呼吁立宪的是驻法公使孙宝琦，他在1904年2月《上政务处王大臣书》中，描绘了“外侮迭乘、内忧间作”的险恶处境，告诫朝廷改革已成民心所向，“莫之能遏”，若想避免“倡论自下”的“酿祸之阶”，就应“仿英德日本之制，定为立宪政体”，并建议改政务处为上议院、都察处为下议院。②他的这些见解，虽然对西方宪政认识肤浅，而且关于改议院的建议也不伦不类，但由于领先潮流，代表民望，故很受立宪派称道，颇具社会影响。

紧接着同年3月，又有云贵总督丁振铎、贵州巡抚林绍年电奏清廷，认为鉴于日本变法30年，竟敢与强俄相抗的事实，请朝廷“急宣上谕，誓改前非……饬出使各国大臣迅告各国政府，以中国自今以后一切即尽行改革，期于悉符各国最善之政策”③。虽未言明立宪，但其“尽行改革”实寓变更政体之意。随后，两江总督周馥、湖广总督张之洞、两广总督岑春煊、直隶总督袁世凯、湖南巡抚端方等人也以立宪为请。不久，慈禧太后召见端方，问道：“新政已皆举行，当无复有未办者。”对曰：“尚未立宪。”慈禧太后又问：“立宪如何？”又答：“立宪则皇上可世袭罔替。”④慈禧太后心动，遂决定派员出洋考察。

五大臣出洋考察　1905年7月16日，清廷发布上谕，称“方今时局艰难，百端待理，朝廷屡下明诏，力图变法，锐意振兴，数年以来，规模虽具而实效未彰，总由承办人员向无讲求，未能洞达原委，似此因循敷衍，何由起衰弱而救颠危”，特派镇国公载泽、户部侍郎戴鸿慈、兵部侍郎徐世昌、湖南巡抚端方四大臣“随带人员，分赴东西洋各国考求一切政治，以期择善而从”⑤。

上述四大臣均为清朝官员中较为开明者，如此前曾任湖北巡抚的端方

① 《论国家于立宪以前有可以行必宜行之要政》，《中外日报》1905年10月9日。
② 参见《东方杂志》第1年第7期。
③ 《滇督丁制军振铎等请与各国立誓力行新政电奏》，《大公报》1904年3月10日。
④ 魏元旷：《坚冰志》，见《戊戌变法》（中国近代史资料丛刊）第4册，神州国光社1953年版，第313页。
⑤ 《派载泽等分赴东西洋考察政治谕》，见《清末筹备立宪档案史料》，中华书局1979年版，第1页。

与美国在华传教士丁韪良就常有来往，曾告诉丁韪良："你的书，我全都读过。"丁韪良记述："他[端方]经常到我家来，我每次拜访他，他准会回访我。当他调去湖南担任巡抚时，我曾托他对雅礼协会给予特别关照，他对此显得很高兴。他有一个儿子在美国留学，而且他的夫人和女儿们都在向美国监理会传教使团的女传教士们学习英语。"①

7月27日，又加派商部右丞绍英随同前往，成为五大臣出洋考察。9月25日，载泽等人在正阳门外车站乘火车出京。正要启行，遇革命党人吴樾行刺，吴随身携带的炸弹爆裂，当场身亡，载泽、绍英二人受伤，出洋考察只得暂缓启程。其中，绍英受伤5处，血殷左股，愈后脚上留下残疾，终身受累。②

载　泽

吴　樾

绍　英

① 丁韪良：《中国觉醒》，沈弘译，世界图书出版社2010年版，第183页。
② 参见绍英：《绍英日记》"前言"，国家图书馆出版社2009年版，第3页。

这时，日胜俄败的战争结局已明朗，国内外舆论均认为这是立宪不立宪的结果，清廷态度的游移不决，激起人们的不满。其间，孙宝琦再电外务部，坚请朝廷“饬该大臣等专心考察各国宪法，期在必行”①。驻俄使臣胡惟德电奏：“俄国现已公布宪法，……今我国处孤立之地位，日英同盟本不足恃，亟宜立定宪法，上下一心，讲求自立之策，以防各国侵害。”②此外，驻英使臣汪大燮、驻美使臣梁诚、学部尚书张百熙、礼部侍郎唐景崇及端方、载泽、袁世凯、岑春煊、周馥等一班大员均以立宪为言，“上自勋戚大臣，下逮校舍学子，靡不曰立宪立宪”。时人描述：“昔者维新二字，为中国士夫之口头禅，今者立宪二字，又为中国士夫之口头禅。”③

戴鸿慈

在朝野舆论的督促下，10月25日清廷又改派山东布政使尚其亨、顺天府丞李盛铎随同载泽、戴鸿慈、端方赴各国考察（这时徐世昌已授巡警部尚书，绍英伤未愈，都不再去）。考察分为两路：载泽、尚其亨、李盛铎访问日、英、法、比等国，戴鸿慈、端方访问美、德、俄、意、奥等国，分别于12月2日和11日出发。在派遣出洋考察的人马中，主要是载泽率领的那一路。他们考察的重点是日、英两国，都是实行君主立宪制的国家，感触颇深。当时作为随员出访的熊希龄，曾致函军机大臣瞿鸿禨禀告：“窃维此次游历欧美各国参观比较，觉各国规模之远大，机关之完备，国力之富强，为我国一时所不能及。”④

次年7月间，考察各国政治大臣先后归国（李盛铎改任驻比公使，没有回

① 《驻法孙钦使呈外部电》，《中外日报》1905年9月29日。

② 《汇报》第8年第72号，1905年10月18日。

③ 《中国未立宪以前当以法律遍教国民论》，《东方杂志》第2年第11期；《论立宪当以地方自治为基础》，《南方报》1905年9月21日。

④ 《熊希龄致瞿鸿禨（1906年6月30日）》，见中国社会科学院近代史研究所图书馆供稿：《瞿鸿禨朋僚书牍选（上）》（《近代史资料》总108号），中国社会科学出版社2004年版，第9页。

来)。他们归国后就上折奏请宣布立宪,要求清廷"特降纶音,期以五年,改行立宪政体";"开馆编辑大清帝国宪法,颁行天下"①。以往学界已多认为当时在海外的梁启超,曾受托为出洋考察宪政的大臣代笔草拟奏折;梁启超的学生丁文江等编纂的《梁启超年谱长编》亦载:梁启超"为若辈代草考察宪政、奏请立宪并赦免党人、请定国是一类奏折,逾二十余万言"②,但均无确凿文献佐证。近有学者在北京大学图书馆发现一册梁启超的手稿,原藏梁启超曾任教的燕京大学图书馆,全册收文 6 篇,据此可知以往的推论属实。③

出洋考察政治大臣端方(前排右五)及随员在意大利合影

这些大臣还奏请宣示宗旨,公布地方自治制,制定集会言论出版之律,以树预备立宪的基础等等。8 月 12 日,北洋大臣、直隶总督袁世凯也奏称预备立宪宜使中央五品以上官吏参与政务,为上议院基础;使各州县有名望的绅商参与地方政务,为地方自治基础。8 月 19 日,端方、戴鸿慈等又面奏宪法请仿日本,兵农工商请仿日、德两国。

---

① 载泽等:《出使各国大臣奏请宣布立宪折》,见《辛亥革命》(中国近代史资料丛刊)第 4 册,上海人民出版社 1957 年版,第 26 页。

② 丁文江等:《梁启超年谱长编》,上海人民出版社 1983 年版,第 353 页。

③ 夏晓虹对梁启超这些手稿的整理本,载陈平原等主编的《现代中国》第 11 辑,北京大学出版社 2008 年版。

清末出洋考察政治大臣及随员在丹麦合影

载泽的“密折” 当时，清朝统治集团内部对实行预备立宪的看法并不一致，不少人仍心存疑虑，甚至公开持反对态度。他们主要担心的是两条：一是怕“立宪有妨君主大权”，一是怕“立宪利汉不利满”。于是，载泽又单独上了一道密折，力陈“以今日之时势言之，立宪之有利有最重要者三端”：

> 一曰皇位永固。立宪之国君主，神圣不可侵犯，故于行政不负责任，由大臣代负之；即偶有行政失谊，或议会与之反对，或经议院弹劾，不过政府各大臣辞职，别立一新政府而已。故相位旦夕可迁，君位万世不改，大利一。
>
> 一曰外患渐轻。今日外人之侮我，虽由我国势之弱，亦由我政体之殊，故谓为专制，谓为半开化，而不以同等之国相待。一旦改行宪政，则鄙我者转而敬我，将变其侵略之政策为和平之邦交，大利二。
>
> 一曰内乱可弭。海滨洋界，会党纵横，甚者倡为革命之说，顾其所以煽惑人心者，则曰政体专务压制，官皆民贼，吏尽贪人，民为鱼肉，无以聊生，故从之者众。今改行宪政，则世界所称公平之正理、文明之极轨，彼虽欲造言，而无词可藉；欲倡乱，而人不肯从，无事缉捕搜拿，自然冰消瓦解，大利三。[1]

① 载泽：《奏请宣布立宪密折》，见《辛亥革命》（中国近代史资料丛刊）第4册，上海人民出版社1957年版，第27—29页。

载泽在晚清皇室中，地位相当特殊。他是嘉庆皇帝第五子惠亲王绵愉的孙子，降袭为镇国公。他的妻子是慈禧太后的亲侄女（承恩公桂祥的女儿）。桂祥是慈禧太后的哥哥，他有三个女儿，大女儿嫁给光绪皇帝，就是隆裕皇后；二女儿嫁给端郡王载漪，他的儿子就是曾一度被立为大阿哥的溥儁；三女儿就嫁给了载泽。桂祥和奕劻也是儿女亲家。

慈禧太后对这位侄女婿是很信任的。他在密折中也特地表白："奴才谊属宗支，休戚之事，与国共之。使茫无所见，万不敢于重大之事，卤莽陈言"；恳求慈禧太后要当机立断，"不为众论所移，不为浮言所动"，并称"事关大计，可否一由宸衷，乞无露奴才此奏"。有学者认为："载泽考察团各类奏折、著述的撰成，实为考政大臣与随从人员实力考求、协同作业的结果，与端方、戴鸿慈考察团找人捉刀代拟奏稿、考察报告形成了鲜明对比。"①

载泽在密折中强调的所谓"皇位永固"、"外患渐轻"、"内乱可弭"三大利，很得慈禧太后的重视，"两宫览后，大为感动"。接着，端方又具奏三次，军机大臣瞿鸿禨、荣庆等也各有所陈奏。于是，清廷就命廷臣会议，并派醇亲王载沣、各军机大臣、政务处大臣、大学士和直隶总督袁世凯等，共同阅读考察各国政治大臣回京后奏陈各折，请旨办理。8 月 27 日，上述官员遵旨举行会议，并于次日面奏慈禧太后和光绪帝，请行宪政。

9 月 1 日，清廷颁布上谕，宣布预备立宪。内称：

> 时处今日，惟有及时详晰甄核，仿行宪政，大权统于朝廷，庶政公诸舆论，以立国家万年有道之基。但目前规制未备，民智未开，若操切从事，涂饰空文，何以对国民而昭大信。故廓清积弊，明定责成，必从官制入手，亟应先将官制分别议定，次第更张，并将各项法律详慎厘订，而又广兴教育，清理财务，整饬武备，普设巡警，使绅民明悉国政，以预备立宪基础。著内外臣工切实振兴，力求成效，俟数年后规模粗具，查看情形，参用各国成法，妥议立宪实行期限，再行宣布天下，视进步之迟速，定期限之远近。②

① 潘崇：《杨寿楠与清末五大臣出洋考察》，《江苏社会科学》2009 年第 6 期。按：杨寿楠时任该团随员。

② 《宣示预备立宪先行厘定官制谕》，见《清末筹备立宪档案史料》，中华书局 1979 年版，第 43—44 页。

1906 年山东威海绅民庆祝颁旨预备立宪

这道宣示预备立宪的上谕，关键处是两点：一是“大权统于朝廷，庶政公诸舆论”，即庶政可听听各方面的舆论，但大权仍必须统于朝廷；一是“必从官制入手”，是指宣布预备立宪后，其他一切都得视情况再定实行的期限，目前要做的事就是改革官制。但即使如此，清廷宣布“预备立宪”，毕竟开启了政治体制改革的闸门。为此还筹划设立法政学堂等，为“预备立宪”培训人材。1906 年，袁世凯便称：“直隶省城设立法政学堂，原为造就州县吏材而设。”①以后，学部也奏称：

自奉明诏，宣布筹备立宪，并刊布钦定筹备立宪事宜清单，各省谘议局既于上年成立，京师资政院亦于今年召集，而各地审判厅、各级地方自治亦皆次第施行，所有议员、自治职员、审判官吏，非有法政之素养，不足以趋赴事机。需才既众，自宜广加培成，以资任使。②

清廷启动“预备立宪”，为资产阶级立宪派的活动提供了合法的依据。受此鼓舞，立宪派人迅速开展了诸如联络同志、结合团体、办报演说、请愿集会等旨在参与国家政权的一系列活动，其重点是更多地放在监督、敦促清朝政府的预备立宪上，逐渐形成了立宪运动的高潮，推动着中国政治向前发展。

① 天津图书馆等编：《袁世凯奏议》，天津古籍出版社 1987 年版，第 1298 页。

② 陈学恂主编：《中国近代教育史教学参考资料》上册，人民教育出版社 1986 年版，第 762 页。

七　新政的国际环境

清末新政的推行，总体上得到各国列强的呼应。

清廷的迎合　慈禧携光绪帝匆忙逃离北京时，留庆亲王奕劻在京会同在两广总督任上奉命北上的李鸿章，与各国议和。1900年10月11日，李鸿章到达被八国联军占领的北京城。列强提出的《议和大纲》，令李鸿章吃惊不小。其要点包括严惩主战官员，中国不准进口军火，赔款，各国在使馆区驻兵，撤除大沽等炮台，北京附近各国留兵驻守，永远禁止中国人的“仇外”举动等等。李鸿章提出能否将主战官员的惩办由处死改为流放，以此试探列强的反应，结果遭严词拒绝。

李鸿章知道上述议和条款难有回旋的余地，自己只能在列强与清廷间传话而已，如当时深知内情的荣禄所描述的，“可怜庆、李，名为全权，与各国开议，其实彼族均自行商定，是日交给条款照会而已，无所谓互议也”[①]。逃亡在西安的慈禧太后，只求保住自己的权势，见列强未提要她下台，大喜过望，一口答应列强开具的议和条款，电复李鸿章、奕劻：“敬念宗庙社稷关系至重，不得不委曲求全，所有十二条大纲应即照允。”[②]《议和大纲》被接受后，列强便商讨具体细节，以便签订正式条约，付诸实行。

确定《议和大纲》的内容，是在列强之间进行的。关于细节问题，也是这样。在此后八九个月内，他们争论的焦点是惩凶和赔款两个问题。列强最初对惩办哪些主要“罪犯”，以及如何惩办，意见分歧。以俄、美、日为一方，从不同的目的出发，笼络清朝政府，主张不查究慈禧太后，法国追随俄国也表赞成；德、意、奥、英四国，坚持重办，凡列入名单者均应处以极刑。为了联德拒俄，英国外交大臣兰士敦甚至表示，即使因此与美国疏远，亦在所不惜。英、俄两国在惩凶问题上的不同表现，实质上是为了挑选各自的代理人，这是争夺对清朝政府控制权斗争的继续。俄国极力想保全慈禧太后，英国企图废后立帝，把光绪帝抬出来。俄国曾建议清廷迁都盛京（今沈阳），使之处

① 《荣禄存札》，齐鲁书社1986年版，第409页。

② 中国第一历史档案馆：《清代军机处电报档汇编》第2册，中国人民大学出版社2005年影印本，第296页。

于它的卵翼之下；英国考虑挟持清廷迁都南京。总之，俄、英都想直接控制清朝政府，使之充当各自的傀儡。

清朝政府明白表示接受《议和大纲》后，这种争夺告一段落，但具体的惩罚办法却各执一词，争议不休。最后达成妥协，同意不查究慈禧太后，端王载漪、辅国公载澜都定为死刑，但皇帝可酌情宣布减刑，流放到新疆，永远圈禁。如果他们从流放地回来，就立即处死。其余被指定为祸首的王公大臣，由清朝政府以各种方式处死，已死的追夺原官，撤销恤典。

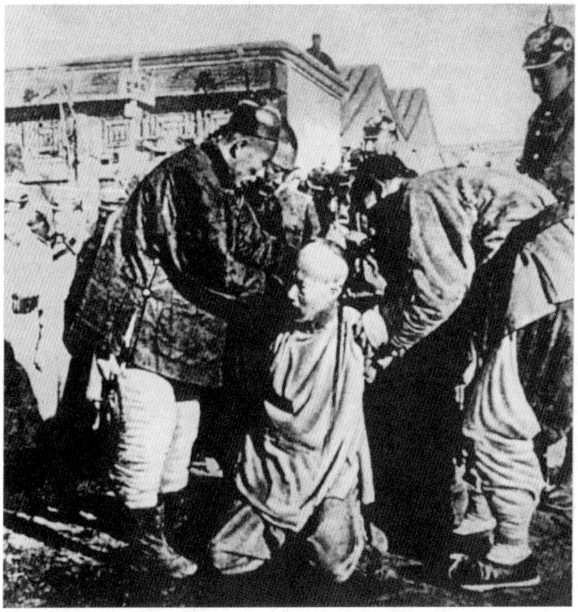

八国联军监斩清朝官员

列强为了胁迫清廷，一再扬言如果不按照它们的要求惩办祸首，以致拖延订立条约的时间，中国将有更大祸患，并需增加支付联军占领费。瓦德西配合各国公使，实行军事恐吓，下令各国军队从速准备，于1901年2月底进攻山西，并故意使李鸿章得知此项命令。

瓦德西下令后不到四天，清廷决定屈从，于2月21日根据各国提出的12名“首祸”名单及惩处意见，发布上谕，判处庄王载勋自尽；刚毅为斩立决，因病故免议；毓贤正法；英年、赵舒翘定斩监候，令自尽；启秀、徐承煜正法；徐桐、李秉衡均定为斩监候，因自尽身故，革职，撤销恤典；董福祥革职降调。这才算满足了列强惩办首祸大臣的要求。

惩凶问题基本确定后，赔款便上升为最主要的问题，这是全部条款中困难多、费时久、争执最激烈的问题，它不但延迟了条约最后签字的日期，而且不止一次地使谈判中断，甚至几乎造成破裂的局面。在赔款问题上，集中暴露了列强之间的深刻矛盾，鲜明地反映出它们贪婪的侵略本质。

赔款是列强特别关注的问题，它们都想趁机大发战争横财。德皇威廉在瓦德西来华前夕，要他牢记，"要求中国赔款务到最高限度，且必彻底贯彻主张"，目的是要用这笔巨款来建设海军，与英国争夺海上霸权。沙俄企图用赔款弥补国库亏空和加速修筑西伯利亚铁路，巩固它在远东和中国东北的地位。英、美一面进行勒索，一面又主张赔款保持在一定限度以内，避免过分削弱中国市场的购买力，造成对它们在华贸易和其他经济利益的损害。

大体说来，这种对立存在于在华商业利益较少的俄、法、德与拥有较多的经济利益的英、美、日之间。它们从各自的利益出发，勾心斗角。经过一系列的磋商，各国确定赔款总额为 4.5 亿两，并声称这个数字只到 7 月 1 日止，过期不订条约还要另加占领军费用。①5 月 16 日，清廷发布谕旨接受列强的赔款要求。

1901 年 9 月 7 日，奕劻、李鸿章代表清朝政府与德、奥、比、西、美、法、英、意、日、荷、俄十一国驻华公使签订《辛丑条约》，规定向各国(共十一国)赔款白银4.5亿两，分 39 年偿付，本利合计近 10 亿两，关税、盐税都由列强控制，作为偿付赔款之用；在北京设立东交民巷使馆区，使馆区及北京至大沽和山海关的铁路允许外国军队驻守，大沽炮台完全拆毁；由清朝政府下令永远禁止中国人成立或加入反帝组织，违者一律处死，对一切反帝活动，各级地方官员应负责弹压，镇压不力者应予以革职，等等。这是帝国主义列强强加在中国人民头上的又一副沉重的枷锁，是对中国主权的又一次野蛮践踏，中国的民族危机空前深重。

《辛丑条约》的签订，再次暴露了清朝政府的腐败、无能。还在帝国主义列强提出《议和大纲》时，逃亡在西安的清廷立刻发出一道"煌煌上谕"，宣布其今后的对外方针是"量中华之物力，结与国之欢心"，并且厚颜无耻地宣称"今兹议约，不侵我主权，不割我土地，念列邦之见谅，疾愚暴之无知，事后追思，惭愤交集"②。1901 年冬天，甘肃平罗又发生教案，清廷唯恐列强震怒，

① 参见丁名楠等：《帝国主义侵华史》第 2 卷，人民出版社 1986 年版，第 147—150 页。
② 故宫博物院明清档案馆：《义和团档案史料》下册，中华书局 1979 年版，第 945—946 页。

连发四道谕旨，下令当地官员要善加保护传教士和教民，要严惩犯事者，并将相关人员革职查办。①《辛丑条约》规定，北京的东交民巷划为外国使馆区，界内由各国驻兵管理，中国人概不准居住，并增改了北京各国使馆界址章程，制定了使馆界内治安及路面管理规章，旨在禁止“有华人违背各国巡警章程，譬如华兵在界内驰马甚速及华人、人力车等日落后行走均不点灯等事”②，在清廷的眼皮底下，硬是划出一块“国中之国”。

《辛丑条约》签订后，列强陆续从北京撤军。1902 年 1 月 7 日，慈禧太后一行回到北京，对列强竭力逢迎。1 月 28 日，慈禧太后特意在乾清宫会见外国驻京使团。2 月 1 日，她又在养寿殿招待外国驻华使团的女士和她们的孩子。美国驻华公使康格的夫人回忆：

> 当我们进屋时，她喊道“康太太”——我的中文名字——我向她走去，她双手握着我的手，百感交集。当她能够控制住自己的声音时，她说：“我非常抱歉，为发生了这些不该发生的事感到痛心。这是一个沉痛的教训，大清国从今以后会成为外国人的朋友，同样的事将来不会再发生。”

慈禧太后与外国公使夫人

① 参见中国第一历史档案馆：《清末教案》第 3 册，中华书局 1998 年版，第 127—135 页。

② 中国第一历史档案馆：《清末北京使馆洋界巡捕道路规章史料》，《历史档案》2010 年第 3 期。

康格夫人颇感意外的是，慈禧太后在谈话间，“从手指上取下一只很重的、雕有花纹，还镶有珍珠的金戒指，戴在我的手指上，又从她的手腕上取下了几只精美的手镯，戴在我的手腕上。太后赠与每位女士一份贵重的礼物，同时也没有忘了孩子们和翻译人员”①。其曲意讨好的神态，令那些洋人也“认为有些热情过分”②。1903 年 8 月，美国女画家凯瑟琳·卡尔经康格夫人介绍，抵京进宫为慈禧共画了四幅肖像画，其中一幅送往美国圣路易市举行的世界博览会展出，会后转赠美国政府。③

1908 年 10 月，美国一支舰队应邀访华，驶抵厦门，舰上官兵共约 7 000 人。为了接待这些美国人，清朝政府拨付巨款，还派出皇室成员毓郎和闽浙总督松寿、外务部侍郎梁敦彦、海军提督萨镇冰等人，专程赶往厦门迎候。当时在厦门的美国传教士毕腓力，生动地记述了为这次接待的耗费和排场：

在厦门靠近南普陀寺的演武场有好几英亩地，被选用作为接待舰队官兵的地点。在那里环建有大概 15 座楼阁和牌楼，布置着上万面装饰辉煌的旗帜、鲜花以及电灯，成了一幅难以用笔墨来形容的图画。楼阁中有一座长 200 英尺、宽 100 英尺的大彩棚，官方在这个地方接待、宴请和款待舰队官员。有如宫殿一般的彩棚里装饰得流金溢彩。栽培成形状奇异的鲜花、植物、矮树和其他树木，还有一些被修剪成花船、麋鹿、人物和宝塔，摆满房子的每个角落。其中有些树龄已超过 300 年，值 5 万两银子。房子的一边豪华地布置着漂亮的雕花桌椅，装点着华丽的绮罗。所有的这一切，都显得无比优雅堂皇。

还有 10 座楼阁，由竹子和席草搭盖而成，每一座都有能为舰队官兵提供 350 人进行便餐和宴会的桌子。通常每天都有大约 3 000 人被批准上岸，因此这些人在中午和晚上 7 点钟都能免费享用第一流的饭菜。④

---

① 萨拉·康格：《北京信札》，沈春蕾等译，南京出版社 2006 年版，第 184 页。
② 中国第二历史档案馆等编：《中国海关密档》第 7 册，中华书局 1995 年版，第 318—319 页。
③ 参见凯瑟琳·卡尔：《美国女画师的清宫回忆》，王和平译，紫禁城出版社 2009 年版，第 226 页。
④ 毕腓力：《厦门纵横——一个中国首批开埠城市的史事》，何丙仲等译校，厦门大学出版社 2009 年版，第 37—38 页。

清末中国人举办的西式宴会

慈禧还都以后，清朝政府在列强面前的曲意逢迎，以往学者将之直斥为辛丑后的清廷已是"洋人的朝廷"，则未免太过夸张。作为当时中国的执政者，清廷也并非事事全听命于列强，清末修订商约交涉，就是一例。这次交涉，是指根据《辛丑条约》第十一款的规定，1902至1906年各国列强与清朝政府之间有关修改通商行船条约的一系列谈判，涉及英、美、日、葡、德、意等国。

中英谈判最先进行，于1902年9月5日签订中英《续议通商行船条约》。次年10月8日，又与美、日两国分别签订中美《通商行船续订条约》和中日《通商行船续约》。继而又与葡、德、意三国谈判，1904年7月订立中葡《通商条约》(其后来未得到葡萄牙政府的批准)；1905年和1906年与德、意两国的谈判，未能达成协议。1908年7月2日，又与瑞典订立了《通商条约》。葡、瑞两国不是《辛丑条约》的签约国，但中葡、中瑞商约谈判仍可视为清末商约交涉的一部分。

以上这些谈判，内容涉及矿务章程、保护知识产权、外国轮船行驶中国内河、开埠通商、统一货币度量衡、治外法权、传教、疏浚河道、外国人在内地居住等等。各国列强是为了维护和扩大其在华侵略权益，清朝政府则是力图增加财政收入并试图收回一些国家利权，这是两者立场不同的一次交涉。可以说，最后订立的几个条约，是签约双方有所妥协的产物。在强弱分明的情况下，中方在谈判过程中基本上能据理力争，在抵制列强的要求和挽回利权方面有所成效，如各国列强要求扩大内地居住权，被中方拒绝；开放口岸

清末宁波港

事项，列强要求依照中外条约口岸办理，中方则坚持“自开商埠”，强调中国的主权和治理权。①

清末济南街景

在制度层面，则有改总理各国事务衙门为外务部，并明确驻外使臣的选用权集中到外务部。

驻外使臣的选派，始于洋务运动时期。但在很长一段时间里，使臣不隶属于专职的外交机构，官职既非实缺，回国后也无升迁的专途，其选用以至出使活动，往往受到政治派系及其复杂关系的影响。甲午战争前后，对出使

---

① 参见李永胜：《清末中外修订商约交涉研究》，南开大学出版社 2005 年版，第 1、310、311 页。

大臣的任用影响最大的，当属淮系首领李鸿章。

1901年外务部设立后，驻外使臣主要从外务部和驻外使馆人员中选拔。早年的同文馆学生和留学生，纷纷从使馆随员的职位上，被选拔出任驻外使臣。即使被称为以荣禄的私人幕僚关系而出使的蔡钧，早期也有驻外使馆随员的经历。1907年，外务部又奏准《变通出使章程》，进一步确立了驻外使臣的选用权集中到外务部，其中规定："嗣后出使大臣办理交涉得力者，三年任满，亦准给假回国，假满回任，俾得久于其职，驾轻就熟。"[1]驻外使臣的职业化要求，成为其选拔和任用的前提。

外交官的职业化，提高了涉外机构的工作效率。熟知内情的莫理循认为在外务部，"虽然大臣们是不称职的，而在所谓的'常务官员'中却有许多能干的人，其中有几位是在英国受的教育"[2]。1906年4月18日，美国旧金山发生震级7.8的地震，4月23日中国方面很快作出反应，以慈禧太后的名义表示："美国旧金山地震，灾情甚重，朝廷深为悯恻，著颁发帑银十万两，由外务部交美国驻京使臣迅速汇寄灾区，以资拯救而笃邦交。"同时又下令赈济当地受灾华侨："旧金山地震，被灾华民甚众，朝廷深为轸念，著发给帑银四万两，由外务部迅速汇往，并传知梁诚妥为振济，毋任失所。"[3]有学者指出，清朝政府在新政期间"表现出来的亲外倾向固然有媚外的成分，但其中也有主动迎合世界文明，告别中国传统外交，与各国建立正常国家关系，融入国际社会大家庭的意图"[4]。

列强的态度 义和团运动由于对清朝统治阶级的本质认识不清，自身又缺乏一个统一的领导集团，斗争方式落后等原因，最终失败了。但是，这场斗争充分显示出广大下层群众反抗外来侵略者的巨大力量，当时在华的英国商人立德曾这样评述：

如果我们把传教活动（不论新教与天主教）视作最近中国发生排外

① 戴东阳：《晚清驻外使臣与政治派系》，《史林》2004年第6期。

② 骆惠敏编：《清末民初政情内幕——〈泰晤士报〉驻北京记者、袁世凯政治顾问乔·厄·莫理循书信集》上册，刘桂梁等译，知识出版社1986年版，第709页。

③ 中国第一历史档案馆：《清代军机处电报档汇编》第3册，中国人民大学出版社2005年影印本，第119页。

④ 崔志海：《美国政府对新政伊始清廷朝政的观察和反应》，《近代史研究》2010年第3期。

八国联军杀害义和团成员

骚乱的首要原因，那我们必须承认，列强的政治行动（特别是1898年春德国强占青岛）无异于火上浇油。义和团运动发源于山东（青岛为其港口），在和平时期，德国在甚至没有预先商谈的情况下就抢占领土，自然引发了义和团运动。①

1900年7月3日，当八国联军在大沽集结，准备进攻津、京时，美国国务卿海约翰发表对华宣言，继1899年9月提出的"门户开放"政策后，再次重申这一侵华政策，其核心是强调列强之间协同维护其强加给中国的一切不平等条约所规定的种种权益，主张"以华治华"即通过维持清朝政权以巩固并扩张各列强在华权益。经历义和团打击后，列强意识到"急欲促现瓜分一事，实系毫无益处之举"②，同时也为了避免彼此间为争夺在华权益发生公开对抗，如瓦德西所说"英国极不愿意法国进据云南、日本占领福建；日本方面对于德国之据有山东则认为危险万分；各国方面对于英人之垄断长江认为势难坐视；至于美国方面，更早已决定反对一切瓜分之举"③，美国的"门户开放"政策成为其彼此间协调侵华政策的基础，并共同拟定了《议和大纲》，最终将《辛丑条约》强加于中国。

对全盘接受上述侵略条款的清朝政府随后出台的"新政"，列强在总体上持呼应的态度，1904年袁世凯和张之洞等曾联名奏称："近数年

① A. J. 立德：《中国五十年见闻录》，桂奋权等译，南京出版社2010年版，第115页。
②③ 瓦德西：《瓦德西拳乱笔记》，王光祈译，中华书局2009年版，第105页。

八国联军进犯天津

来，各国助我维新，劝我变法，每疑我拘牵旧习，讽我首鼠两端，群怀不信之心，未改轻侮之意。”①新政启动后，直隶总督袁世凯曾指令下属州县官员，在赴任前都要自备旅资前往日本学习3个月。据考证，日俄战争前后，许多直隶县级官员前往日本游历考察，其人数之多，远远超过其他省份。②

新政期间各地推行新式教育，一些外国人应聘担任教职。如1902年，美国人丁韪良应湖广总督张之洞之邀，在武昌任湖北济美学堂总教习兼仕学院讲友。在济美学堂他负责教学组织工作，月薪500两银子；在仕学院则只负责向候补官员讲授国际法，月薪200两。其中，济美学堂是当地官员自行集资设立的一所子弟学校，内有普通中学及普通高等小学两个班级共约200名学生。③

中国的新学制直接仿效日本，其深层原因，在于明治日本举国一致的“忠君爱国”思想和以儒家伦理为道德教育的“国家主义国民教育”模式，被清廷认为符合其新政主旨而效仿。因此在实际推行时，也主要向日本寻求帮助。新政期间，有很多日本教习活跃于中国各地的各类新式学校。

清朝政府聘请日本教习，始于1901年，到1911年很多日本教习回国，前后共有11年。所谓日本教习，是指应聘来华执教的日本籍教师，大部分是从日本来华的，也有一些是在中国的日本侨民。

1905年，日本在日俄战争中获胜；同年，中国废止了科举，各地纷纷设

① 天津图书馆等编：《袁世凯奏议》，天津古籍出版社1987年版，第1187页。

② 参见孔祥吉等：《一个日本记者笔下的袁世凯》，天津古籍出版社2005年版，第363—364页。

③ 参见王文兵：《丁韪良与中国》，外语教学与研究出版社2008年版，第314页。

立新式学校，能够承担新式课程教学的师资明显短缺，清朝政府遂决定向日本招聘更多合格的教师。此后，许多日本教习应聘来华，担任从小学到大学校的各类教职，据估计1906年其人数不下五六百，可以说是其全盛期，其中也有少数女教习。①

当时聘请日本教习的学校，几乎遍及全中国，不限于少数大城市，也不限于公立学校。据1909年的一项调查，当时在华执教的外籍教员共356人，其中除45人是其他国籍者外，其余311人都是日本教习。其地区分布，包括京城、直隶、江苏、广东、四川、陕西、甘肃、贵州、云南等，连当时汉人罕至的蒙古喀喇沁旗也有执教的日本教习。②1911年，“在成都的日本人，加上子女共40余人。除了一两个商人之外，其余都分别在学堂做教习和在工局做技师。在彭县管下的白水河铜山以及成都的制革所、织物公司等地方有七八名技师，其他的全都是教习。这些大人执教的学堂有高等学堂、铁道学堂、师范学堂、中等工业学堂、陆军测绘学堂、农政学堂、中学堂等”③。

1910年四川高等学堂的野外实习

这些来华的日本教习，其学历大多数是大学毕业和师范毕业，也有专科学校毕业的，总体上能胜任在华所承担的教职。但也有滥竽充数和品行不端者，据同为日本教习者回忆：“有些人举止野蛮，动辄骂人，无论学识、品德，均不足为人师。”④当时

① 参见汪向荣：《日本教习》，生活·读书·新知三联书店1988年版，第66、171页。

② 参见上书，第66、97页。

③ 今井美代吉等：《入蜀纪行(1911年)》，见[日]沪友会编：《上海东亚同文书院大旅行记录》，杨华等译，商务印书馆2000年版，第91页。

④ 汪向荣：《日本教习》，生活·读书·新知三联书店1988年版，第115页。

在华的德国传教士卫礼贤记述，新政改革教育制度后，“师资当然非常缺乏，开始时主要是延聘日本教师，可效果并不是很好。因为很自然，最好的日本教师并不会在中国的城镇中安居乐业。我认识这样一个日本人，在物理课上，他只给学生讲讲声学。他拿着一把音质极差的小提琴，演奏各种各样的流行歌曲就是授课的内容”①。

当时在华日本教习的薪俸有差别，一般地说，地方高于京城，公立学校高于私立学校，特殊性质的学校如军事学校高于普通学校，男教习又高于女教习。具体数额，少则百元以下，多则超过500元，一般多在150元至500元左右，与当时中国同工人员相比，约高5至10倍，与日本国内同工者相比，也要高出约3至5倍，可谓待遇丰厚。由于听课的中国学生不懂日语，而绝大多数日本教习又不通汉语，所以教学时还要借助翻译。这些翻译，除少数懂汉语的日本人外，大多数是回国的留日学生。当时曾在京师法政学堂担任日本教习翻译的留日学生，有曹汝霖、章宗祥、陆宗舆、汪荣宝、江庸等人。

日本政府之所以愿意对华输出教习，源于19世纪末其限于国力，在与欧美列强争夺在华权益暂无优势时，所采取的所谓“保全清国”的对策。到了清末新政的后期，日本军部势力膨胀，肢解中国的论调抬头，压过了所谓的“保全清国”，于是在华日本教习的人数随之递减。与此同时，日本的侵华野心在中国人心中激起的愤慨，也阻碍了日本教习的在华活动，很多人在聘用期满后，动身回国。

此外，还有来自欧美列强的倾轧。为争夺在中国教育界特别是对青年学子的影响力，1907年美国政府利用清朝出洋考查政治大臣端方访美的机会，与中国政府签订了耶鲁大学等三所美国大学免费招收定额中国留学生的协定。次年，美国总统罗斯福宣称，“治疗‘黄祸’的药方，不管它叫什么”，都必须使“（中国人的）教化和生活准则”依循美国的教育和基督的教义。此前，美国有教育家向他建议，运用美国的教育手段，以达“在思想和精神统治（中国的）领导者”。于是他向国会提出退还部分庚子赔款1 100万美元，充作中国学生留学美国的经费。②

① 卫礼贤：《青岛的故人们》，王宇洁等译，青岛出版社2007年版，第86页。

② 参见任达：《新政革命与日本：中国，1898—1912》，李仲贤译，江苏人民出版社2006年版，第14—15页。

1909 年首批庚款留美学生合影

同年 5 月 25 日，美国国会通过决议，授权美国总统以合适的方式退还部分庚子赔款。经中美双方磋商，约定 7 月 14 日以清朝政府照会的形式宣布：“中国政府乘此机会愿表明实感美国之友谊，且念近年贵国大伯理玺天德[英语总统的谐音]提倡中国学生来美分授高等教育，此事征之往事，入美国学堂结果甚善，而裨益中国者良非浅鲜。中国政府现拟每年遣送多数学生至美就学。”照会的附件，规定自开始退还赔款之年始，中国于最初四年

1911 年全美留学生总会在普林斯顿大学集会合影

每年选派100人赴美留学；自第五年始，每年至少选派50人赴美留学，直到该项退款用毕。①

1909年，为此而专门设立了留美预备学校（今清华大学的前身）。1910年10月，一位在北京的外国人写信告诉莫理循："人们惊讶地看到大批受过良好教育的小伙子成群结队地涌入北京，他们能够讲英语（讲得不见得很正确），并准备依次通过数学、政治经济、普通地理学的考试，所有的人都梦寐以求地想去美国。"②据统计，自1909至1911年，清朝政府先后派出三批留美学生共180人，其中"以十分之八习农、工、商、矿等科，以十分之二习法政、理财、师范诸科"③。

---

① 参见清华大学校史研究室：《清华大学史料选编》第1册，清华大学出版社1991年版，第88、102、103页。

② 骆惠敏编：《清末民初政情内幕——〈泰晤士报〉驻北京记者、袁世凯政治顾问乔·厄·莫理循书信集》，刘桂梁等译，知识出版社1986年版，第672页。

③ 《外务部学部会奏为收还美国赔款遣派学生赴美留学办法折》，见陈学恂主编：《中国近代教育史教学参考资料》，人民教育出版社1986年版，第721页。

第四章

朝野的互动

光绪皇帝

一　唤“新民”争“民权”

历史跨入20世纪，饱受空前民族危机的猛烈刺激，先进的中国人更加急切地睁眼看世界，更热烈地敞开心扉，向西方寻找救国真理，了解、研习近代国家观念、国民学说等社会政治理论。清廷宣布施行新政包括“预备立宪”，使他们有机会在清朝政府许可的范围内，以合法的形式，将“救国真理”与救亡实践紧紧联结在一起，直接应用于拯救民族危亡的思想启蒙和实际斗争，从而为世纪之交进步思潮的递嬗，包括一部分人的维新主张向革命思想的转换，奠定了基础，创造了条件。而民权的觉醒，则是促成这种递嬗的关键环节。其中，梁启超以他如椽之笔，发挥了重要的宣传鼓动作用。

严　复

呼唤“新民”　民权的倡言，早在维新变法时即已开始。其激烈者如谭嗣同、严复等，皆斥秦汉以来封建君主为大盗窃国，一般维新人士则申人权天赋说，从养成独立人格的国民立论进而说出与国家兴亡的关系。梁启超则主张以民权限制君权。但在戊戌前，维新派作为当时知识界的先进分子，所倡民权之说，也仅仅“微引其绪，未敢昌言”①。

① 梁启超：《清代学术概论》，见《梁启超论清学史二种》，复旦大学出版社1985年版，第69页。

戊戌变法惨遭镇压后，他们的态度渐趋激烈，公开痛斥专制的罪孽，明确提出民权救国论，直呼“民权兴则国权立，民权灭则国权灭”①。强调只有兴民权，中国才能起衰振弱，否则只有亡国。梁启超倾注极大热情撰写的《新民说》，是当时维新派关于民权论的代表作，亦奠定了他的新学巨子的历史地位，并在知识界产生了广泛而深远的影响。20世纪初年民权问题的响亮提出和引起人们的深层思考，是和中国现实的政治形势紧密联系在一起的，更是与当时爱国主义思想的历史性发展直接相关的。

爱国主义作为千百年来凝聚起来的对祖国最深厚的一种感情，往往是在国家和民族遭受危险时表现得最为充分、强烈。由于它是一种全民精神的升华，也就最能起到凝众和向心的作用。近代以来，爱国主义一直是激励人们投身救国事业的精神源泉。但很长一段时间，人们的思想还不能摆脱传统观念的束缚，分辨不清朝廷与国家的关系，认识不到自己在国家事务中的应有地位和作用。面对亡国危机，他们满腔悲愤，奔走呼号，要求变法救亡。但他们又冲不破“忠君”观念的藩篱，自缚手脚，一旦专制统治者翻脸，变法便陷于失败，自己也人头落地。

时隔不久，悲剧重演。以爱国救亡为主题的义和团运动，提出的口号却是“扶清灭洋”，结果无数义和团成员的鲜血，换来的则是专制皇朝的叛卖和镇压。八国联军洗劫北京城，空前丧权辱国的《辛丑条约》，清朝政府屈膝于列强唯唯诺诺的丑态，这一幕幕触目惊心的历史现实，令每一个爱国的中国人在心底里滴血。怎样才能拯救有五千年历史的文明古国，中华民族通过

八国联军的军舰

① 梁启超：《爱国论》，《清议报》第7册。

什么途径方能摆脱亡国灭种的危机，进而求富求强，这一系列急迫的问题，沉重地压在每一位爱国者的心头，猛烈地促使他们越过旧有的思想束缚，向更广大的外部世界去探索，去追寻。

爱国主义在不同的阶级阶层中，表现的形式有所不同。一般地说，由于文化背景的差异，它在知识阶层和代表社会前进的阶级力量中，能以最深层的思想形式表现出来。20世纪初年爱国主义思想的飞跃，正是中国资产阶级知识分子队伍形成和思索的积极成果。他们在对救国真理的探寻和思索中，从梁启超等维新思想家的理论作品中得到很多启示和哺育。

戊戌变法失败后，梁启超被迫逃亡日本。虽身处海外，但改变专制制度，建立君主立宪政体，以拯救祖国，仍是他的目标所在。敏锐的政治眼光，使梁启超意识并触及了在世纪之交中国所处的关键时刻面临的严峻问题。维新变法的夭折，说明温和的自上而下的改革，难以实现变君主专制为君主立宪的政治目标；以义和团为代表的下层民众自发抗击外国侵略者的斗争，又时时流露出愚昧、落后的色彩；孙中山等革命党人则坚持以暴力手段推翻清廷，改造中国。这些看似互不相联却又相互依存的社会力量，都在世纪之交时有所表现。而环顾世界，帝国主义列强弱肉强食的侵略扩张和互相争夺愈演愈烈。这一切，都促使梁启超认真考虑中国向何处去的问题。他形象地把当时的中国比喻为一叶扁舟，把刚刚到来的20世纪称之为过渡时代，强调："今日之中国，过渡时代之中国也。"认为身处这个过渡时代，中国面临一系列急待解决的现实问题，"语其大者，则人民既愤独夫民贼愚民专制之政，而未能组织新政体以代之，是政治上之过渡时代也；士子既鄙考据词章庸恶陋劣之学，而未能开辟新学界以代之，是学问上之过渡时代也；社会既厌三纲压抑虚文缛节之俗，而未能研究新道德以代之，是理想风俗上之过渡时代也"①。他指出能否找到解决这些问题的途径，是中国踏入新世界的当务之急。

梁启超以《清议报》和以后的《新民丛报》为主要阵地，就上述问题阐述了自己的认识，他以晓畅的文笔、炽热的感情、思辨的睿智，向人们提出了这样一些新鲜的课题：国家到底应由哪一类人组成，是大清子民，还是有独立人格的国民？中国人应该具有什么样的精神风范，才有资格作为一个文明古国加入充满竞争的世界民族之林？步入新世纪后，国家的性质是否应该有一个崭新的变化？他认为，所有这一切，都离不开最关键的一点，即提高

① 梁启超：《过渡时代论》，《清议报》第83册。

国民的政治意识和政治能力。他以极大的热情，投入了催生“新民”的宣传鼓动，亦带动和激发了众多青年学生对救国途径的重新认识和思索，推动了爱国主义思想内涵的深化和跃进。

争取“民权” 要实现民权，就要树立近代国民观念。20世纪初年爱国主义的历史性发展，最突出的表现，是人们挣脱了“忠君”观念之类的窠臼，一批先进的中国人已经意识到了作为国民在国家事务中的应有地位和作用，并开始认识到要求得民族振兴，必须开通民智，塑造符合时代要求的一代国民。在这方面，梁启超先声夺人，独领风骚。

梁启超认为，要使国民参与国家事务，必须使他们具备必要的知识能力，遭受数千年专制统治锢闭摧残的广大国民是愚昧落后的，而他所孜孜追求的君主立宪政体，“必民智稍开而后能行之”①。他把“新民”看作是当时最为迫切的历史任务，认为要新我国家必先新我国民。他以犀利的文字，尖锐针砭国民品格、习性、智能诸方面的弱点，主张“博考各国民族所以自立之道，汇择其长者而取之，以补我之所未及”②，以求在激烈竞争的地球上建设自己的民族国家。

梁启超以赞颂的口吻，介绍西方资产阶级的国家学说，指出国家有三要素：土地、人民、主权。三者之中，人民最为重要。因为国家乃积民而成，人民的优劣决定国家的强弱，要在列强角逐的世界上自强自立，必须“使吾四万万人民之民德、民智、民力皆可与彼埒”③，即要塑造一代合格的国民，方有可能拯救祖国，谋求国家富强。那么，在他心目中，怎样才算是合格的国民？答案是：“有国家思想，能自布政治者谓之国民。”④前者是指能自觉意识到自己对国家的责任和拥有的权利，后者说的是运用政治权利的能力。可以说，梁启超之所以尽其所能，描绘和呼唤他心目中的理想国民，全为的是催生、造就一代新国民，理解和支持他的政治活动。

梁启超笔下的国民概念，是与专制制度下的臣民截然对立的。在专制统治下，国家为皇帝的私产，所谓“溥天之下，莫非王土”。臣民在专制君主的统治下，君命就是天条，自身无权利、自由、独立人格可言，“君要臣死，臣

① 梁启超：《立宪法议》，《清议报》第81册。

② 梁启超：《创刊告白》，《新民丛报》第1号。

③ 梁启超：《新民说·论新民为今日中国第一急务》，《新民丛报》第1号。

④ 梁启超：《新民说·论权利思想》，《新民丛报》第6号。

不得不死”，道破了臣民在专制制度下的凄惨命运。而国民则反之，是构成国家的要素。国民在共同制定的法律范围内，拥有不可剥夺的自由、权利，有不可侵犯的独立人格。所以梁启超在《新民说》等论著中，特别强调权利、自由、自治、自尊等内容。

其中，自由是针对奴隶性而言的。在数千年专制制度的统治下，人们身上或多或少存在一些奴隶性是不奇怪的。这种奴隶性，就是对专制压迫、剥削习以为常，想不到也无意去改变自身命运。梁启超尖锐地指出，在专制统治的中国，只有奴隶，并无国民，“我国蚩蚩四亿之众，数千年受治于民贼政体之下。如盲鱼生长黑壑，出诸海而犹不能视；妇人缠足十载，解其缚而犹不能行。故见自封，少见多怪。曾不知天地间有所谓民权二字”。他痛心疾首地慨叹：“呜呼！以如此之民而与欧西人种并立于生存竞争优胜劣败之世界，宁有幸耶，宁有幸耶？”①他直呼：“求真自由者乎，其必自除心中之奴隶始。”②他进而认为，公德、私德、自尊、合群、毅力、尚武、进取冒险、以破坏求进步等精神品质，都是近代国民所必须具有的。

梁启超以“新民”为己任，而新民的着眼点，正是为了改造旧制度，建设新国家。因此，进一步唤起人们对专制制度的不满和憎恨，是他笔端的又一重点。他以锐利的文字，激烈抨击专制制度，指出专制政体实数千年来破家亡国之总根源，天下坏伦常、毁天性、灭人道、破秩序之毒物，未有甚于专制政体者。所以，“为国民者，当视专制政体为大众之公敌”，应该群起摧灭之，使“专制政体之不能生存于今世界，此理势所必至也”③。

他强调，只有破除专制政体，才能恢复国民所固有的自由平等权利。这些尖利的文字，对那些沉睡于专制统治下尚不自觉的人们，不啻是一剂清醒药，震人心灵，催人奋起。国民与奴隶，朝廷与国家，国民与国家，权利与义务等概念的提出，在知识阶层引起剧烈反响，启迪和教育了许许多多的爱国青年学生，直到五四时期，这些名词仍是人们热烈讨论、争辩的内容。

强烈的历史使命感，促使梁启超不能容忍人们对国事的冷漠态度，痛斥对黑暗现状无动于衷、消极旁观者，是“人类之蟊贼，世界之仇敌”④。他把目光和希望投向有“血性”的爱国青年，热烈地鼓动他们勇敢地担当起拯救

① 梁启超：《爱国论》，《清议报》第 7 册。
② 梁启超：《新民说·论自由》，《新民丛报》第 9 号。
③ 梁启超：《论专制政体有百害而无一利》，《新民丛报》第 21 号。
④ 梁启超：《呵旁观者文》，《清议报》第 36 册。

自身、国家和民族的时代重任。他酣畅直书："今日之责任不在他人，而全在我少年。少年智则国智，少年富则国富，少年强则国强，少年独立则国独立，少年自由则国自由，少年进步则国进步，少年胜于欧洲则国胜于欧洲，少年雄于地球则国雄于地球。"他朗声高唱："美哉我少年中国，与天不老！壮哉我中国少年，与国无疆！"①这些感情真挚、浓烈的文字，深深地打动了那些抱着一腔救国热血留学海外的青年学生，他们在求学的同时，便以极大的热忱以自己的学识和理解，投入开通民智、塑造国民、锻铸国魂的启蒙工作，将20世纪初年以民权觉醒为核心的爱国主义宣传推向高潮。

留学生的国民意识 求学海外的爱国青年学生，有机会亲身接触资本主义世界，直接了解西方各种近代社会政治学说，这就大大开阔了他们的视野，使他们强烈地感觉到中国的落后，再不愿在专制统治下做一个驯服的臣民，而是希望做一个有独立人格的堂堂正正的国民，不再将自己的命运与专制君主联系在一起，而是要自己主宰自己的命运，并通过自觉的行动，去拯救国家、振兴民族。

1901年，留日学生刊物《国民报》赫然写道："今试问一国之中可以无君乎？答曰可！""又试问一国之中可以无民乎？曰不可！"结论是："国者，民之国，天下之国即天下民之国。"彻底摈弃了朕即国家和忠君之类陈腐学说的束缚，明确认识到"今日已二十世纪矣，我同胞之国民，当知一国之兴亡，其责任专在于国民"②，从而以崭新的面貌出现在爱国救亡的斗争行列中。一批思想激进的国内新式学堂学生，紧步其后，互相呼应，大壮声威。

更可贵的是，这些爱国青年并不满足于自身政治觉醒，较之同时代人，他们更敏锐、更清醒地看到中华民族当时所处的严峻历史关头，并以自己的奔走呼号，急切地希望惊醒和振奋更多的人起来投入爱国救亡斗争。为此，他们不遗余力地通过各种方式，积极地向国人介绍、分析世界时局，宣传祖国悠久的历史、文化，倡导积极进取的民族精神，力图打破在数千年专制统治桎梏下形成的，大多数国人对国家大事淡然、漠然、近乎麻木的状态，树立"中国是中国人的中国"③的自觉意识，结成一股强大的爱国洪流。

① 梁启超：《少年中国说》，《清议报》第35册。
② 《说国民》、《二十世纪之中国》，《国民报》第1、2期。
③ 索子：《中国地质略论》，《浙江潮》第8期。

要鼓动人们奋起爱国救亡，就需要帮助他们认清祖国正深陷其中的险恶处境，唤起人们的忧国之思、救亡之忧。一些由留日学生或国内新式学堂进步学生印发的宣传品，用大量的篇幅，介绍、分析时局，明确指出世界已进入帝国主义时代，帝国主义的实质就是侵略，地大物博但又闭塞落后的中国，已成为帝国主义列强争相攫取、宰割的主要目标。陈天华的《猛回头》，用怵目惊心的笔调，向人们勾勒了帝国主义的侵略恶浪，已经把中国推到了亡国灭种的边缘："俄罗斯自北方包我三面，英吉利假通商毒计中藏，法兰西占广州窥伺黔桂，德意志胶州领虎视东方，新日本取台湾再图福建，美利坚也想要割土分疆，这中国哪一点我还有份?!"有人不禁大声疾呼："危乎！危乎！黄帝羲轩之顽子孙，亡国绝种其在二十世纪之上半期矣。"①

这些爱国者结合一些落后国家的实例，痛陈它们的亡国教训，作为警示国人的鉴镜。他们指出印度、埃及等国，原与中国一样，同是文明古国，自沦为帝国主义的殖民地后，权归外人，民如草芥，任人践踏，究其原因，亦是列强的侵略，亦是内政不修，民气柔弱的恶果。中国如不以此为鉴，及时奋起，必步其覆辙。反之，他们认为欧美国家所以强盛，与这些国家的人民具有强烈的民族意识有着很大的关系，称颂这些国家的人民有民族精神坚树于脑中，专制魔王所不能灭，烈风暴雨所不能摧，并在外族侵略面前，不怕流血牺牲，奋起英勇抵抗。

陈天华

卢梭、华盛顿、拿破仑、玛志尼等欧美资产阶级革命和独立运动的先驱，是他们崇拜的英雄。美国独立战争，法国资产阶级大革命，是他们神往的事业。联系到急迫的民族危机，他们响亮地发出这样的呐喊："中国者，中国人之中国也。惟中国人能有中国，他人不能有也。他人而欲有之，吾中国人当竭力反抗致死不变也。"②

① 《军国民思想普及论》，《湖北学生界》第3期。
② 亿琴：《中国灭亡大问题》，《童子世界》第31号。

在中华民族悠久的历史长河中，不乏为爱国而献身的英雄志士。回顾历史，追溯这些先辈的业迹，有助于砥砺发扬中华民族固有的爱国主义传统。从这一点出发，这些进步学生撰文缅怀中国历史上那些对国家的统一和发展作过杰出贡献的民族英雄，赞赏历代敢于反抗专制暴政的起义豪杰。《开智录》还以《义和团有功于中国说》为题，对义和团奋起反抗帝国主义侵略，捍卫国家主权的英雄壮举，给予极高的评价，号召人们在国难当头之际，敢于挺身而出，参加救国行列，"生则立馑于世界，死则含笑以见我神圣祖宗黄帝于地下"①。他们还以生动的笔触，描绘祖国的壮丽河山，激发人们的爱国之心和救国责任感。

为了争取更多的人加入救国行列，必须打破长期以来传统观念对人们头脑的束缚。宣传近代国家学说，树立人民是国家主人翁的思想，是20世纪初年这些进步学生爱国主义宣传的一项重要内容。他们着力批判朝廷即国家、爱国须忠君之类的糊涂认识，明确指出朝廷与国家必须区分，爱国与忠君不能混淆，强调"国家者，国民之国家，非政府之国家"②。并依据欧美近代国家学说，进而阐释道："国也者，集民而成者也。有民始有国，故民者，国之主人翁"；强调"国为人民公共之国，非一人所得据为己有，更非外人异族所得强占也"③。一些文章列数清朝政府祸国殃民的种种丑行，要求人们抛弃对它的幻想，自觉起来为救国奋斗，高呼"吾辈今日当以恢复主人翁之权利为第一义"④。

锻铸"国魂"　与树立人民是国家主人翁的思想紧密相联的，是国魂的锻铸。翻开20世纪初年的进步刊物，呼唤"国魂"的文字扑面而来。1903年连载于《浙江潮》的《国魂篇》，就论及"国魂之定义"、"铸国魂之法"，直言"中国之国魂安在乎？祖国主义"。这里所说的国魂，实际上就是民族精神，是倡导积极进取的国民精神。把国家和民族人格化，用灵魂比喻国家和民族的精神，早在屈原的《离骚》中就有反映。而今在国家生死存亡之际，国魂问题的提出和引起人们的重视，绝非无根之木，而是民族矛盾与阶级矛盾交相激化的产物，体现着一个伟大的古老民族的觉醒。

这些爱国者明确指出，他们所要锻铸的"国魂"，就是"祖国主义"，就是

---

① 壮游：《国民新灵魂》，《江苏》第4期。

② 云窝：《教育通论绪言》，《江苏》第4期。

③ 陈君衍：《论中国是谁之中国》，《童子世界》第27号。

④ 亿琴：《中国灭亡大问题》，《童子世界》第31号。

"民族主义",也就是爱国主义。他们阐释道:"祖国主义者何?根于既往之感情,发于将来的希望,而昭之于民族之自觉心。"①他们强调要拯救祖国,倡导民族主义是至关重要的,"要是没有经过民族主义,想站在这优劣竞争的世界上,是万万不能的"②,进而又响亮地提出民族建国的口号,即通过发扬民族主义,发动全体人民来争取民族的独立和自由。

既然国魂的要核是民族主义,那么通过什么途径才能将它锻铸成呢?这些爱国者的回答是:必须发展教育,学习并传播新思想和新知识,提高国民的民族自觉性和竞争力。因为民族是由国民组成的,民族的强弱,民族主义的发扬,都取决于国民的民族自觉性和竞争力。所以他们把"学战"的问题,置于十分突出的地位,将它视作当前救亡的中心内容,认为"今日之世界,竞争剧烈之世界也。善争者存,不善争者死。争之为道三:兵战也,商战也,学战也。而兵战、商战,其争又皆本于学战"。③

他们用了很多篇幅,专门论述教育问题。强调欧美国家之所以强盛,是因为国民教育的发达;印度、埃及等国之所以受人奴役,是由于没有教育的结果;而中国之所以贫弱挨打,也无一不是没有教育的缘故。他们认为,教育的内容应该包括德育、智育、体育等诸方面,目的是激发人们的爱国热情,培养独立之精神、合群之性质、自主之品格、进取之能力、协图公利之思想、不受外界抑制之气魄,开拓人们的智识,增强人们的体质,以增强民族自强自立的能力。

不少人在讨论教育时,还提出了一个"军国民教育"问题。他们认为欧美列强称雄世界的一个要素,就是"军国民主义"。美国独立、德国崛起、日本强盛,都得力于军国民主义。中国要想转弱为强,必须提倡尚武的精神,重视军人,实行军国民教育和义务兵制,花大力气培养军国民者,即以国民而兼为军人,有尚武的精神和国家主义的思想,敢于为民族的利益赴汤蹈火,"而后爱国之热力始能实践"④。

军国民主义,实际上是以"生存竞争"、"优胜劣败"的社会达尔文主义为基础的。而在受帝国主义列强奴役、压迫的近代中国,进步知识分子宣传爱国思想,倡导敢于反抗、不怕牺牲的尚武精神,以争取国家民族在世界上的生存,则有很大的积极意义,亦有助于使许多知识分子从中国传统文人素来

① 飞生:《国魂篇》,《浙江潮》第 3 期。
② 蕊卿:《血痕花》,《浙江潮》第 4 期。
③ 《与同志书》,《游学译编》第 7 册。
④ 脱羁:《军国民主义》,见《觉民》第 1—5 期合本。

鄙薄习武的旧习中解放出来，开始重视学习军事，并在以后相继走上武装斗争的道路。日后在进步学生中出现的“军国民教育会”和它在民主革命中发挥的积极作用，就是一个生动的例子。

爱国主义作为一个历史范畴，不同的历史时期有不同的内涵。但是，每一个时期中爱国主义新内涵的形成，则标志着这一时期民族觉醒的一个新水平。它是全体爱国者的共识，是社会的良知。20世纪初年反映民权觉醒的爱国主义宣传，在中华民族政治觉醒的历史篇章中，占有重要一页。

二 君主立宪的诉求

1906年清廷宣布“预备立宪”，而“预备立宪”这个口号，最初是由康有为等人提出来的。清廷“预备立宪”的决策，激励了海内外立宪派人士推动清朝政府实施立宪的政治活动的热情，促进了晚清政治在清朝政府许可的框架下向前发展。

立宪的宿愿 还在1898年的“百日维新”期间，康有为在代内阁学士起草的《请定立宪开国会折》中就指出：东西各国的富强，都是因为“立宪法、开国会”的缘故，从而主张：“立行宪法，大开国会，以庶政与国民共之，行三权鼎立之制，则中国之治强，可计日待也。”①接着，他自己又连上两折，“请即定立宪为国体，预定国会之期，明诏布告天下”，并且要求在国会“一时难集”的时候，先采取两个措施：一个是“集一国人才而与之议定政制”；一个是“听天下人民而许其上书言事”。②但不久戊戌政变发生，这一切自然就无从谈起。

戊戌政变发生后，康有为、梁启超逃亡海外。他们一开始打出的旗号主要是“保皇”，但是，随着民族危机的激化和人们对清朝政府失望的加深，“保皇”这个口号越来越失去吸引人的力量。1901年4月，梁启超在远游檀香山、澳大利亚一年半以后回到日本，重主《清议报》笔政。6月7日，他在《清议报》第81册上发表了《立宪法议》一文。

他在这篇文章中，比较了君主专制、君主立宪、民主立宪这三种政体的

① 康有为：《请定立宪开国会折》，见《戊戌变法》（中国近代史资料丛刊）第2册，神州国光社1953年版，第236—237页。

② 康有为：《请定立宪开国会折》，见《戊戌变法》（中国近代史资料丛刊）第2册，神州国光社1953年版，第241页。

优劣后写道:“今日全地球号称强国者十数,除俄罗斯为君主专制政体,美利坚、法兰西为民主立宪政体外,其余各国则皆君主立宪政体也。君主立宪者,政体之最良者也。”

既然君主立宪政体这样好,中国是不是可以立刻实行这种政体呢?他说:还不行。根据中国目前的条件,还只能先从事预备立宪:“立宪政体者,必民智稍开而后能行之。日本维新在明治初元,而宪法实施在二十年后,此其证也。中国最速亦须十年或十五年,始可以语于此。”

这是一篇很值得注意的文字。它第一次提出了“预备立宪”的具体主张。此后,康有为、梁启超一派的政治活动的中心口号,就逐渐由“保皇”转为争取实现“预备立宪”,并以此作为同革命派抗衡的主要口号。

日俄战争的评说 1904年日俄战争期间,立宪派利用他们所掌握的报刊,加紧宣传实行君主立宪。这场战争是日本与俄国为争夺在中国东北及朝鲜的霸权而爆发的,腐朽的清朝政府却慑于列强的胁迫宣布“局外中立”,坐视日俄两国在中国领土上厮杀,让当地人民蒙受巨大灾难。战争以俄国的失败告终,次年9月订立的《朴次茅斯和约》,重新分割了日俄两国在中国东北及朝鲜的侵略权益,将中国东北的南部变成日本的势力范围,俄国则继续据有东北的北部。

对于这场战争,立宪派从一开始就极为关注。强烈的民族危机感令他们对于战后中国“重则召瓜分之祸、轻则遭凌辱之殃”①的前景不容坐视,时刻警惕着日俄双方及其他列强的举动;与此同时,他们把这场战争又视作是立宪与专制之间的决斗,取决于“专制立宪之强弱”②,并期望日本能够击败俄国,为他们要求在中国实行君主立宪的政治主张提供一个有力的佐证。战争的结局,印证了他们的预期,要求立宪的信念益坚,上海《中外日报》以《论日胜为宪政之兆》一文强调:

> 非有此战,则俄国之内容不显,而专制、立宪之问题不决。我国十余年来,每言及专制、立宪之问题,辄曰专制既不足以立国,何以俄人富强如此?自有此战,而此疑释矣。③

① 《论中国宜及时力行改革》,《大公报》1904年3月29日。
② 《论中日分合之关系》,《东方杂志》创刊号,1904年3月。
③ 《论日胜为宪政之兆》,《中外日报》1905年5月21日。

于是他们借题发挥，为推动立宪大造舆论。首先，他们认为日胜俄败宣判了专制的劣败与立宪的优胜。

立宪派指出，雄跨欧亚的世界强国沙俄，竟败在扶桑岛国日本的手里，这不能用国家的大小、兵力的强弱和种族的优劣去解释，而必须从政体的异同上去找原因，“彼俄之见衅于日也，非俄之败于日也，乃专制国之败于立宪国也”①。考察世界政治，他们发现这样的例子层出不穷，“历观全地球近五十年来之兵事，其在两专制国或两自由国相遇，则胜负之数，盖未可定。若夫专制国与自由国相遇，则专制国未有能支者。其一验诸普法之役，其二验诸美西之役，其三验诸中日之役，并此而四矣”。为何立宪国必胜专制国呢？立宪派解释说：立宪之国，国家为君民所共有，打起仗来，全国人皆为自己而战；专制之国，国家为君主及其少数私人所专有，发生战争，只有君主及其私人为自己而战，而人民则是为他人而战，“夫以一君主与百数十私人而与彼全国之亿兆众相遇，则孰为众而孰为寡、孰为强而孰为弱耶？”②

中国与俄国同为君主专制国家，俄国在战争中屡屡败北，暴露出专制统治的种种弊端，立宪派由此联想到中国近代所遭受的外侮及政治的腐败黑暗，愈感专制政体是民族强盛和国家进步的最大障碍。他们将日俄战争与十年前的甲午战争联系起来考察，认为中俄两国的败因都在专制政体上，因此虽然“俄之种类、宗教、地形、历史、军队之多寡、名誉之盛衰，无不与我异，而惟专制之政乃与我同，此其所以见败于日本亦与我国同也”③。所以，立宪派呼吁国人必须从日俄战争中吸取教训，“鉴于日本之胜，而知黄种之可以兴，数十年已死之心，庶几复活；鉴于俄国之败，而知专制之不可恃，数千年相沿之习，庶几可捐”④，以求朝野人士猛醒，奋起改革专制政体。

其次，他们强调改专制为立宪方能顺应世界潮流。

通过分析日俄战争，立宪派不仅看到了立宪优于专制，并且还得出立宪必然代替专制的结论。他们指出：“世界进化之运，及于二十世纪，举全地球中万无可以复容专制政体存在之余地，立宪自由主义所向无敌，遇者死，当者坏，苟顽然不知变计者唯有归于劣败淘汰之数而已。”⑤他们认为立宪这

① 《论立宪为万事根本》，《南方报》1905年8月23日。

②⑤ 《论俄罗斯致败之由》，《时报》1904年6月17日。

③ 《报界舆论》，《时报》1904年7月15日。

④ 《论时局》，《中外日报》1904年4月23日。

股进步潮流势不可挡，必将冲决专制统治的壁垒。

1904年底，战败的沙皇俄国民情骚动，全国各地方议会联合要求政府实行立宪。不久，土耳其、波斯等国的资产阶级也相继效尤，纷纷主张改变政体。这股日俄战后出现的立宪热潮，使中国的立宪派大为鼓舞，他们更加积极地陈述立宪已是大势所趋和专制再也不能继续下去的道理。俄国立宪运动方兴，寓居日本的梁启超即在《新民丛报》上接连发表《俄国立宪政治之动机》、《呜呼俄国之立宪问题》、《续纪俄国之立宪问题》等文章，为俄国的资产阶级助威，并且兴奋地指出："二十世纪之国家，终无容专制政体存在之余地，以顽强之俄罗斯，遂不能与自由神之威力抗。呜呼！举天下之恶魔，遂不能与自由神之威力抗。"①

国内的立宪派也殷切盼望俄国当局能够在这次战争的冲击下改行宪政，以便为同是专制政体的中国作出榜样。1905年1月，沙皇迫于民众的压力，将《国家行政改良案》交参议院议决，该案承认人民有受法律保护的权利。于是，立宪派更受触动，认为俄国立宪已有成功之望，清朝政府切不可无动于衷，"使俄国之立宪竟成，则其立宪之实际虽未审若何，而世界之专制国仅仅余一中国，亦必有被及之影响，特今日犹未可知耳"。他们强调："专制政体既劣败而不适于生存，是方为天演所自然淘汰"，立宪是"时势所趋，事有必至，固非人力所能抗争者也"。②告诫清朝统治者应当认清形势，顺乎潮流，否则势必将被"淘汰"。

再次，他们鼓吹立宪是克服中国内忧外患的良方。

在立宪派看来，20世纪初的中国面临着两个严重的社会问题，一是拯救民族危亡，二是阻止革命风潮。在日俄战争的启发下，他们找到了立宪这个解决问题的良方。他们认为，立宪或专制，不仅决定着战争的胜负，也可以造成国势的强弱与民族的兴衰。俄国本是世界强国，但由于推行专制，遂致一败涂地，"外患内忧相承迭起，庞然大物将何以自立于文明之世界乎"；"今俄国经此挫折，若政体不改，则将为突厥支那之续"。③他们指出，中国经甲午之败、庚子之辱，至日俄战争时已是"外患孔棘，内忧未弭，朝野皇皇不可终日，瓜分之祸，识者所不忍讳；倾覆之状，巧者所不能摹"，强调"中国今

① 《俄国立宪政治之动机》，《新民丛报》第3年10号。

② 《论我国与俄国立宪之比较》，《时报》1905年11月5日。

③ 《俄国致败之由》，《东方杂志》第1年第5期；《论中国前途有可望之机》，《中外日报》1904年5月5日。

日之现象，非立宪实不足以救之”。[1]

除了民族危机之外，另一个令立宪派担忧的是1903年拒俄事件后日益高涨的革命风潮。在他们看来，革命将招致天下大乱和瓜分惨祸。他们用日、俄正反两个事例，告诉清朝政府立宪可以消弭内乱、维护统治。称日本也有君主，“民间平等自由之谈，实有甚于吾国，何革命逐君之说，独不闻于其间”，“其故无他，以日本变法以来，其治既成于立宪故耳”。若清朝政府不肯以制定宪法的形式，给民众以部分权利，则不可能实现“君统益固”和“君民相安”，强调“是立宪实为延朝祚之不二法门也”。[2]他们认为清朝政府只有立宪才能消弭革命风潮，度过危机。

总之，日俄战争给予立宪派很多启示，也为他们宣传立宪主张提供了良机。1907年初，在张元济的主持下，商务印书馆推出一部共80册400万字的《日本法规大全》。当时人们普遍认为应该向日本学习富国强兵之道，明治维新后集日本法律之大成的《法规大全》，自然为人关注，出版当年门售和预约就达3 000多部，为人们系统了解日本明治以来的法律体系提供了方便，推动了立宪运动的酝酿和开展。[3]

三　海内外的立宪人士

戊戌变法失败后，光绪被囚禁在紫禁城旁南海瀛台小岛的涵元殿，殿后为涵元门，门外为翔鸾阁，楼下有一座吊桥，太监每天送饭时铺上桥板，走到瀛台来，用饭完毕，就抽掉桥板，与外界隔绝。光绪心情郁闷，万般无奈，哀叹“欲飞无羽翼，欲渡无舟楫”[4]。在戊戌六君子遇难时，康有为、梁启超在英国和日本的帮助下，逃出了慈禧的手掌。

海外亡命客　戊戌变法的悲惨结局，令英国和日本颇感吃惊，并担心俄国从中得益，当时在北京的英籍中国海关总税务司赫德称：“此间的形势，一

---

① 《论朝廷欲图存必先定国是》，《时报》1904年8月7日；《惟立宪而后可以救中国》，《大公报》1904年10月14日。

② 《论惟立宪而后有教育》，《大公报》1904年10月9日；《惟立宪而后可以救中国》，《大公报》1904年10月14日。

③ 参见张人凤：《戊戌到辛亥期间的张元济》，《史林》2001年第2期。

④ 李国荣主编：《清宫档案揭秘》，中国青年出版社2005年版，第177页。

瞬间发生了变化，我们如坠五里雾中，慈禧太后把皇帝推入阴影中，自己亲政，但是我担心的是亲俄派取得了胜利。"①从长计议，英、日两国对康、梁出逃施以援手。

光绪皇帝

政变当天，慈禧即下令捉拿康有为。而康有为已在前一天悄悄离开北京，乘火车去天津，这时刚搭乘英国太古轮船公司的"重庆"轮南下。慈禧随即电令在轮船途经的烟台、上海码头布控捉拿。在船上的康有为对京城发生的政变一无所知，毫无戒备，路过烟台时还下船去买些水果，幸而未被人发现。此时，英国驻沪领事担心轮船进港后，康有为难以脱身，决定在吴淞口外截住"重庆"轮，救出康有为。

赫　德

9 月 24 日下午，轮船驶至吴淞口外，英国人匆匆登船，康有为方知自己已被通缉，大惊失色，急忙写下给家人的遗书和与诸弟子书，以备不测，之后紧随英国人避往停泊附近锚地的英国轮船"巴拉勒特号"，并由英国军舰护航，前往香港。当康有为原先乘坐的"重庆"轮驶抵上海港，即遭到清方的搜查，康有为躲过一劫。②

9 月 29 日，康有为到达香港，在

① 中国第二历史档案馆等:《中国海关密档:赫德、金登干函电汇编》第 6 卷，中华书局 1995 年版，第 891 页。

② 参见《艾·温盖特来函(1898 年 9 月 25 日于上海)》，见骆惠敏编:《清末民初政情内幕——〈泰晤士报〉驻北京记者、袁世凯政治顾问乔·厄·莫理循书信集》上册，刘桂梁等译，知识出版社 1986 年版，第 114 页。

港英总督的安排下，住进了戒备森严的警察署。[1]政变发生时，梁启超还在北京。当天午后，他先去找英国传教士李提摩太寻求保护，进门就痛哭失声。随即又躲入日本驻华使馆，次日剪去发辫，穿上西服，在日本人的掩护下，乘坐下午的火车前往天津。9 月 27 日，在大沽登上日本轮船“玄海丸”直接驶往日本。[2]10 月 19 日，康有为从香港转往日本，同月 24 日抵东京与先期抵达的梁启超会合，开始了多年的海外流亡生涯。

1899 年 4 月，康有为从日本前往加拿大，5 月又赴伦敦，曾通过前英国海军大臣柏丽斯辉子爵要求英国政府帮助光绪帝重新上台，未成。后又辗转于香港、新加坡、槟榔屿等地。

海外流亡期间，康有为和梁启超等人继续秉持改良中国政治的主张，反对慈禧太后的专制统治，期盼光绪重掌朝政。1899 年 7 月，康有为在加拿大组织保皇会，全称“保救大清皇帝会”。8 月 4 日，适逢光绪帝生日，康有为率众在中华会馆庆祝。会场内，“烛设辉煌，箫鼓铿锵，冠裳璀璨，龙牌在上，龙旗在顶”，众人均“拳跪起伏，九叩首”，康有为激动得竟至号啕。[3]1900 年，澳大利亚《阿格斯报》的记者在与华侨的交谈中发现，“尽管改革党的分支已经扩大到了墨尔本”，但其在当地侨界中的影响并不大，很多人对康有为等人的保皇主张“毫无兴趣”。[4]

在康有为的一些追随者中，也有人愤于国势日危，转而倾向革命。1902 年 6 月 3 日康有为致信欧榘甲，气急败坏地斥责其门生中有人竟敢转向：“近得孟远决言革命，头痛大作，又疟发，复不得书，头痛不可言，汝等迫吾死而地，欲立绝汝等又不忍，不绝汝又不可，汝等迫死吾而已。”[5]康有为的这些狠话，并没能服众，次年 11 月 18 日梁启超也情绪激动地致信康有为：

> 弟子往往清夜自思，恨不得速求一死所，轰轰烈烈做一番鬼雄，以雪此耻，但今未得其地耳。弟子革论所以时时出没于胸中者，皆此之由。先生[康有为]责其流质，斯固然也，又乌知乎外界之刺激，往往有

① 参见王晓秋等主编：《戊戌维新与清末新政》，北京大学出版社 1998 年版，第 118 页。
② 参见蔡乐苏等：《戊戌变法史述论稿》，清华大学出版社 2001 年版，第 882—884 页。
③ 参见杨天石：《晚清史事》，中国人民大学出版社 2007 年版，第 166、162 页。
④ 大卫·沃克：《澳大利亚与亚洲》，张先勇等译，中国人民大学出版社 2009 年版，第 163 页。
⑤ 上海市文物保管委员会编：《康有为与保皇会》，上海人民出版社 1982 年版，第 157 页。

迫之于铤而走险之路者耶？①

情急之下，康有为也不放弃密谋暗杀等极端手段。1903 年，被康有为视为死敌的荣禄病逝，康门师徒暗喜，称“足使吾党一吐气”，认为良机在望。次年秋冬，康有为请密友梁铁君出面主持，挑选精干执行暗杀行动。梁铁君是康有为的同乡，好读书击剑，有古侠士之风，康有为对他很赏识。康有为逃亡日本后，即由他负责护卫，康有为赞其“好办事而不好虚名”。康有为此时交付他的任务是率暗杀组，潜入北京谋刺慈禧。

梁铁君谋刺慈禧案

戊戌维新失败后，流亡海外的康有为、梁启超等人并未放弃重整旗鼓、依靠光绪帝推行变法的设想，血腥镇压戊戌变法的慈禧太后依然是他们痛恨的元凶。为此，他们精心策划，于 1904 年派遣以梁铁君为首的暗杀小组，从海外秘密潜入北京谋刺慈禧。

梁铁君是康有为的同乡，又是同岁同窗的密友，曾一度经商。戊戌政变后，康有为曾派他北上入京，设法寻找其弟即惨遭杀害的“戊戌六君子”之一的康广仁的尸体，并伺机刺杀慈禧。但梁铁君未及入京，到天津后就折返。1900 年，康有为又派他赴京寻找到康广仁的墓，并将康广仁的遗骨带回广东。1904 年，是他第三次奉命北上入京，执行秘密使命。

梁铁君抵京后，曾设法结交宫中太监，打探慈禧行止，图谋伺机行刺。因清廷防范甚严，一直未能得手。1906 年 8 月 8 日，因秘密外泄，梁铁君在北京被捕。8 月 16 日，被押往天津交袁世凯审理。8 月 26 日，袁世凯进京报告审理结果。9 月 1 日，梁铁君在天津被处死。

就在梁铁君身亡的同一天，清廷颁布了预备立宪诏书，这给康有为、梁启超等人带来了希望，认为是国内政局的转机，于是计划在君主立宪的框架下，通过合法的政党活动，参与并争取掌握政权，实现其政治抱负。此后，他们放弃了戊戌以来刺杀慈禧、光绪复辟、重返朝廷、实行变法的方

① 丁文江等编：《梁启超年谱长编》，上海人民出版社 1983 年版，第 331—332 页。

针，转而着力宣传君主立宪和组织立宪团体等活动。梁铁君也因此成为他们行刺慈禧图谋的绝唱。详可参见李永胜：《戊戌后康梁谋刺慈禧太后新考——以梁铁君案为中心》，《北京大学学报》2001年第4期。

梁铁君化名吴道明潜入北京后，设法结交太监冯仲平、金蔚九、姚焕卿、王汉章等人，一面打听光绪帝的起居安危，设法救其出逃；一面了解慈禧太后的行踪，伺机行刺。但因清廷防范甚密，下手机会一拖再拖。1906年8月8日，梁铁君遭人告发被抓获。有史料披露，因袁世凯担心"案移刑部，烈侠口供涉及戊戌政变前康袁交往，故杀以灭口"，同年9月1日梁铁君死于狱中。①此时清廷已宣布"预备立宪"，康、梁等人遂转而放弃了暗杀的部署，投入推动立宪的政治活动。

即使流亡海外，康有为仍很讲排场。1908年9月30日，日本驻瑞典大使向日本外务省报告，康有为居住在离斯德哥尔摩16公里风光极佳的萨尔折巴登，曾拜访日本使馆，日本大使"因此乘便侦查彼等动静，访问该人住宅。其房屋在萨尔折巴登的一个小岛，需乘坐私家自动汽船来往。据康所说，该岛之一半即大小约一平方公里的地皮以及房屋，一共以2.8万格伦（相当于吾国1.4万日元）购买，又为维修花费7 000格伦。房屋虽非广大，但约可供10人居住，而且家具及装饰等极其豪华，似乎颇为阔绰"②。

清廷下诏宣布"预备立宪"，使避居海外的康有为、梁启超等人大为兴奋，他们很快行动起来，与国内的立宪派联手，为早日实现君主立宪而奔走。

清廷刚宣布预备立宪，避居日本的梁启超就闻风而动，他在给蒋智由的一封信中写道："今夕见号外，知立宪明诏已颁，从此政治革命问题可告一段落。此后所当研究者，即在此过渡时代之条理何如。"③此后，他就联合杨度、熊希龄等着手进行组党活动。他把清廷的宣布预备立宪看作他们从事组党活动的最好机会，在写给康有为的信中说："我国之宜发生政党久矣。前此未有其机。及预备立宪之诏下，其机乃大动。"④

---

① 参见桑兵：《庚子勤王与晚清政局》，北京大学出版社2004年版，第337—339页。

② 罗福惠等：《日文档案中的清末革命者和流亡者》，《近代史研究》2004年第4期。

③ 丁文江等编：《梁启超年谱长编》，上海人民出版社1983年版，第365页。

④ 同上书，第369页。

他最初设想,除海外的保皇会(不久改名为帝国宪政会)外,再在内地另立一会,并把张謇、郑孝胥等都拉进来作为发起人。但不久熊希龄到东京同他商议后,梁启超的想法有了一些改变。一是认为建党活动还是要从东京做起,二是在拟议的发起人名单中增加了蒋智由、徐佛苏等,而把张謇、郑孝胥删去,这可能与张謇、郑孝胥、汤寿潜等已于1906年12月在上海宣布成立预备立宪公会有关。

杨 度

到1907年春、夏间,由于杨度、蒋智由、徐佛苏三人意见不合,发生分裂。杨度在东京成立了宪政讲习会(后改名宪政公会),不久返国活动,被保举为宪政编查馆提调。梁启超就与蒋智由、徐佛苏等积极筹备,创办政闻社。

梁启超的办法仍是从办报入手,他在1907年5月16日给徐佛苏的信上说:"某君[杨度]今方着着进行,则我辈速设一机关,以吸收人才,诚为要著。弟欲出一报,名曰《政论》,其社即名政论社。但此社非如新民社之为出版物营业团体之名称,而为政治上结合团体之名称。现在所联结者,即先以纳诸政论社中,将来就此基础结为政党,公谓何如?"①

10月7日,《政论》正式出版。在其编辑兼发行人蒋智由所写的《政论序》中,特别强调了清廷的宣布"预备立宪",将此前后区分为两个截然不同的时期,即所谓"不变法之中国"和"变法之中国"。②在他们看来,在清廷宣布"预备立宪"以后,中国的历史进入了一个新时代,不应再从事热烈的呼号、扫荡、破坏,而只可以静实的态度,从事学理的研究,以监督并参与政府的有秩序的变革。

《政论》的创刊先于政闻社的成立。但《政论》第1号上已刊出了政闻社(这时已将政论社改为政闻社)的宣言书、社约和社员简章。由梁启超执笔

① 丁文江等编:《梁启超年谱长编》,上海人民出版社1983年版,第396页。

② 蒋智由:《政论序》,《政论》第1号。

的《政闻社宣言书》中，强调使中国免于危亡的关键在于"改造政府"，改造政府的事业不能指望于君主，只有靠国民自身担当起来。而国民要有表示的机关，就必须有政闻社这样的团体。他并且郑重宣告："政闻社所执之方法，常以秩序的行动，为正当之要求。其对于皇室，绝无干犯尊严之心。其对于国家，绝无扰紊治安之举。"①昭示了政闻社的改良宗旨和方针。

10月17日上午，政闻社在东京神田区锦辉馆正式召开成立会，有300多人到会。梁启超在下午的报告会上发表了题为《政治上之监督机关》的演说，指出中国要救亡，就必须改良政治，但又说不可革命，"苟革命屡行，则其国常陷于无政治之地位，视恶政治之害，抑更甚焉"②。当时在东京的同盟会成员张继、陶成章、金刚等人也去听讲，当"启超说国会议院等事，且曰今朝廷下诏，刻期立宪，诸君子宜欢喜踊跃。语未卒，张继以日本语厉声叱之曰马鹿！起立，又呼曰打"。会场顿时大乱，"启超跳自楼曲旋转而坠，或以草履掷之，中颊。张继驰诣坛上，政闻社员持机格之。金刚自后搤其肩，格者僵，继得上。众拊掌欢呼，声殷天地"③。梁启超在混乱中离去，会议只得草草收场。

陶成章

不久，马良从上海来到日本。这时他年已七十，"四十年前毕业于法国大学，邃于哲理、法政诸学，并旁通拉丁、罗马、英、德诸国文学"④，在国内文化教育界有一定的影响。政闻社推举他为总务员，是想借助他的这种影响加强与国内的联系，逐步推进请愿立宪运动。马良在东京停留了不久，政闻社本部就随同他从东京迁往上海。以后，本部的事务就由马良和徐佛苏、麦孟华主持。参加活动的还有雷奋、侯延爽、黄可权、邓孝可、熊崇煦、范治焕等等。留在东京处理社务的有罗普、陈介、向瑞琨、张嘉森、彭渊恂等等。

① 宪民：《政闻社宣言书》，《政论》第2号。
② 宪民：《政治上之监督机关》，《政论》第2号。
③ 太炎：《政闻社员大会破坏状》，《民报》第17号。
④ 《社报》，《政论》第3号。

国内的立宪派 当时在国内与海外康有为、梁启超等人的立宪主张遥相呼应的，是以张謇、汤寿潜等人为代表的立宪派。其阶级基础是相当复杂的，它不但包括已经转化为上层资产阶级分子的地主、官僚和大商人，而且也包括为数众多的正在转化和企图转化的地主、官僚和富商，即所谓开明士绅。这个阶层在戊戌维新时已开始出现，随着20世纪初年清朝政府推行新政，“通商惠工，奖励实业”而明显扩展，其中许多人拥有地产，不少人在科举考试中得过功名。他们中有的人由于集股数额的等差，或被赏给从商部四等顾问、四品顶戴到头等顾问、头品顶戴的殊荣；或被赏给商部五等议员、七品顶戴到头等议员、五品衔的职衔，成为清末所谓“通官商之邮”的头面人物。其中有的人随着各地商会的兴办，相率成为通商大邑商务总会的总理、协理，周旋于官商之间，开展联络工商和振兴实业的活动。有的人随着收回路权、矿权运动的发展，各省官办、商办铁路公司、矿务公司的纷纷成立，成为这些企业的总理、协理、坐办、提调、董事。这些人凭借自身世家巨绅的权势，通过筹款、集股等方式，把持路、矿事务，在各地集结为一股新兴的社会势力。

汤寿潜

正是这个不断扩展的上层资产阶级，成为20世纪初年声势日大的立宪运动的阶级基础。有学者指出：“他们是一个有影响力的团体，是当时社会和知识界的领导人物。来自不同的行业——官吏、新闻从业者、企业家、教师，他们都受过良好的教育。他们所以结合在一起，是因为他们企求社会的改革，并在开明专制下建立宪政。他们持续了19世纪末年的改革运动，梁启超的著作给他们很多鼓舞启示。”①

这个上层资产阶级，由于同帝国主义、封建主义存在着这样那样的矛盾，所以他们具有爱国思想，反对帝国主义的侵略，反对君主专制的统治，希

① 韦慕庭：《立宪派与辛亥革命·序》，吉林出版集团有限责任公司2007年版，第2页。

望在中国建立起议会制度，以利于发展实业，使国家走上富强的道路。但由于他们与旧的社会秩序有着血肉相连的利害关系，尤其是它的利益能否持续扩大，是和清皇朝的存在和继续革除弊政推行新政紧密联系着的，所以他们反对用暴力推翻清皇朝的革命运动，害怕革命给它的经济利益和社会地位带来损害；害怕革命造成“秩序一破，不可回复”，引起列强的干涉，导致国家的危亡。他们期望清廷能亟起改革，实行君主立宪，以便有效地抵制革命，消弭革命。所以作为这个阶层政治代表的立宪派人，发动和开展了请愿立宪运动。

1908年3月3日，由日本东京迁至上海的政闻社在四马路(今福州路)万家春开披露会，到会的有上海各团体代表和各界知名人士。马良在会上发表演说。他说：“推源我国病根，在政府对于国家施政之方针，事前事后一切不负责任。”何以导致？“此无他，无民选议院以监督之耳”。因此，“在未有民选议院以前，不可无政党以要求政府，以运动国民；既有民选议院以后，不可无政党以监督政府，以自当政局”。但是政党有两种：“使其主义而为反对朝廷，排斥君主，是之谓革命党；使其主义唯在取立法、司法、行政之三大机关而改造之，则为宪政党。”他强调，政闻社就是后面这种“主张宪政之团体也”。①

汤化龙

立宪团体　在这前后，国内也有一些立宪派团体在各地相继组建，如张謇、汤寿潜等人在上海成立的预备立宪公会，汤化龙在湖北成立的宪政筹备会，谭延闿在湖南成立的湖南宪政公会，松毓发起成立的吉林自治会等，其中规模最大的是预备立宪公会。

预备立宪公会也是在清廷宣布“预备立宪”以后成立的。1906年9月，郑孝胥、张謇等成立宪政研究会。同年12月16日，预备立宪公会就在它的基础上成立，选出郑孝

① 《政闻社上海披露会纪事》,《政论》第4号。

胥为会长，张謇、汤寿潜为副会长。它的会员有300多人，其中包括江浙工商界的许多重要人物，并有一些现任官员在内。它从酝酿成立时起，就得到两广总督岑春煊的资助。单开办费，岑春煊就捐出1万元，还表示愿负担常年费每年1 000元。①郑孝胥同岑春煊有着较密切的关系，他得以担任预备立宪公会会长，当与这种背景有关。

预备立宪公会的政治色彩是比较温和的，甚至比政闻社还要温和。其灵魂人物张謇在《自订年谱》中写道："会成，主急主缓，议论极纷驳。余谓立宪大半在政府，人民则宜各任实业、教育为自治基础，与其多言，不如人人实行，得尺则尺，得寸则寸。"②因此他们宣称："本会敬遵谕旨，使绅民明晰国政，以为预备立宪基础。"③它的实际活动内容，也以传播立宪知识、使国民养成立宪资格为重点。

1908年2月29日，它的机关报《预备立宪公会报》在上海创刊。会报《简章》中规定的"宗旨"是："本报限于宪法、行政、法律、财政、经济、国际、殖民、交通、教育、军事等诸学科，由研究理论达于实用，以供会员与非会员参考之资料。"④以该报的前五期为例，发表的撰述共7篇，题目分别是《论成立国会实质上之预备法》、《国会与地方议会性质权限之差异》、《中国亟宜编制户籍法》、《论宪政上切要之预备》、《论中国改良刑法万无议复笞刑之理》、《我国实行户籍法之先导》、《论国会与地方自治有分歧发达之关系》。往后各期亦大抵如此，大多是枯燥沉闷的探讨立宪学理以至一些技术性问题的文章，而很少政论性文章。

预备立宪公会成立后，还出版了不少书籍，如《地方自治制纲要》、《地方行政制度》、《公民必读初编》、《公民必读二编》、《选举法要论》、《城镇乡地方自治宣讲书》、《各国比较日本宪法详解》、《巴黎市塞纳县行政大全》等等。从该报第二年第8期的广告来看，《公民必读初编》已印至27版，《二编》已印至16版，《地方自治制纲要》已印至15版，《地方行政制度》已印至13版。这些书的出版旨在"使一般人民于政治、国家先知所以，徐以增进其思想与能力，一旦实行立宪，不至有程度不足之虞。此实根本培植唯一方法。与徒为大言了无预备，或时发狂热、斤斤于一节一目之争者，其效力自尔迥殊"⑤。

---

① 参见中国历史博物馆编：《郑孝胥日记》，中华书局1993年版，第1056、1057、1058、1065页。

② 转引自丁文江等编：《梁启超年谱长编》，上海人民出版社1983年版，第376页。

③④ 《预备立宪公会报简章》，《预备立宪公会报》第1期。

⑤ 《投函》，《预备立宪公会报》第4期。

4月15日，该会常会决定设立国会研究所，其目的在于"本会预备立宪，专以开通智识、指示方法为唯一之宗旨。今对于国会亦不可不先研究方法，并为政府设身处地计谋，如速开国会当从何处下手。似应及时设一国会研究所，研究开设国会之顺序，按其节目，作为草案，然后上之政府，庶乎切实可行"①。

1908年8月27日，清廷颁布了《钦定宪法大纲》，规定君主是至高无上、神圣不可侵犯的，一切颁行法律、召集开闭解散议院、设官制禄、统率陆海军、宣战媾和、订立条约、宣布戒严、司法等大权，全在君主一人手中。特别是用人、军事、外交等大权，议院根本不得干预。同时，这个《钦定宪法大纲》又宣布了所谓议院未开前逐年应行筹备事宜，其中包括在中央设置资政院，在各省成立谘议局。因此，各省立宪派的主要力量都投入谘议局议员的选举活动，他们打算先在各省把自己的力量集结起来，取得立足点，再走向全国性的联合。

① 《三月十五日本会常会纪事》，《预备立宪公会报》第5期。

第五章

立宪的政治实践

资政院大楼

一　地方自治的肇始

清末新政期间，各地试行地方自治，标志着中国基层社会治理的近代化开始起步。

地方自治的范本　新政期间的地方自治，以1909年1月18日清朝政府仿照日本《市町村制》颁布的《城镇乡地方自治章程》和《城镇乡地方自治选举章程》为界，可分为前后两个阶段。前者多为地方官绅自发联手推行，可以直隶为代表。

明治维新后，近代化过程中的日本，在全国各地试办地方自治，诸如民间教育、消防、水利、卫生等方面，取得成效。1906年8月，天津自治局设立。留日归来的凌福彭为督办，毕业于日本早稻田大学的翰林院检讨金邦平协同办理。他们以日本民间自治为模式，招募毕业于日本法政大学速成科的乡绅为宣传员，广为散发白话宣传资料。1907至1908年间，直隶先后有百余人赴日考察地方自治，参观日本的参事会、市区役所、町村役场和议会，以及公立学校、警视厅、消防署、水利、卫生、农工等组合、劝业储蓄银行、酿造所等等。

1907年3月，天津自治局起草的《试办天津县地方自治章程》，经仿照日本设立的天津县自治期成会的批准，规定设立天津地方议事会和董事会，议员由选举产生。在经过对参选人资格的审查后，同年6月16日，举行了天津历史上也是中国历史上首次自治选举，共收回有效选票12 461张，确定有选举资格者2 572人，初选出135人，再从中选出30人当选为议事会议员。次月，以李士铭为议长、王劭廉为副议长的议事会召开第一次会议。

1908年，以天津自治局为基础，成立了自隶自治总局，负责直隶全省的地方自治事宜。《城镇乡地方自治章程》和《城镇乡地方自治选举章程》颁布后，地方自治进展更快。

地方自治的开展 1909年颁布的《城镇乡地方自治章程》和《城镇乡地方自治选举章程》所规定的地方自治范围相当广泛，主要有以下几个方面：

1. 地方文教。包括经办中小学堂、蒙养院、教育会、劝学所、宣讲所、阅报社以及"其他关于本城镇乡学务之事"。

2. 地方卫生。包括清洁街道、蠲除污秽，设立医药局、医院、医学堂、公园、戒烟会，办理"其他关于本城镇乡卫生之事"。

3. 地方公共设施。包括改正和修缮道路，建造桥梁，疏通沟渠，建筑公用房屋，设置路灯及"其他关于本城镇乡道路工程之事"。

4. 地方实业。包括改良种植、牧畜及渔业，设立工艺厂、工业学堂、劝工厂，改良工艺，整理商业，开放市场，防护青苗，筹办水利，整理田地以及"其他关于本城镇乡农工商务之事"。

5. 地方公益。包括救贫、救荒、育婴、施衣、放粥，成立救生会、救火会，采取义棺义冢、保护古迹以及"其他关于本城镇乡善举之事"。

6. 地方公共营业。包括开办电车、电灯以及自来水等业务。

7. 地方自治经费的筹措。

上述内容，大体涵盖了现代国家基层政权所承担的公共职能，与中国传统社会里甲、乡地组织主要以支应官差、为官府催粮征赋、报案传人等为职责不同，它主要承担兴办新式教育、提供公共卫生服务、发展近代实业、建设近代公共设施、提供社会保障等公共职能，开启了中国基层社会治理结构的近代化进程。①

1909年4月，直隶自治研究所成立；10月，直隶宪政研究会成立，始于天津的地方自治向直隶全省各县推广，其间所孕育的政治民主、民权自治等意识，引人注目。②同年2月1日的《申报》载文指出："立宪之事千端万绪，而皆基于地方自治。立宪国，一曰法治国，自治即法治之肇端。故有自治之

① 参见张霞等：《乡镇财政的早期近代化：立足于清末的考察》，《中国经济史研究》2009年第4期。

② 参见李喜所主编：《留学生与中外文化》，南开大学出版社2005年版，第448—449页。

材，斯有代议士之人材。”

清末江南城镇的地方自治活动，开展得也很活跃。在《城镇乡地方自治章程》和《城镇乡地方自治选举章程》颁布前，可以1905年成立的上海城厢内外总工程局为代表，多为地方绅商自发举办地方自治。由李平书等人主导的上海地方自治运动，颇具规模和成效。①其间，在江南各城镇相继出现一些自发成立的自治团体，除上海城厢内外总工程局外，还有镇江中区议事会、常熟昭文地方自治会、苏州苏省地方自治研究会、宝山自治研究会、吴县自治会、嘉兴公益会、鄞县鄞邑自治会、奉化自治会、镇海自治会、长兴公益社、湖州地方会议公所、嘉兴公益社、孝丰自治公益社、山阴公益会、秀水王江泾公益社、杭州自治会等等。

自《城镇乡地方自治章程》和《城镇乡地方自治选举章程》颁布后，参与地方自治的江南绅商更多。上海城厢内外总工程局改组为上海城厢内外自治公所，致力于疏浚河道、修筑道路、推动新式教育、倡导清洁卫生等地方公益事务。热心地方自治的苏州绅商“联合同志，组织团体，以专办地方公益事宜”，并以街道为行政区划，成立了名为市民公社的基层自治组织，“凡关于道路、卫生、保安等类，集思广益，实力施行”。其重点，先是清洁街道、挖井通沟、修桥筑路等，渐而涉及地方经济和政治，旨在“扩大市面，扩张权利，不惟增无量之幸福，更且助宪政之进行”。②此后，又有阊门外渡僧桥四隅市民公社、金阊下塘东段市民公社等成立。③

清末浙北各市镇的自治活动也有展开，至1911年大多经市民选举产生了镇自治机构议事会、董事会，设立了办事机构自治公所。其中，1909年双林镇开始举办自治，次年由该镇士绅设立筹备自治公所，着手分划自治区域，调查人口和选民人数。1911年春，基本完成各项筹备工作，并投票选举成立了议事会和正副议长，以及董事会和总董。议事会和董事会随即行使城市自治议决和执行机构的职权，在不到半年间，“议事会议决案不下十余起，究以时间过促，董事会执行者止清道、路灯、禁烟数项而已”④。《双林镇志》载，同年该镇成立了公益清洁所，承担镇上街道的整修、清扫和路灯管理等事务。⑤

---

① 参见周松青：《上海地方自治研究（1905—1927）》，上海社会科学院出版社2005年版。

② 《苏州市民公社档案选辑》，《辛亥革命史丛刊》第4辑，中华书局1982年版，第92、59页。

③ 参见上书，第87—93页。

④ 汪林茂：《浙北市镇的社会变迁与辛亥革命》，见中国史学会编：《辛亥革命与20世纪的中国》，中央文献出版社2002年版，第1413页。

⑤ 参见民国《双林镇志》卷八。

江苏宝山的实践 19世纪20世纪之交，与上海毗连的江苏省宝山县，涌现了一批热心于桑梓改革的新乡绅。他们借“地方自治”，以创办新式教育入手，多方启迪民智，同时进行水利、交通、田赋、警政乃至于社会习俗等改革，掌握了地方社会变革的主导权。

他们所在的宝山，“据长江大海之冲，扼黄浦吴淞之户。凡出入上海者必经宝山吴淞口；凡出入长江者必沿宝山择海塘”①。滨江临海的地理位置，使晚清宝山县得风气之先。自上海开埠，声光电学等近代科技文化日渐传播。影响所及，与上海毗连的宝山，“海外文明，输灌最早，一切劝商兴学，凡关地方自治公益，足以构造共和基础者，皆得风气之最先”②。

1901年上海南京路

宝山人的思想观念为之变化，许多人为上海的新文化、新职业所吸引，从19世纪六七十年代开始就“闯上海”，或进入新式学堂、书院求知，或进入工商企业“学生意”。如1871至1873年招生的清朝政府最早的公派留美幼童中，就有5名宝山县人，他们是目前所知的宝山最早的留学生。

自此迄1911年，全县有留学生32人，另有赴外国“游历”、“考察”者不

① 民国《宝山县续志》卷一。
② 钱淦主编：《宝山共和杂志》第5期。

下10人，国内各类大学和高等专科学校毕业生29人，在上海或附近州县各类中等新式学校（学堂）的毕业生，共20余人。以上几种接受过新式教育而成长者，总计不下95人。同一时期，由科举而取得贡生、举人、进士等功名的共76人次。其中，有的还到国外学习过，成为新旧学问兼备的人才，如钱淦、吴邦珍、陶庆丰、孙启麟、严恩榜（后改名达群）等；有的如著名教育家、举人袁希涛，进士潘鸿鼎，举人王钟琦等人，取得功名之后虽未再接受正式的新式学校教育，但利用各种机会和社会交往，孜孜追求新的学问。

在19世纪末20世纪初成长起来的宝山县上述百余人，构成了宝山县新一代的知识群体。他们的特点是能够顺应晚清社会变革的时代潮流，在甲午战后，不满清朝专制统治的腐败，向往立宪、民主，除了袁希洛、邵曾锷等少数几个人在日本或杭州武备学堂参加同盟会，主要在国外或其他地区活动以外，其余的绝大部分都在宝山县及其相邻的上海等地奔走呼吁救亡图存，相继参加地方社会改革事业。戊戌维新时"已卓然有声于时"的袁希涛，"尝与朋辈纵论中外得失"①，开始参与上海的一些革新活动。1905年他出任教育研究会会长，并积极支持上海商务总会总理曾铸领导的抵制美货运动。

同年秋天，上海李平书等人为"自动整理地方，以立自治之基础"而发起组织中国第一个地方自治机构——上海城厢内外总工程局，袁希洛参与筹备，并且被推举为议董，随后又参加地方自治研究会。②不久，廪贡出身的王钟瓒也参与上海的自治活动，协助李平书"创办《上海报》，鼓吹自治"，被"各省资为借镜"③。1906年开始，袁希涛会同王钟琦、李钟瀚、邵曾模、吴邦珍、陶庆丰、严达群、孙启麟等人，自筹经费，相继"仿上海、通州之制，设学务公所"和自治会等一系列机构，在宝山悄悄地实行多方面的改革，其目的就是推动宝山社会"以跻文明"④。

戊戌维新前后，废科举兴学校以创办新式教育，是当时先进的中国人救亡图存的一个重要的社会思潮，同时又是两个世纪之交中国社会变革的一项重要内容。得风气之先的宝山县新知识群体在甲午战争后不久，"慨念救

---

①④　朱宝和等：《宝山县志》，第1097页。

②　参见蒋慎吾：《清季上海地方自治与基尔特》，见上海通社编：《上海研究资料》（续集），上海书店1984年版，第153页。

③　民国《宝山县再续志》卷十四。

1905 年创办的南通博物馆

国自强，非先兴教育不为功”[①]，即开始在家乡兴办新式教育。汪元裙毅然弃官回乡里江湾任教。在罗店，他们促进老乡绅李钟瀚创设菁峨学堂。1901 年开始，潘鸿鼎、袁希涛等人更多方集资，积极筹办新式学校，到 1905 年，全县已创立学校 20 所。[②]

1906 年清政府宣布预备立宪之后，宝山的新知识群体踊跃地投入争取立宪以及作为立宪运动重要组成部分的地方自治之中。他们富有历史责任感，乐于对家乡承担一定的社会职责，“视自己家乡的福利增进和利益保护为己任”[③]。通过长期在故乡的活动或与故乡保持的各种联系，宝山这个新的知识群体逐渐与原有绅士群体彼此加深理解，互有让步，互相接纳，并且推动后者追随时代潮流前进。

在清末立宪运动和地方自治等社会改革事业中，两者大体能保持合作关系。旧乡绅李钟瀚、张宝鉴、告老还乡的兵部郎中朱诒烈等，都在地方改革和自治中给予理解、合作，不少人还在自治团体中担任力所能及的职务。这样，经过几年时间的努力和各类革新事业的实践，宝山新知识群体不仅增长了处理社会事务的实际才能，而且进一步加深了对全县各类事务的了解

① 民国《宝山县再续志》卷十四。

② 参见民国《宝山县续志》卷七。

③ 张仲礼：《中国绅士——关于其在 19 世纪中国社会作用的研究》，李荣昌译，上海社会科学院出版社 1991 年版，第 48 页。

和参与，巩固和扩大了在宝山社会改革中的主导地位。钱淦就是他们的一位代表。

钱淦，1875年出身于宝山真如的一个书香门第，“幼从父学，博学强识”，“尤致力经世文学”①。1904年中进士，随后由学部奏派赴日本法政大学深造。留日期间，他在学习之余暇，与同学孟森、秦瑞阶、孟昭常、汤化龙等人成立法政学交通社，出版《法政杂志》，潜心研究欧美各国和日本的法政理论。他发表了多篇文章，批判专制政治，赞扬三权分立的立宪制度。

1907年回国后被授翰林院编修，不久乞假南归省亲。时值宝山筹备清丈，他“以诸父老义务之督责，宁浮云薄宦”②而为故乡出力，毅然受命出任清丈局长。“丈务既繁，经费又窘，慨然受任，备历诸艰，卒底于成”③。在这期间，他还亲自创办《丈务杂志》，介绍清丈知识，刊载丈务报告，以启迪乡亲。1909年又就任筹备自治公所所长，次年兼任宝山教育会会长。他切实领导各项工作，建立了市、乡自治机构，调查户口、修河筑路、推广国民教育等，“诸臻妥治”④。

清末宝山城镇社会改革，就是在以钱淦为代表的新乡绅的领导和推动下，克服种种困难，努力开展的。它先是围绕着地方自治而展开，并大致经历了三个阶段，即建立基础、正式展开、全面推行，三者既有区别又互相关联而依次递进。

1906年春至1909年夏，新乡绅在宝山县成立团体，创设机构，举办若干自治性质的革新，为正式开展地方自治铺路奠基。他们仿效上海绅商自办机构、团体，筹措经费、整顿地方，以立自治之基础的思路，最初以学务公所，继之以教育会和劝学所，随后又创办清丈局，作为主要领导机构，促进宝山的改革事业。

前述任职于上海，并积极参加1905年上海自治活动的袁希涛，在1906年春回到家乡，与王钟琦等新乡绅商议后决定“仿上海、通州先例，设立学务公所”，袁与王被公举担任学务公所的总理和协理，在各厂（即后来的市、乡）设学董，由原来的厂董担任⑤。学务公所“虽非法定机关，（却）略含行政意

①③ 民国《宝山县再续志》卷十四。

② 钱淦：《再示局中办事人员文》，见《宝山清丈局报告书》，商务印书馆1915年版，第106页。

④ 钱淦：《呈县文》，见《宝山清丈局报告书》，商务印书馆1915年版，第13页。

⑤ 参见民国《宝山县续志》卷七。

味”，举凡本地区的学堂筹备经费、任用教员等要事，均“受学务公所之指挥，监督”，该公所成为“全县学务之一机关”。[①]

1907年春，宝山学务公所按章改称劝学所，并设县视学一人。公举王钟琦为劝学所总董兼县视学，吴邦珍为协董。同年春成立宝山教育会（以1905年组织的“学会”改组而成），到1909年县自治公所成立之前，历届正副会长是：首任会长袁希涛，副会长李维勋；第二届袁连任会长，副会长为王钟琦；第三届会长钱淦，副会长吴邦珍。

教育会被赋予四个方面的权力：选举县劝学所总、协董和县视学；编制劝学所的预算、决算；监督劝学所办事人员的言行；协助处理全县学区之间的纠纷。“其时，教育会之地位，隐然若议事机关”，而劝学所则成为具体的办事机构。[②]两机构会同决定把全县划分为14个学区；相邻的若干学区组成一个联区，共合为4个联区。每个联区设劝学员1名，“直隶于劝学所”，协助劝学所总董工作，“并与各厂学董筹划推广小学”。[③]

1907年后，宝山新乡绅以学务公所、劝学所和教育会为主要机构，广泛联络旧乡绅和工商、学界人士，多方位筹措经费，从推广学校教育入手，创办师范学校，培养小学教师，又创办了一批小学校和职业学校；在城厢和吴淞创办巡警局，初步建立起近代警政。同时又创办通俗教育社和戒烟会，对民众进行科学知识（包括鸦片烟的危害和戒烟的方法）的启蒙。而体操学校的开办，则为之后筹设商团、民团提供了条件。

将宝山、上海两县在1905年后的数年间所建立的自治机构、团体及其所进行的主要活动稍作对照，就可以发现两者存在着模仿与被模仿的密切关系：总体上说，上海县创立了什么机构、团体，举办了什么活动，宝山县也设立相应的机构、团体，开展相应的活动，有一些甚至名称都一样（当然，限于诸多条件，宝山的团体和活动都比上海县少）；上海县行动在前，宝山县蹑踵于后，两者大致有数月到一年的时间差。

总之，通过第一阶段三年多的努力，宝山新乡绅设立了学务公所（后改称劝学所）、教育会和清丈局等8个自治机构或团体；新创办了小学33所，职业学校5所，半日学校和幼童学校各1所，总计40所（有一些条件较差或经费无继的学校，办了一至三四年后又停办）；创立了城厢和吴淞两个巡警

① 钱淦主编：《宝山共和杂志》第5期。

②③ 民国《宝山县续志》卷七。

局(后吴淞警局一度改隶淞沪警局),并开办习武为主的体操学校。尤其是经过清丈局及其他各种宣传教育,宝山社会对于包括清丈在内的各项地方革新大业,上则“各厂绅董均以地方义务所在,分担垫款,筹措多方”①,下则群情趋奋,“乡民翕然”②。宝山已经建立了实行地方自治的较好基础。

1909年初,清政府颁布《城镇乡地方自治章程》。同年7月,宝山新乡绅即成立筹备自治公所,领导全县推行自治的各项活动。清末地方自治,主要是在府州县及其下属自治体内推行。当时分为两级,府州县的自治称为上级自治,城镇乡的自治称为下级自治。城镇乡自治先实行,府州县自治后实行。实行这两级地方自治的首要任务,则为设立推动机关和训练自治人才两项。

宝山县筹备自治公所,即为推动该县正式开展地方自治的总机构。自治公所是由清丈局、教育会、劝学所和地方自治会、地方公益会、戒烟总会、罗店吴淞两个商会以及各厂主要绅董的共同筹备而成立的,其领袖和基本骨干也是由上述组织经协商后推举产生的。因此,上述组织的主要成员也就成为自治公所的领袖或骨干。例如自治公所所长钱淦,是清丈局总董、(第三届)教育会会长;自治公所副所长吴邦珍、王树基都是教育会、劝学所的骨干。自治公所的骨干王钟琦、陶庆丰、朱庭禄、严恩榜、李维勋、印书畦、范迪彝、朱鸿寿、顾鸿儒、王钟麟、彭俊球、钱润、吴序鼎、邵曾模、谢蔼光、陆显周等,无一不是上述组织的领袖或主要成员。经过1906年以来三年多时间,上述机构、团体在领导地方改革以建立自治基础的各项活动中,已经培养了一批胜任自治工作的人才。

宝山自治公所成立后,在钱淦等人的努力下,组织了自治研究所,创办了《宝山自治杂志》,作为对本县自治问题的调查研究,普及自治知识、交流各城乡自治情况和指导自治运动正常开展的机构。与此同时,组织人力分赴全县乡村,深入进行了持续一个多月的地方自治宣讲,并着手分期筹设城镇乡自治机关。“清季筹备地方自治,以最下级之城镇乡团体尤为自治之嚆矢,故成立之期先于县会。”③

当时,自治公所选择了一个城镇——公所驻地的城厢,一个乡——与城

① 钱淦:《呈县文》,见《宝山清丈局报告书》,第30页。

② 袁希涛:《致阖邑诸父老启》,见《宝山清丈局报告书》,第100页。

③ 民国《宝山县续志》卷十三。

厢毗邻的月浦乡，作为第一期成立下级自治机关的两个点。按照清朝政府颁布的《城镇乡地方自治章程》的有关规定，凡城、镇均设议事会（议事机关，即议会）和董事会（执行机关），凡乡均设立议事会和乡董（执行机关）。经过三个多月的工作，1909年，月浦乡的议事会正式成立，乡董及其副职乡佐则迟三个月产生。同年冬，城（后改称城市）议事会和董事会同时宣告成立。其后，各镇、乡自治机构亦次第建立。迨1911年春吴淞乡完成此项工作后，宝山县的下级自治机关成立全部告竣。

宝山自治公所不仅积极筹设各市、乡自治机构，而且推动原有的清丈局、教育会、劝学所等机构继续开展各项改革和建设事业。在两年多时间里，清丈和兴学两项工作，在经费短绌的情况下多方筹措，取得新的成就。到1911年，清丈完成了十分之八，并新办10余所小学。禁、戒鸦片烟的工作也取得新成绩，前阶段只在全县设立戒烟总会，工作也仅限于劝告戒烟，到了1910年则各市、乡均设立禁烟分公所，“凡查获私售私吸人等，勒令入所戒烟”。经过宣传、教育，有不少人自愿入所戒毒，或由亲属陪送吸毒者“具结送戒”，以至戒烟所的房子难于容纳而不得不临时租用民房加以收留。①

其他如浚河、筑路、清洁卫生工作等，也有新的进展。尤其值得一提的，是户口调查、警政建设和创办农会。宝山自1724年建县以来，一直沿用旧规，只编审额定征赋的丁（成年男性）数。因此，宝山百余年间迄无户数、男女人数和总人口的记载。新乡绅们决心改变这种状况，从1908年始即结合清丈工作进行认真的户口调查。但其时只作清丈的附带事务，进展迟缓。1910年在筹备自治公所的推动下，宝山县的政区正式改为市、乡，全县划分为2市12乡，同时派人分赴各市、乡，全面“始实行（户口）调查”，登记造册。全县汇总后，查明当年有居民共53 712户，男女人口共266 910人。②尽管当时对户与口均未作细致的分类统计，但经过这次全面调查，宝山县毕竟第一次查明了境内居民的总户口。

关于警政建设，第一阶段虽创办了城厢和吴淞两个巡警局，但其警员均由上海警察学堂培养，不敷本县警政发展的需求。于是，1910年春开始分别筹备城厢和罗店两处巡警教练所。城厢一处由城厢巡警局办事董事王树基负责筹备，“额定40名，由各市、乡董分别选送”，次年2月正式开课。原

① 参见民国《宝山县续志》卷十。
② 参见民国《宝山县续志》卷一。

定学习一年,“以各处需才孔亟”,不得不在修业三月后改为边服务边补习的办法培养。罗店一处由范迪彝任所长,额定40名,后延至1911年11月才正式开课。[①]与此同时,刘行乡、真如乡两处巡警教练所也开始酝酿。在成立新的自治团体方面,1910年按清朝政府农工商部奏定的章程,创办宝山农务分会,公举陶庆丰为总理、王树基为理事,并举议董27人。次年春在各市、乡次第设立农务分所。[②]

按清末预备立宪大纲的要求,1911年应成立府厅州县自治。宝山县筹备自治公所在各市、乡自治机构的积极协助下,从这年初即着手进行县议事会议员和参事会参事员的选举工作。按照以人口比例确定议员数额的办法,宝山应产生县议员23名。1911年7月选举结束,因吴淞乡缺额一名,总共选出议员22名。同年10月22日,县议会开幕,互选产生议长、副议长各1名;又按议员的一定比例,选出参事员4名。会议方兴,“未几光复事起,议会中梗”[③]。

地方自治的经费难题 各地在推行地方自治的过程中,普遍面临所需经费严重短缺的问题。当时办理新政和地方自治,州县学务、卫生、善举、实业等事项,均被清朝政府定位为国家政务以外的地方自治事务,其所需经费不许动用国家租税,几乎完全由地方自筹。由于数目巨大,无法采取传统的私人募集、私人经理的方法运作,于是各城镇乡纷纷设立地方财务机构,筹措地方公共收入,从而产生了乡镇地方自治财政。

由于乡镇地方公款公产和罚金很少,实际上清末乡镇财政经费主要来源于各种名目的公益捐,国家财政没有提供支持,几乎完全依靠乡镇社会自身的财力。这就导致一系列的社会问题,如基础教育所需经费,理应由政府提供,当时却是政府强制性地要求各地开设中小学堂、蒙养院等,并规定其费用完全由民间自筹,这势必招致民众的不满和对立情绪,加上一些地方主持其事者克扣贪污、中饱私囊,各地频发“毁学”即捣毁学堂的事件。[④]1909

---

① 参见民国《宝山县续志》卷十。

② 参见民国《宝山县续志》卷六。

③ 民国《宝山县续志》卷十三。随后,宝山的地方自治进入与民国新政权相结合而全面推行的阶段。详可参见戴鞍钢、杨立强:《辛亥革命后的上海农村》,《上海社会科学院学术季刊》2002年第1期;杨立强:《清末民初宝山的新乡绅及其领导的社会改革》,《上海研究论丛》第11辑。

④ 参见张霞等:《乡镇财政的早期近代化:立足于清末的考察》,《中国经济史研究》2009年第4期。

《民呼日报》讽刺漫画“官肥民瘦”

年，《东方杂志》以“毁学果竟成为风气耶”为题刊文指出：“自无锡毁学之事起，四川、江西旋亦有毁学之事，今则广东毁学之事见矣。考其原因，无非为抽捐而起。”①

据统计，在清末发生的170起毁学事件中，有94起由教育经费问题引起；在浙江发生的256起乡村教育诉讼案件中，有162起与教育经费有关。诚如有学者指出的，当时发生的各种自治风潮，其矛头具体指向各城镇乡基层自治组织，实质上则是民众对新政改革举措使他们未及享受其益，却先饱尝其苦的严峻现实的抵抗。②其教训，无疑是很深刻的。

二　民意机构的雏形

清廷颁布的《钦定宪法大纲》，在规定君主是至高无上、神圣不可侵犯的同时，又宣布议院未开前逐年应行筹备事宜，其中包括在中央设置资政院，在各省成立谘议局。

资政院　资政院是中国第一次仿照西方代议制形式设置的全国性议事机关，1907年9月20日由慈禧准予设立，所谓“立宪政体，取决公论。上下议院，实为行政之本”③。其一方面宣称要改行立宪政体，逐步设立议院；另一方面又说立即成立上下议院的时机尚未成熟，先要成立一个资政院作为过渡。

资政院规定设总裁两人，以王公大臣特旨简充；设副总裁2人或4人，

① 陈元晖主编：《中国近代教育史资料汇编·普通教育卷》，上海教育出版社2007年版，第235页。

② 参见张霞等：《乡镇财政的早期近代化：立足于清末的考察》，《中国经济史研究》2009年第4期。

③ 《清德宗实录》卷五五七，光绪三十三年八月十三日慈禧的懿旨之语。

资政院大楼

以三品以上大员特旨简充。议员分钦选、民选两种，共200名。其中钦选100名，计分7类：宗室王公世爵16名；满汉世爵14名；外藩王公世爵14名；宗室觉罗6名；各部院衙门七品以上官2名；硕学通儒10名；多额纳税者10名。民选100名，由各省谘议局推选。

会期分常年会、临时会两种。前者每年一次，每次三个月；后者无定次，如召开，则每次以一个月为准。前者规定每年九月一日起至十二月一日止；有必须连续会议之事，可延长会期，但限定在一个月内。其职权为：议定国家岁出入预算、决算、税法、公债、制定法规、弹劾大臣及议定奉特旨交议等事项，但议决事项须具奏请旨可否。

溥　伦

资政院成立时，清廷任命溥伦、孙家鼐为资政院总裁，会同军机大臣"妥慎拟订"具体院章。1908年1月，又任命景星（曾任福州将军）、陆元鼎（曾任江苏巡抚）、丁振铎（曾任云贵总督）、俞廉三（曾任山西巡抚）为协理开办资政院事务。同年3月，还任命宝熙（内阁学士）、沈云沛（农工商部右丞）、顾璜（内阁侍读学士）为帮办开办资政院事务。后陆元鼎因病卸职，又增派内阁学士、署学部左侍郎李家驹为协理。溥伦是道光帝长子隐智郡王的长孙，皇族近支，慈禧任命他为资政院总裁，是想通过他把资政院这个议事机构实际控制在皇族手中。

1910年10月4日，资政院召开第一次常年会。在这次常年会期间，民选的立宪派议员不但明确提出了速开国会的政治主张，以及弹劾军机大臣和论驳上谕等，表现出明显的政治进取精神，而且提出了一系列颇具近代民主色彩的议案。这些提案和议案，涉及政治、经济、法律、文教、风俗和地方事务等各方面，诸如速开国会、申明资政院立法范围、请赦国事犯罪人员、铁路公司适用商律、商办铁路非经国会协赞不得收归国有、著作权律、修正报律条文、修改结社集会律、改定教育法令、停止学堂奖励明定学位、制定地方学务章程、规定通俗教育、确定义务教育以谋教育普及、修正优待小学教员章程、推广私立法政学堂变通办法、全国中学堂改习兵操、采用阳历纪年、优待军人学生以资鼓励、广设宣讲所以开民智等等。

在付诸表决时，民选的立宪派议员往往利用在资政院内形成的民主政治气氛，迫使钦选议员顺从自己的政治要求，如在表决速开国会和剪辫易服的具奏案时，立宪派议员决然反对无记名投票法，而是坚持使用记名投票法。其目的，即不给钦选议员以阳奉阴违、含混搪塞的余地。结果，前案以全体赞成通过；后案以101票赞成、27票反对的绝对多数通过。就连庄亲王载功、贝勒载润等满族亲贵，也因大势所趋而投票赞成剪辫易服。弹劾军机大臣的具奏案，也是以起立表决的形式，以112人的绝对优势而获得通过。

资政院会场

另一方面，立宪派议员在与专制皇朝抗争时，政治上的妥协性依然存在。他们对许多重要的政治议案不能始终坚持，常常使之不了了之，未能产生重大的实际社会政治影响。如他们提出了请求速开国会的议案，并在会上极力争取，但当清廷宣布预备立宪缩短至宣统五年，并决意以强力对付继续请愿的各省代表时，他们只得屈服于专制的淫威，不再继续要求缩短年限，放弃了宣统三年召开国会的政治要求。又如持续了40多天弹劾军机大臣的议案，在专制皇权的高压下，他们的斗争锋芒渐钝，先从弹劾军机大臣转为请明定军机大臣责任，再改为呈请申明枢臣责任并设责任内阁，又变为只请设立责任内阁，再转而取消奏稿，最后终于再次通过了弹劾军机大臣的具奏折稿。

应该指出，尽管资政院内民选立宪派议员提出的诸多议案或未议及，或议而不决，或决而无效，但其中确有不少议案或议案条款，反映了民族资产阶级的利益和要求，符合中国社会发展的方向，带有近代资产阶级民主的色彩，也促进了立宪运动的开展。有学者对清末被选入谘议局和资政院的议员作了具体研究，查阅了300种地方志，在1 650个议员中，查得将近900个议员的出身，并考察了这些议员的年龄、教育背景、经济状况、职业和政治经历等，认为“这些议员是中国传统士绅的最后一代，但大都接受了新式教育，有的还留过学”，并将他们称为进步的保守分子，“因为他们赞同渐进的改革，以促使中国社会的现代化；但是，对于曾给他们某些社会的领导地位和舒适的经济环境的制度，他们希望保存”①。

即便如此，他们仍招致很多守旧和贪腐官员的诋毁和仇视。当时在华并密切关注中国政局走向的德国传教士卫礼贤评述说：

> 满洲贵族利用当时的混乱为自己谋利益，改革措施争相出台，可是钱花了一大把，却不见有什么实质性的进展。这种状况，又在全国内造成普遍的不满。为了对付一个接一个的改革法令，地方官员不得不在当地搜罗钱财。这样一来，就把这些缺乏明确和统一的权威约束的地方官员置于为难的境地。中央的约束力，越来越差。
>
> 考虑到政府机制的失败，人民的代表期望自己能够打开新局面，这倒是情理之中的事。这些人急切地寻找着修建铁路和开采煤矿的必要

① 韦慕庭：《立宪派与辛亥革命·序》，见张朋园：《立宪派与辛亥革命》，吉林出版集团有限责任公司2007年版，第2页。

途径，以便摆脱外国资本的控制，并从外国财政控制带来的压迫之下解脱出来。为了准备立宪，朝廷召集了资政院，它基本是国会的雏形。但资政院却向某些相反的方向发展而去。资政院的成员要求迅速立宪、建立责任内阁，以及由资政院的成员来监督国家的财政。事实上，这些问题搞得政府极度不安，看来只有让资政院休会，才能保持平静。①

还在资政院会议期间，陆军大臣荫昌、副大臣寿勋就上折抨击其"所议殊多逾越"，提醒摄政王载沣"若不及时预为限制，将来国会成立，必至与政府冲突不已，因以酿乱招亡。远则法之路易十六，近则土耳基(其)、葡萄牙，皆我之殷鉴也"。资政院第一次常年会闭会不久，时任正副总裁溥伦、沈家本即被撤换，改由世续、李家驹出任，并于 1911 年 5 月修改了资政院章程，取消了资政院议员请求召集临时会议的权力，规定凡需变更会议议程，"由行政衙门同意行之"。②资政院第二次常年会的召开，是在 1911 年 10 月 22 日，武昌起义已经爆发，结果在"选举"袁世凯为责任内阁总理后闭会。

谘议局　资政院设立后，各省奉旨则有地方政治议事机构——谘议局的开设。根据《各省谘议局章程》规定，议员选举有资格限制，凡年满 25 岁并具备下列条件之一者，方有选举资格：办理学务及其他公益事务三年以上；中学及以上毕业；举贡生员以上出身；曾任文七品武五品以上实缺职官；有 5 000 元以上的营业资本或不动产。议员候选人，则须年满 30 岁。

广东谘议局外景

① 卫礼贤：《中国心灵》，王宇洁等译，国际文化出版公司 1998 年版，第 38 页。
② 王开玺：《晚清政治新论》，商务印书馆 2006 年版，第 251、261、262、263、266、269、270、271 页。

依照上述规定，即使在经济、文化相对发达的浙江省，符合选民资格者也只占全省总人口的0.51%。[①]一项范围更广的统计显示，在全国总人口中，各地谘议局的选举，由于投票的财产和教育限制，实际上不到0.000 4%的人参加投票，其结果，谘议局的人员自然由上层士绅控制，十分之九的议员都有科举功名，其中18%拥有进士头衔。[②]

各省谘议局规定设议长1人，副议长2人。议员由各府、州、县从官绅和实业界名流中选派，任期3年。常驻议员依定额为十分之二。谘议局有权议决本省行政兴革事件、预决事、税法、公债、选举资政院议员等等。但议决事项，须取得本省督抚同意才能生效，实际上只能提出建议供督抚采纳，不能监督地方行政。

贵州谘议局成立合影，前立者巡抚庞书鸿

自清廷规定开设谘议局，各省立宪派的主要力量都投入谘议局议员的选举活动，他们打算先在各省把自己的力量集结起来，取得立足点，再走向

① 参见沈晓敏：《处常与求变：清末民初的浙江省谘议局和省议会》，生活·读书·新知三联书店2005年版，第23页。

② 参见魏斐德：《中华帝制的衰落》，邓军译，黄山书社2010年版，第225页。

全国性的联合。他们对谘议局的选举抱有很大的热情，把它视为参加地方政务的良机，大声疾呼："列位要晓得，国是人人有份的。一省的政治，人人该望他进步的，快快提起脑儿，想一个才学两全的人写在票纸上，他日的好处真说不尽呢！"①

除新疆奏明缓办外，各省谘议局在 1909 年分别开局议事。按照规定，其常年会于每年 10 月召开，会期一般为 40 天；遇有必要时，可随时召开临时会，会期一般为 20 天。同年 12 月 6 日，英国《泰晤士报》驻北京记者莫理循写道："大多数省谘议局都选举了士大夫为议长。格外引人注目的是，代表们那样从容不迫地履行自己的职责，那样有秩序地讨论议题。每个谘议局都为记者准备了席位，为他们提供的议程表详细得令人吃惊。"②

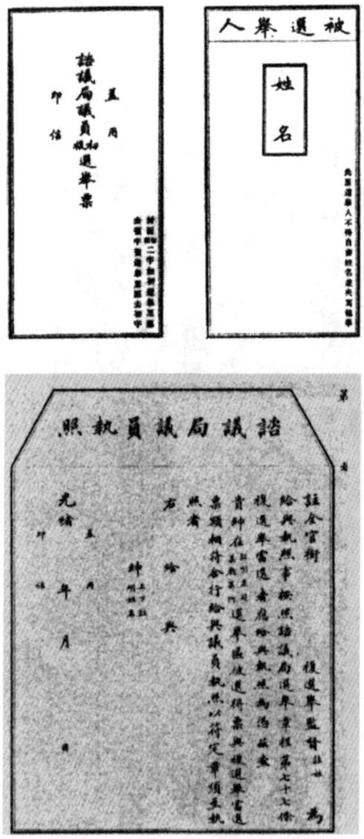

谘议局议员选票和执照

作为反映民意的地方议事机构，其议员绝大多数是地方士绅。据统计，在清末各省的谘议局，士绅议员一般占到议员总数的百分之九十以上，其中 21 名各省议长中，士绅就有 20 人。③在各省谘议局议员中，至少有 145 人曾经留学日本，他们分布在除黑龙江、甘肃、新疆以外的各省谘议局，其中直隶（今河北）17 人，奉天（今辽宁）4 人，吉林 1 人，山西 11 人，河南 5 人，山东 8 人，陕西 1 人，江苏 17 人，江西 3 人，浙江 15 人，湖北 19 人，湖南 8 人，安徽 1 人，福建 4 人，广东 3 人，广西 10 人，四川 10 人，云南 4 人，贵州 4 人。各省咨议局的正、副议长中，有近五分之二是留日出身，在全部 21 省谘议局中，握有 14 省谘议局的领导权。④

各省谘议局成立后，围绕着地方政务与

① 《敬告谘议局初选选举人》，《申报》1909 年 2 月 23 日。

② 骆惠敏编：《清末民初政情内幕——〈泰晤士报〉驻北京记者、袁世凯政治顾问乔·厄·莫理循书信集》上册，刘桂梁等译，知识出版社 1986 年版，第 643 页。

③ 参见王先明：《变动时代的乡绅》，人民出版社 2009 年版，第 85、86 页。

④ 参见王晓秋等主编：《戊戌维新与清末新政》，北京大学出版社 1998 年版，第 161 页。

本省主政官员间发生许多争议。按照章程的规定，谘议局要议决本省的一些政务，并要求督抚遵照执行，督抚们则顽固地坚持旧体制，要继续大权独揽，不容他人置喙，于是双方冲突频起。湖北谘议局成立后，就由议长汤化龙提议，经全体议员一致通过决议，要求督府向谘议局提出省财政预算案，遭到督府的拒绝。汤化龙等人援引日本等宪政国家地方议会的通例，坚持要审议，最后湖北官府不得不让步，向谘议局提出省财政预算案。经分组审议核减，才决议交还督府公布。此事在当时引起广泛关注，被舆论称为地方议政的楷模。①

在直隶、陕西、四川、湖南、江苏、福建、广东、广西等省，也曾先后为议决本省预决算的问题发生激烈争执。谘议局要求督抚报告年度预决算，并接受议员们的逐项审核。地方财政历来被当地官员视为其“利薮”，熟知官场内幕的岑春煊曾透露：“各省旧习，库存外销之款，多为督抚挪用，甚至浸及公项。视其人权力如何，无能与抗。”②自然也容不得谘议局过问，于是双方互不相让，相继向清廷“告状”，朝廷则多是袒护督抚。

福建谘议局会场

① 参见王晓秋等主编：《戊戌维新与清末新政》，北京大学出版社1998年版，第163页。

② 岑春煊：《乐斋漫笔》，中华书局2007年版，第25页。

新疆谘议局

即便谘议局对各省督抚的行政权力并没有实质性的制衡作用，但它的存在以及议员们的提案、辩论、表决和抗议等程序的运作，还是令长久生活在专制统治下的人们耳目一新，多有启迪，客观地说，"它多少带有几笔淡淡的资产阶级议会民主的色彩"①，是一种历史的进步。英国外交部档案中的《各驻华领事馆情况报告摘要》载：

> 1910 年 5 月份广东省谘议局召开了一届特别会，通过一项谴责前广九铁路公司董事、现驻柏林公使梁生的决议案。该决议案指责梁氏完全无法解释为什么这条铁路花了那么多钱，却收效甚微。谘议局还重申了它去年的提议：能否找到资金弥补税收上的赤字，及立即废止投机。谘议局就两广总督和其他高级官员没有出席开幕式而提出指责，表明议员们将自己的使命看到十分庄严；而两广总督和其他高级官员通过出席第二次会议的行动，暗示他们明显承认谘议局的指责是公正的。②

① 韦庆远：《档房论史文编》，福建人民出版社 1984 年版，第 407 页。

② 章开沅等主编：《辛亥革命史资料新编》第 8 卷，湖北人民出版社 2006 年版，第 7 页。

浙江谘议局成立时，绍兴《越报》不无兴奋地评论说："经几许志士之牺牲而得立宪之预备，经几辈人民之仰望而得谘议局之成立！"议员们也慷慨激昂，多以"人民代议士"自居。浙江谘议局议长陈黻宸在开幕词中这样强调："谘议局非一二人之谘议局，亦非百一十七人之谘议局，乃浙江数千万人之谘议局，且中国数万万人之谘议局也。"他明确表示：

> 竭力尽心，为民请命，以冀上不负国家，下不负选举，是故我民皆饥，我议员不忍独饱；我民皆寒，我议员不忍独暖；我民皆苦，我议员不忍独乐；我民皆危，我议员不忍独安。
>
> 抑且我民有一人之不安，我议员当受其危；我民有一人之不乐，我议员当受其苦；我民有一人之不暖，我议员当受其冷；我民有一人之不饱，我议员当受其饥。

这番话虽有标榜之嫌，亦反映了其时谘议局议员们颇想有所作为的心态。[①]1909 年 12 月 29 日，各省谘议局设立不久，就有一位在华英国人指出："各省谘议局都同样对朝廷构成某种威胁，如果各省谘议局顺利发展下去，这看来是可能的，它们的步子会迈得更大，各省将获得比过去更多的独立性。"[②]当然，这是不愿最终放弃专制统治的清廷所不愿看到的，这就注定谘议局的前程凶多吉少。

---

① 参见沈晓敏：《清末浙江谘议局议员选举述论》，中国社会科学院近代史研究所政治史研究室等编：《晚清改革与社会变迁》，社会科学文献出版社 2009 年版。按：绍兴《越报》的评论和陈黻宸的开幕词，亦转引自该文。

② 骆惠敏编：《清末民初政情内幕——〈泰晤士报〉驻北京记者、袁世凯政治顾问乔·厄·莫理循书信集》上册，刘桂梁等译，知识出版社 1986 年版，第 649 页。

第六章

来自革命的挑战

孙中山

一　知识分子的政治觉醒

19 世纪末和 20 世纪初叶，爱国救亡，成为最迫切的时代课题，召唤着每一位爱国者勇敢奋起，在拯救民族危亡的艰难征途上，奋力探索前行，并在政治上开始觉醒，不满清朝政府的政策措施包括“预备立宪”，逐步转向革命。走在最前列的，正是一批当时得益于新式学堂的开办、留学生的派遣等新政举措而新兴的资产阶级、小资产阶级知识分子。

近代知识分子队伍　20 世纪初年，随着民族危机的加深和中国资本主义的发展，一支人数众多的资产阶级、小资产阶级知识分子的队伍，引人注目地在中国出现。据估计，到辛亥革命前夜，全国已有 2 万上下的留学生和 200 万左右的新式学堂学生。①另据一项截至 1912 年的统计，国内新式学堂学生共有 2 933 387 人，加上教会学堂，军事学堂，日、德等国所办非教会学堂以及未经申报的公私立学堂学生，总数超过 300 万人。②

此外，介绍欧洲资产阶级政治学说和文化思想的著作、教科书、小说等这时也陆续翻译出版。在 1900 年以前，西方哲学、社会政治学说以及外国历史著作译成中文的只有 60 多种，小说只有 3 种。到 1904 年，前者就增加到 250 多种，后者也增加到 20 多种。这种翻译工作，大多是由留日学生从日译本转译过来的，但也有直接从欧洲翻译过来的，其中最重要的是，严复在 1898 年后陆续翻译出版了亚当·斯密的《原富》、斯宾塞的《群学肄言》、约翰穆勒的《群

① 参见陈翊林：《最近三十年中国教育史》，上海太平洋书店 1931 年版，第 167 页。
② 参见桑兵：《晚清学堂学生与社会变迁》，学林出版社 1995 年版，第 2 页。

己权界论》，甄克斯的《社会通诠》、孟德斯鸠的《法意》、约翰穆勒的《名学》等。

这些外国学术著作和教科书的翻译、出版和流传，也在国内逐渐教育和培养了一批接受了西方资产阶级思想的新式知识分子。胡适回忆说：

《天演论》出版之后，不上几年，便风行到全国，竟做了中学生的读物了。读这书的人，很少能了解赫胥黎在科学史和思想史上的贡献。他们能了解的只是那"优胜劣败"的公式在国际政治上的意义。在中国屡战屡败之后，在庚子、辛丑大耻辱之后，这个"优胜劣败"的公式确是一种当头棒喝，给了无数人一种绝大的刺激。几年之中，这种思想像野火一样，延烧着许多少年人的心和血。"天演"、"物竞"、"天择"等等术语都渐渐成了报纸文章的熟语，渐渐成了一班爱国志士的口头禅。①

1901年孙中山与留日学生

这批资产阶级、小资产阶级知识分子，作为一种新兴的社会力量，对前途满怀着信心，对自己有着一种强烈的历史责任感。鲁迅在1903年的《自题小像》中，感情浓烈地写下这样的诗句："灵台无计逃神矢，风雨如磐暗故园。寄意寒星荃不察，我以我血荐轩辕。"这种强烈的爱国激情，成为推动他

① 胡适：《四十自述》，见《中国近代学制史料》第1辑，下册，华东师范大学出版社1983年版，第852页。

们在政治上发挥更大作用的重要动力。随着留日学生人数的增加、思想的演进，加上在清朝政府的腐败统治下民族危机愈演愈烈，他们中的很多人开始倾向用革命的手段去推倒清皇朝，把深陷灾难深渊中的祖国早日拯救出来。他们最集中的地方，首先是日本，其次是上海。

拒俄事件 促使众多留日学生倾向革命的重要转折点，是1903年春夏之交的拒俄事件。

1900年八国联军进犯中国期间，沙皇俄国出动17万余人的军队分六路大举入侵我国的东北，强行占领了东北的主要城市和交通线。《辛丑条约》签订后，他们仍迟迟不肯撤兵。直到1903年4月，仍赖着不走，并寻找种种借口，向清朝政府提出七项新的侵略要求，企图永久占领中国的东北地区。据《湖北学生界》刊载，这七项要求是：

一、东三省官制不得更改；
二、营口以外不许开作市场；
三、俄清两国之士外，无开掘东三省矿山权；
四、俄国得以其国之兵，保护东清铁路；
五、东三省置于俄国监督之下，不许他国干预；
六、设商务衙门于奉天，派其国兵保护之；
七、东三省练军归俄国将校训练。①

4月28日，东京各报详细报道了沙俄对东北的七项无理要求，《时事新闻》并出版号外，内有北京特电，报道俄国代理驻华公使的谈话，内称："从来俄国对满洲政策，欲取而未取，致有生杀之嫌，故各国生出种种之障碍。今宁断然取之，归入俄国之版图。"②

这个消息在留日学生中引起强烈的震动。在他们看来，日夜忧虑的瓜分惨祸真要到来了，中华民族的生死存亡已处在决定性的关头。许多人热血沸腾地奔走呼号："警电传矣，东三省之风云急。一发已牵，全身将动。吾十八行省将从此分割，吾父母伯叔兄弟姊妹将从此累累作人奴。呜呼！热心爱国

① 《俄国之要求条件》，《湖北学生界》第4期。
② 《学生军缘起》，《湖北学生界》第4期。

儿，其何以堪此！男儿死耳，宁为亡国鬼，不为亡国人。头可断，血可流，躯壳可糜烂，此一点爱国心，虽经千尊炮、万支枪之弹子炸破粉碎之，终不可以灭。"①于是，一场具有广泛群众性的爱国拒俄运动，在留日学生中迅猛地发动起来了。

拒俄事件最初并不带有革命的色彩。当沙俄提出七项无理要求的消息传出后，留日学生中的各省同乡会纷纷开会研究对策。留日学生中的激进分子秦毓鎏、叶澜、钮永建等联名发起，在4月29日下午召开留学生大会，到会的有500多人。会议主席汤槱提议，由留日学生签名组织义勇队，投入北洋大臣、直隶总督袁世凯麾下，自愿开往前敌，抵抗沙俄侵略。他说："留学生遇重大问题，充类至尽，不过打个电报，发封空信，议论一大篇，谁肯担半点血海干系。还说是待我学成归国，再议办法。咄！待你学成归国时，中国已亡了几十年。支吾瞒混，待骗谁来？"当有人指责这种做法是轻举妄动、孤注一掷时，他厉声回答道："死生一发之际，尤想层层周到，难道还要预备衣衾棺椁么？"②到会者群情激昂，许多人痛哭流涕，悲愤不已，当场通过了汤槱的提议。

拒俄义勇队　汤槱的提议通过后，各省同乡会纷纷开会，对组织义勇队一事都表示赞成。会场上气氛悲壮，一些女学生也争着签名。到次日，签名愿意参加义勇队的有130多人，愿在本部办事的有50多人。义勇队成立后，天天操练。后来因清方干涉，改名为军国民教育会，继续操练，并决定派特派员二人回国联络。他们以古希腊斯巴达人反抗波斯侵略者的故事激励自己，决心在东北战场上同沙俄侵略者决一死战。鲁迅积极参加了这个运动。29日会后，他很快就译出了《斯巴达之魂》，署名"自树"，在《浙江潮》第5期发表，激励人们："今惟决死！今惟决死战！""为国民死，名誉何若！荣光何若！"③

拒俄义勇队原来对清朝政府仍存有幻想，提出的要求是在政府的统辖下从事抗俄，并没有革命的色彩，但清皇朝的对策却是坚决镇压。6月5日，上海出版的《苏报》揭露驻日公使蔡钧致两江总督端方电："东京留学生结义勇队，计有二百余人，名为拒俄，实则革命。现已奔赴内地，务饬各州县严密查拿。"又载清朝政府严拿留学生密谕："地方督抚于各学生回国者，遇有行踪诡秘，访闻有革命本心者，即可随时获到，就地正法。"④一批原来并

---

① 《学生军缘起》，《湖北学生界》第4期。

② 《拒俄事件》，《浙江潮》第4期。

③ 鲁迅：《斯巴达之魂》，见《集外集》第6、10页。

④ 《密谕严拿留学生》，《苏报》1904年6月5日。

没有"革命本心"的留日学生，在清朝政府如此倒行逆施的驱迫下，终于觉醒过来，丢弃了对清朝政府的幻想，走上了革命的道路。7月份出版的《江苏》第4期上发表了《革命其可免乎》一文，直言：

> 夫有拒俄之诚而即蒙革命之名，吾知自今以往世人之欲效忠于满洲者惧矣。然使昌言革命而徐图拒俄之计，吾转不知彼满洲者于我将奈之何？是故余乃抚然慨息，悄焉累欷，以敬告于我留学生，并以谂同胞四万万黄帝之胤曰：呜呼！革命其可免乎？

同年9月，该刊第6期《〈支那分割之危机〉译后语》说得更明确："满清政府而不欲与俄人战，而不敢与俄人战，乃并不愿他人之与俄人战，乃并欲出其代表者之权限以禁四万万主人翁之与俄人战，则我同胞不可不秣马以先与满清政府战。"许多留日学生"以报国无路，莫不义愤填膺，痛哭流涕。至是，青年会同志乃分向各省同乡会大倡革命排满之说"①。

经历拒俄事件后，整个留日学生中的政治空气，同这以前相比，判然不同了。过去，只有少数激进分子秘密地从事革命鼓动和串连活动，而绝大多数留学生所醉心的还只是爱国救亡、学习新学、提倡教育等等；到这时，风气顿时幡然一变，革命问题已经到处都昌言无忌了。留日学生各种刊物中原来那些温和的色彩不见了，而是公然地鼓吹反满，公然地提倡建立民主共和国，公然地鼓吹流血革命。如何进行反清革命？成为留日言论界的中心话题。

二　开"民智"倡"共和"

一旦抛弃对清皇朝的幻想，启迪民智的内容和民族主义的宣传，除了反对帝国主义的侵略，还更多地直接抨击清皇朝的腐朽统治。

直斥清廷　当时留日学生刊物《开智录》就以《义和团有功于中国说》为题，称颂义和团的历史功绩彪炳史册："霹雳一声，开廿纪之风云；腕力高扬，张自由之旗鼓，席卷廿一省，尽苏亿兆人，尽国民之责任，种同胞之幸福。"②

① 冯自由：《青年会与拒俄义勇队》，见《革命逸史》初集，中华书局1981年版，第158—159页。

② 王忍之等编：《辛亥革命前十年间时论选集》第1卷，上册，生活·读书·新知三联书店1960年版，第62页。

在帝国主义列强的侵略魔爪面前，祖国处于任人宰割的悲惨境地。怎样才能拯救有五千年历史的文明古国，中华民族通过什么途径方能摆脱危机，进而求富求强，屹立于世界民族之林，这一系列急迫的问题，沉重地压在每一位爱国者心头。他们在痛苦地思索，焦灼地探索。可庆幸的是，当时刚刚兴起的海外求学热潮，为这批怀有激情的爱国者在救国之路的探索中，提供了较之他们的前辈更广阔的知识领域，更多样的政治选择。

他们特别强调民族主义内容中的历史因素，“民族之精神滥觞于何点乎？曰：其历史哉！其历史哉！”“祖宗之血质，社会之习惯，个人之感情，既使我以不能爱吾国而兼爱其它，则吾之爱吾国也不得不专。”“故言民族之精神，则以知民族之历史与其土地之关系为第一义，而后可以进而言生存竞争之理。”①他们从狭隘民族主义的观点出发，片面地把中国的历史和文化看成只是汉人所创造的，从而论证汉人才是中国的主人翁。“是故忧国之士，发其荡海水、震天窟之大声而叫曰：立国而不以民族为主乎？则以何者为主，请有以语我来！诚哉是言，国者非仅地理上之名词，而含有人种之意味在其中者也。否则虽化其地为锦绣，为宝窟，于我种人乎何有。”②

他们公开进行反满宣传，但往往不能把少数清朝统治者同全体满人严格区别开来：“满人率其腥毡之族，以攘夺我土地，残害我人民，俨然据为己有，无日不以勒捐加税、供其逸乐为主义。而为其羽翼者，即无日不以剥民之肤、敲民之髓、充一己囊橐为主义。由是观之，满洲者大盗也，盗之魁也；军机者，盗之军师也；督抚者，盗之分头目；州县，其小盗也；胥吏差役，盗之喽啰也。”③

“伫看叱咤风云起，不歼虏胡非丈夫”；“满珠王气今已无，君不革命非丈夫”这类诗句，在刊物上公开出现了。打开第三期以后的各期《江苏》杂志，赫然列在卷首的图画尽是“中国民族始祖黄帝像”、“明太祖之陵”、“为民族流血史公可法像”、“史公可法遗墨”、“中国郑成功大破清兵图”、“为民族流血阎公应元祠宇”、“为民族流血黄公淳耀、渊耀兄弟像”之类的内容。图片之后，往往附以富有鼓动性的词句，如黄淳耀、渊耀兄弟像后，就附以淳耀的绝命书，其中有“耿耿不没，此心而已，异日胡氛复靖，中华士庶，再见天日，

① 《民族主义论》，《江苏》第7期。
② 愿云：《四客政论》，《浙江潮》第7期。
③ 《镇江制造奴隶学堂之现象》，《江苏》第5期。

论其世者，当知余心”等语。这些在当时都有很大的鼓动力量。

鼓动革命 在这个时期的留日学生刊物上，还可以看到许多激烈的公然鼓动革命的文字。他们认为，中华民族的命运已处在千钧一发之际，原来盛传的由沙俄强占东北而引起列强瓜分虽未成为事实，但“权苟操诸人，今日明日吾又何能料也?”因此，不能再“迂缓寡断”，必须“出万死不顾一生之计”。他们还写道：“压力既加，反抗斯暴，亦其势然也。”“不挟猛烈之势，行破坏之手段，以演出一段掀天撼地之活剧，则国民难得而苏。此变革腐败之政体，唤醒全国之民气，所以重破坏主义也。破坏专制政体，建设共和政体，惟其除暴，斯为大仁。”①

对康有为、梁启超等立宪派的言论，他们也进一步作了批判。《浙江潮》上揭载的《近时二大学说之评论》，是一篇出色的论文。它一开头就提出一个衡量是非的根本尺度，就是要看它对挽救中国的危亡究竟起着怎样的作用，“论者亦知今日中国之亡其原因果何在？而今日救亡之法其道当何由乎？吾请举其根本言之，而二说之价值，乃可得见其真而下评判也”。

从这个评判是非的根本标准出发，它痛斥康、梁等人的立宪主张“不敢打破局面，必曰和平而后可济事”，对救亡来说，无异是“隔靴搔痒”，尖锐地提出：“今日之政府，其果能立宪乎?”接着，具体分析了这个政府的腐败卖国、不足有为，从而断然得出结论：“故必先造新政府，然后可以行新制度。断未有求旧政府而可以立新制度者也。”对梁启超的新民说，文章也作了精彩的批判，将这种学说斥为“倒果为因”，这种批判是十分中肯而必要的：

> 嗟乎，吾今勿言理论矣，请以事实论之。十年以来，吾国民智识之进步奚若，而政府者割地也，赔款也，矿约也，商约也，路约也，凡兹数端，无一事不可以使我世世子孙永失其立国之资格，而长为奴隶永永沉沦万劫不复者也。……然循是比例以往，智识自然进步之速率，其能胜异族经营事业之进步与否？吾恐即有新民，终不能自存于天地间也，而况乎其必不可得耶！

它进而强调：

---

① 辕孙：《露西亚虚无党》，《江苏》第4期。

是故新民说者，揆之理论而通，合诸事实而违背也。中国之亡，其罪万不能不归之于政府。国民之不责政府，国民之罪也。归亡国之罪于国民，而又劝其不责政府，则又何说焉？……若以今日之官吏、政府，任之而不革，而乃欲望民间有所改革，有所兴起，无论其无也，即有之，独不思彼政府者，固日日以摧伤民气为第一政策乎！刀锯横其后，利禄诱其前，蚩蚩之氓，有何知焉！此吾所以决其事之万不可通，而其说则为倒果为因而不怀疑也。①

上述批驳是以事实立论的，具有很强的说服力。近代中国新兴的资产阶级革命派，理论上的准备是薄弱的，但20世纪初年客观严峻现实的教育却是深刻有力的，从而在一定程度上弥补了他们理论准备不足的弱点。

倡导共和 随着反清革命问题的提出，留日学生许多刊物上过去笼统地宣传的"国民"的观念，也发展到建立民主共和国的宣传。他们凌厉地揭露专制政体的暴虐，强烈地向往建立共和政体：

天下之政体，莫毒于专制。天下之苦，莫惨于专制政府之压制。何以故？以专制政体惟谋少数人之幸福乐利故。以惟谋少数人之乐利也，故虽牺牲全体国民之公益，亦有所不顾，亦有所不惜。国民苟有反抗之者，则出其全力以压抑之。是以"多数政治"之理既明，则专制政体不能存立于天壤。故当文明之世，专制政体者，国民之公敌。专制政府之压制者，实人生之大蠹，社会之蟊贼也。

十九世纪中，欧洲之若民若君，相搏战于腥风血雨中，甘抛无量数之头颅鲜血，以与一二独夫民贼为仇者，何为也？曰：去专制求自由而已。自由者，人类之权利也。失此权利则为奴隶。奴隶实不齿于人类。人苟失其所以为人，则亦何必保持此不自由之身，以生于斯世？

古今来志士仁人，所以甘牺牲多数人之生命财产以与一二人为敌者，彼等岂不知牺牲其生命财产之为痛也，然毅然为之者，盖知痛有更甚于此者在也。专制政体苟一日不除，则所以敲剥我国民、朘削

---

① 飞生：《近时二大学说之评论》，《浙江潮》第8、9期。

我国民者，其害正无穷。然则又岂敢挟一点姑息之心，长陷斯民于黑暗地狱也。①

他们对西方的资产阶级共和国，看作是真正实行了“平民政治”的幸福国家：“吾言至此，吾心花大开，恨不能率世界人类，尽立此平民政治之国，尽沐此平民政治之幸福也。”反过来，也就更强烈地感受到中国人民在专制政体下的痛苦遭遇：

而回顾吾国奚若乎？专制妖氛弥漫全国，阶级毒焰深中人心，一国主权一姓握之，万般政务一人决之。政治之主人则皇帝是，政治之目的则皇帝之幸福是，政治之策略则皇帝之私意是。国中之国民也，主人也，尽入万重罗网，尽坠千丈深渊。若祖若宗若子若孙，世世困于泥犁，无门可以超升。更何国民之有？臣仆而已矣。更何主人之有？奴隶而已矣。四万万堂堂大国民，除服从私意、遵守王法之外，更无可以发表意思之余地。于是乎入其国境，行其四野，强侵暴凌、箝锁镇压之举动不绝于目；呻吟憔悴、咨嗟太息之声音不绝于耳。呜呼！吾国平民之幸福果何如矣？②

怎样才能将人们从这种专制政体统治下解救出来？他们提出要建立共和政体，尤其要首先发扬共和政体的精神：“欲开共和政体，先必破专制政体”，而“非我先有共和政体之精神，何能破专制政体？”“故吾扬共和政体之精神，即为破坏专制政体之先声。”③他们满怀信心地预言：中国在“二十世纪中，必将出一完全无缺之民族的共和国耳”。④

虽然民主共和国的宣传在这些刊物上还不十分明确有力，但它终究已被提到重要的议事日程上来了。同时，从他们这些论述中也可以清楚地看到：辛亥革命准备时期的“反满”口号，决不是单纯地从狭隘的种族主义出发的，而是与当时人们反对帝国主义侵略、反对君主专制制度的强烈要求深刻地相结合的。

① 辕孙：《露西亚虚无党》，《江苏》第4期。
②③ 汉驹：《新政府之建设》，《江苏》第5期。
④ 竞盦：《政体进化论》，《江苏》第3期。

国内革命思潮 正当留日学生纷纷转向革命的时候，革命思潮在国内也迅速高涨。它的起点，是刚从日本归国的不满18岁的年轻留学生邹容所写的《革命军》一书在上海出版。国内革命思潮首先从中国最大的近代城市上海开始，是有着深厚的历史原因的。

邹 容

上海，是当时国内民族资本主义力量最集中的地方，也是国内资产阶级新学影响最大的地方。资产阶级、小资产阶级的知识分子，在这里比国内其他地区要多得多，已经形成一支新的社会力量。因此，国内的资产阶级爱国民主运动首先在这个地区高涨起来。上海的近代经济、文化中心的城市地位，也使这里发生的政治事件，对全国其他地区有着很大的影响。此外，租界在上海的存在，客观上也便于反清活动的开展。蔡元培曾这样表述："自戊戌政变后，黄遵宪逗留上海，北京政府欲逮之而租界议会以保护国事犯自任，不果逮。自是人人视上海为北京政府权力所不能及之地。"①

在19世纪和20世纪相交的时候，上海地区资产阶级新学界中占主导地位的是改良派。戊戌变法期间风靡海内的改良派喉舌——《时务报》，就是在上海出版的。接着，汪康年又主持出版了《昌言报》、《中外日报》。政变发生后，盛传慈禧太后准备废除光绪的帝位，上海电报局总办经元善领衔联名致电清朝政府抗争，在电文上署名者有1 231人。

1900年唐才常在汉口策划拥戴光绪帝的自立军起事，在上海设立了办事处，并以"保种救国"为号召，邀请上海各界知名人士在张园举行集会，成立了"中国国会"，推容闳为会长、严复为副会长、唐才常为总干事。自立军起事未及发动便告失败，唐才常被杀，中国国会的诸首要也遭通缉，该会无

① 蔡元培：《读章氏所作〈邹容传〉》，见高平叔编：《蔡元培全集》第1册，中华书局1984年版，第400页。

形解散。但到 1902 年，据马叙伦的回忆，上海仍然“是维新派集中的地方”，其中有“戊戌党人里‘硕果仅存’的张元济”，当时他以“翰林”的声望，担任着南洋公学译书院的院长、商务印书馆的股东(1903 年起担任该馆编译所的所长)，还主办了《外交报》。[①]这份报纸在 1902 年 1 月出版，是改良派在上海的重要宣传阵地。

到 1903 年初，上海思想界的状况起了醒目的变化。1902 年时，在上海还看不到明显的革命宣传；1903 年初，这种革命宣传就逐步展开了。

容　闳

成为这种革命宣传活动中心的，就是由愤于校方压迫、从南洋公学退学的 200 多名学生在蔡元培的主持下，于 1902 年冬成立的爱国学社。次年，清廷曾惊呼：“据称有上海创立爱国会社[爱国学社]，招集群不逞之徒，倡演革命诸邪说，已饬查禁密拿等语。朝廷锐意兴学，方期造就通才，储为国用。乃近来各省学生潜心肄业者固不乏人，而沾染习气肆行无忌者正复不免。似此倡狂悖谬形同叛逆，实为风俗人心之害。著沿海沿江各省督抚押将此等败类严密查拿，随时惩办。”[②]

爱国学社由蔡元培任总理，吴敬恒为学监，黄炎培、蒋智由、蒋维乔等为教员。当时，爱国学社和亦由蔡元培主持的进步团体中国教育会一起，设在上海泥城桥福源里。开学后，各地闻风前来入学的很多，原有校舍容纳不下，又添租左邻房屋，并添租右邻空地为操场。“学社既由退学风潮而产生，放学生极端自由，内部组织分全部学生为若干联，每联约二三十人，听学生自行加入某联，公举一联长，凡有兴革，多由学联开会议决，交主持者执行。

① 参见马叙伦:《我在六十岁以前》，生活·读书·新知三联书店 1983 年版，第 20 页。

② 中国第一历史档案馆:《清代军机处电报档汇编》，第 3 册，中国人民大学出版社 2005 年影印本，第 10 页。

蔡元培

故自总理、学监以下，社内外人对之均有媚学生之批评。盖官立学堂极端压制学生，此则反其所为，不啻听命于学生也。"①

"过了年，各处听见南洋公学闹了风潮，其他地方随着也有闹学潮的了。凡是闹学的地方，我们爱国学社的人都打电报去鼓舞他们，吸收他们来参加爱国学社。"②章太炎在1902年自日本归国后，避居在家乡。1903年3月，他应蔡元培的邀请，到上海任爱国学社三、四年级国文教员，公开鼓吹反清革命，"多述明清兴废之事，意不在学也"③，在学生中影响很大。

南洋公学

其后，社员每周赴张园安恺第集会演说，也公然昌言革命，震动内外。张园当时常有政治性的公众集会，包天笑曾记述：

有一次，静安寺路的张园开什么大会，有许多当时号称维新志士

---

① 蒋维乔：《中国教育会之回忆》，《辛亥革命》（中国近代史资料丛刊）第1册，上海人民出版社1957年版，第488页。

② 《南洋公学的一九〇二年罢课风潮和爱国学社》（座谈记录），见《辛亥革命回忆录》第4集，文史资料出版社1963年版，第73页。

③ 章炳麟：《太炎先生自定年谱》，《近代史资料》1957年第1期，第119页。

的在那里演说。忽见一位女子[薛锦琴]年可十八九，一双天足，穿了那种大脚管裤子，背后拖了一条大辫子，也跑到演说台上去演说。在那个时候，上海还是罕见的，虽然也很有不少开通的女士，然而要她们当众演说，还没有这样大胆的。一时鼓掌之声有如雷动。薛锦琴女士侃侃而谈，说得非常慷慨激昂，听者动容。至于说了些什么，也是说中国要革新变法这一套，但出于一位妙龄女郎之口，就更为精彩了。①

章太炎

清末上海张园

1903年4月，爱国学社学生出版《童子世界》，最初为石印日刊，从第31期起改为铅印旬刊。该刊登载的多是短文，有些是用通俗的白话文写的，分

① 包天笑：《钏影楼回忆录》，中国大百科全书出版社2009年版，第225—226页。

设论说、时局、历史、地理、小说等项。

不久，得知留日学生已经组成拒俄义勇队，从事军事训练。爱国学社社员也准备组织义勇队，但苦于没有教员，一时无从着手。正好5月间，南京陆师学堂学生发生退学风潮，爱国学社发去贺电。陆师退学学生代表章行严（士钊）、林砺二人来沪接洽，爱国学社表示欢迎，并且免收一切费用。于是，陆师退学学生40多人都来到上海，入学爱国学社。

继而，由章、林等发起，在校内成立军国民教育会。志愿入会者，连同蔡元培、黄宗仰等在内，共96人，分为八小队，早晚操练，校内革命空气更形高涨。“爱国学社就是着重这些活动，正式上课是很少的，每月都要到张园去演说一次，开演说会。演说的内容都是爱国主义、排满、革命等等”，“就这样一直到夏天，有半年的时光”。①

爱国学社成立后，中国教育会常熟支部丁初我、徐觉我、殷次伊等创办塔后小学；该会吴江支部金天翮、林砺、柳弃疾（亚子）、陶赓熊等创办同里自治学社，由林砺教授兵操，并附设明华女校；刘季平在上海华泾乡创办丽泽小学堂。此外，还有中国教育会会员在吴县创办吴中公学社，在杭州创办杭州公学社，“规模悉仿爱国（学社）。是时东南学子，咸知振兴学务为救国保种之惟一途径，此倡彼和，盛极一时，学生之趋向激烈论者，所在多有”②。这些都进一步扩大了中国教育会和爱国学社的影响。

这些情况说明，在1903年6、7月间“苏报案”发生的前夜，上海地区的爱国民主运动已经日趋高涨，资产阶级、小资产阶级知识分子中的一部分人开始公开鼓吹反清革命，他们的影响正在日益扩大，因宣传《革命军》而引发的“苏报案”发生后，上海地区的革命思潮迅速高涨决非偶然。

“苏报案” “苏报案”的起因，是邹容的《革命军》。这本书，大体是他在日本留学时写成的。1903年5月，该书由上海大同书局印行。上海出版的《苏报》在6月9日刊登了章行严的《介绍革命军》和署名“爱读《革命军》者”的《读革命军》，6月10日又刊登了章太炎的《革命军序》。

邹容开篇就热情洋溢地赞颂了革命的正当性和必要性：

① 《南洋公学的一九〇二年罢课风潮和爱国学社》（座谈记录），见《辛亥革命回忆录》第4集，文史资料出版社1963年版，第73页。

② 冯自由：《中国教育会与爱国学社》，《革命逸史》初集，中华书局1981年版，第174页。

有起死回生、还魂返魄、出十八层地狱、升三十三天堂、郁郁勃勃、莽莽苍苍、至尊极高、独一无二、伟大绝伦之一目的，曰革命。巍巍哉，革命也。皇皇哉，革命也。

吾于是沿万里长城，登昆仑，游扬子江上下，溯黄河，竖独立之旗，撞自由之钟，呼天吁地，破颡裂喉，以鸣于我同胞前曰：呜呼！我中国今日不可不革命；我中国今日欲脱满洲人之羁缚，不可不革命；我中国欲独立，不可不革命；我中国欲与世界列强并雄，不可不革命；我中国欲长存于二十世纪新世界上，不可不革命；我中国欲为地球上名国、地球上主人翁，不可不革命。革命哉！革命哉！我同胞中，老年、中年、壮年、少年、幼年无量男女，其有言革命而实行革命者乎？我同胞其欲相存相养相生活于革命也。我今大声疾呼，以宣布革命之旨于天下。

《革命军》封面

邹容在书中旗帜鲜明地较系统地宣传了民主共和国的理想，并提出了建立民主共和国的具体方案，其中包括“定名中华共和国”；“建立中央政府为全国办事之总机关”；“于各省中投票公举一总议员，由各省总议员中投票公举一人为暂行大总统，为全国之代表人”；“全国无论男女，皆为国民”；“凡为国人，男女一律平等，无上下贵贱之分”；“各人不可夺之权利，皆由天授”；“无论何时，政府所为，有干犯人民权利之事，人民即可革命，推倒旧日之政府”。他响亮地高呼：“中华共和国万岁！中华共和国四万万同胞的自由万岁！”像这样旗帜鲜明地宣传民主共和国的理想，并提出具体方案的，在近代中国邹容是第一人。

邹容的《革命军》，犹如一声惊雷，震撼人心。书出版后不久，章士钊在6月9日的《苏报》上发表《读革命军》一文，赞誉：“卓哉！邹氏之《革命军》

也，以国民主义为干，以仇满为用，寻扯往事，根据公理，驱以犀利之笔，达以浅直之词，虽顽懦之夫，目睹其字，耳闻其语，则罔不面赤耳热，心跳肺张，作拔剑砍地、奋身入海之状。呜呼！此诚今日国民教育之第一教科书也。”

《革命军》出版后，翻印流传很广，风行海内外。香港翻印的称《革命先锋》，新加坡翻印的称《图存篇》，上海翻印的有的称《救世真言》，在横滨与章太炎《驳康有为书》并刊的称《章邹合刊》，还有将它与《扬州十日记》合刊的，销售总数当在100万册以上，在清末革命书刊的销量中位居第一。当时正在日本留学的鲁迅以后在回忆中写道：

> 便是悲壮淋漓的诗文，也不过是纸片上的东西，于后来的武昌起义怕没有什么大关系。倘说影响，则别的千言万语，大概都抵不过浅近直截的革命军马前卒邹容所做的《革命军》。①

1903年3月，在拒俄运动前夜到达日本留学的吴玉章在回忆中也写道：

> 至一九〇三年夏，邹容的《革命军》出版，革命的旗帜就更为鲜明了。邹容以无比的热情歌颂了革命，他那犀利沉痛的文章，一时脍炙人口，起了很大的鼓动作用。虽然由于时代和阶级的局限性，他所宣扬的革命还只是基本上的资产阶级民族主义革命加上一点点的资产阶级民主主义革命，而且其中尚有不少狭隘与偏颇之处；今天看来，当然是早已过时的了；但在当时，他这本书的出版，对人们从资产阶级改良主义思想跃进到资产阶级革命思想，却起了很大的推动作用。因此，它的历史意义是不可泯灭的。②

邹容的《革命军》从正面阐述了革命的正当性和必要性，章太炎的《驳康有为书》则是从批判改良主义思想的论战中，论述了革命的巨大意义。章太炎是晚清经学大师俞樾的弟子，具有深邃的国学修养，在当时国内为数众多的刚由旧式士大夫演变过来的知识分子中颇有声望。他的言论，比一般留学生更能对国内这部分知识分子产生影响。其中针对立宪派以革命会引起

① 鲁迅：《杂忆》，见《鲁迅全集》第1卷，人民文学出版社2005年版，第205页。
② 吴玉章：《从甲午战争到辛亥革命的回忆》，见《吴玉章回忆录》，中国青年出版社1978年版，第21页。

社会紊乱为由反对革命，章太炎强调，革命不只是破坏，同时也是建设，“公理之未明，即以革命明之。旧俗之俱在，即以革命去之。革命非天雄大黄之猛剂，而实补泻兼备之良药矣”。立宪派将光绪皇帝说成尧舜以来未有的“圣明之主”，要人们把一切希望寄托在他的身上。章太炎则尖锐地告诫人们不要对此抱有幻想，并直呼光绪为“载湉小丑”。

《苏报》对《革命军》的介绍和宣传，令清朝政府大为惊恐。江苏巡抚恩寿指令上海道袁树勋，称奉清廷谕旨，要求上海的帝国主义租界当局——工部局，会同查封《苏报》，逮捕章太炎、邹容及《苏报》的主办人陈范。同时又派候补道俞明震到上海，会同袁树勋办理此事。

6 月 29 日，工部局派中西警探到《苏报》馆，捕去报社账房程吉甫。第二天，到爱国学社逮捕章太炎。章太炎神情自若，说：“余人俱不在。要拿章炳麟，就是我。”同天，又在《女学报》馆捕去《苏报》办事员钱宝仁和陈范的儿子陈仲彝。另有龙泽厚，也因自立军旧案而被指捕，于当晚自动投案。邹容最初由张继藏在虹口一个传教士家中，吴敬恒却叫一些爱国学社学生“抵邹容之门，抛砖骂詈云：章某已入狱，尔不入狱，为无耻云云”①。邹容在这种刺激下，也于 7 月 1 日到租界巡捕房自动投案。

章太炎被捕后，在狱中致书《新闻报》记者说：“今日狱事起于满洲政府，以满洲政府与汉种四万万人构此大讼，江督关道则满洲政府之代表，吾辈数人则汉种四万万人之代表。”这封信在 7 月 6 日的《苏报》上刊出。第二天，《苏报》就被封闭。②

7 月 15 日，英租界会审公廨组织额外公堂进行审讯。清朝政府委托律师古柏提出控诉，指责《苏报》“挑诋政府，大逆不道。欲使国民仇视今上，痛恨政府，心怀叵测，谋为不轨”云云。章太炎在受审讯时，慷慨陈词，继续宣传革命，他说：“因见康有为著书反对革命，袒护满人，故我作书驳之。所指书中‘载湉小丑’四字触犯清帝圣讳一语，我只知清帝乃满人，不知所谓圣讳。”

这次诉讼，引起国内舆论的关注，成为国人注目的焦点。案中的陈仲彝、钱宝仁、程吉甫三人，因无关重要，被关押 4 个月后即被释放。章太炎、邹容二人，清朝政府原来坚持要求引渡到南京，准备置于死地。延至次年 5

---

① 张篁溪：《苏报案实录》，见《辛亥革命》（中国近代史资料丛刊）第 1 册，上海人民出版社 1957 年版，第 378 页。

② 参见故宫档案馆：《苏报鼓吹革命清方档案》，见《辛亥革命》（中国近代史资料丛刊）第 1 册，上海人民出版社 1957 年版，第 415 页。

月21日，租界当局最后判章太炎监禁三年，邹容监禁两年。

“苏报案”的这一结局，是清朝政府与列强、上海租界等各种政治力量反复博弈的结果，也是英、法等列强直接干预的结果。此案交涉过程中，英国干预始终，态度最为强硬。从英国政府、英国驻华公使到英国驻沪领事，都坚决反对交出被关押者，反对重判。法国最初表态支持交出被关押者，在英国与之交涉后则以应庇护政治犯为由态度转变。俄国态度最初与法国一致，主要是由于两国的盟友关系。19世纪末20世纪初，在列强争夺在华权益的过程中，法、俄、德结盟对抗英、美、日，这一格局也在“苏报案”交涉中有所体现。

邹、章两人虽躲过杀身之祸，但邹容在监禁期满前两个多月，竟“因病”死于狱中。“邹容病急时，已许某日某时出狱矣。先一夕服医生药，遂死。故外间生疑，多谓遇毒。”①章太炎被关押至1906年6月29日，方才出狱。

“苏报案”的发生，对国内思想界的震动是巨大的。这件事发生在上海，它对内地所起的打开风气的作用，自然是日本和香港等地所不能比拟的。章士钊曾回忆：

> 前清末造，士夫提倡革命，其言词之间，略无忌讳，斥载湉为小丑，比亲贵于贼徒者，惟香港、东京之刊物能为之，在内地则不敢，抑亦不肯。洵如是者，词锋朝发，缇骑夕至，行见朋徒骇散，机关捣毁，所期者必不达，而目前动乱之局亦难于收摄也。此其机缄启闭，当时明智之士固熟思而审处之。然若言论长此奄奄无生气，将见人心无从振发，凡一运动之所谓高潮无从企及。于是少数激烈奋迅者流，审时度势，谋定后动，往往不惜以身家性命与其所得发踪指示之传达机构，并为爆炸性之一击，期于挽狂澜而东之，合心力于一响，从而收得风起云涌，促成革命之效。《苏报》案之所由出现，正此物此志也。②

清朝政府本以为借“苏报案”，就可以将当时方兴未艾的革命思潮扑灭下去，但是，历史的发展在其意料之外。“苏报案”发生后，在国内知识界引起了更大的激动，更有力地促进了革命思潮在国内的广泛传播。《江苏》第

① 张篁溪：《章太炎先生在狱佚闻录》，见《辛亥革命》（中国近代史资料丛刊）第1册，上海人民出版社1957年版，第396页。

② 章行严：《苏报案始末记叙》，见《辛亥革命》（中国近代史资料丛刊）第1册，上海人民出版社1957年版，第387页。

4期的“本省时评”指出：

前日之《苏报》与《革命军》，议论虽激，然而阅此报与此书者几何人也？一般之国民固未尝知其所号呼者为何事，其鼓吹者为何事。今日《苏报》之被禁，章、邹何以被锢，其势固已激荡于天下，然“《苏报》何以被禁，章、邹何以被锢”之一问题，出诸一般国民者必多，则必应之曰：为逐满故。何为而逐满？则又必应之曰：为汉族受满族之荼毒已不胜其苦，满族实汉族之世仇故。以此而互相问答，互相传说，一传十，十传百，百传千万。于是，排满之一主义，遂深入于四万万国民之脑髓中。①

“苏报案”尚未结束时，在北京又发生了清朝政府杖毙参加自立军的沈荩的事件。沈荩，原名克诚，字愚溪，湖南长沙人，是谭嗣同、唐才常的好友，也是维新派中思想比较激进的。戊戌变法失败后，曾东渡日本。后回上海，参与唐才常主持的自立军事件，为右军统领。事败后，潜入北京，秘密居住两年，伺机行动，被人告发。1903年5月19日被捕，被判死刑。这时正值慈禧西太后诞辰，嫌在这时行刑会“破其庆典”，于是下令在狱中杖毙。7月31日，清吏用竹鞭捶击沈荩，连续4小时，血肉横飞，仍未绝命，最后用绳子勒毙。

这个事件，充分暴露了清朝政府的野蛮残暴，激起了人们的极大愤怒。《江苏》的“内国时评”写道：“夫沈荩以何罪死，满政府固未尝有一纸死罪宣刑书以告我国民也。夫杀而不能言其罪，则四万万人孰非可杀之人乎？”②章士钊于同年化名“黄中黄”写了《沈荩》的小册子（章太炎在狱中为这本书作了序），直言：

自荩死后，而满政府之丑状尽形呈露，大激动国民之脑筋，发议于各新闻杂志，以为今日可以无故而杀一沈荩，则明日即可以无故尽杀吾四万万同胞。前言满族之虐待我汉族，而尚有忠奴为之解脱，自今观之为何如？同胞视此，则直以为满政府与吾国民宣战之端，吾国民当更有一番严酷之法对待满政府。几致全国之舆论为之一转。③

① 《咄！满汉两种族大争讼》，《江苏》第4期。

② 《沈荩惨死问题》，《江苏》第5期。

③ 黄中黄：《沈荩》，见《辛亥革命》（中国近代史资料丛刊）第1册，上海人民出版社1957年版，第304页。

经历拒俄事件、“苏报案”和沈荩之死等一系列严酷现实后，留日学生和国内志士对清廷更为愤恨，革命思潮空前高涨。

三　组建革命团体

正当留日学生纷纷转向革命的时候，久在海外流亡的孙中山在1903年7月从河内经暹罗（今泰国）抵达日本。

孙中山

孙中山在东京　孙中山在横滨下榻廖翼朋（孙中山早年在香港学医时的同学，时在日本横滨经商）处，当时“革命思潮一日千里，各省学生之有志者纷纷创办杂志，多以发扬民族主义为号召”，“各省留学志士先后访谒总理［孙中山］者，有程家柽、刘成禺、叶澜、董鸿秫、翁浩、郑宪成、杨度、时功玖、李书城、程明超、吴柄枞、马君武、杨守仁、姚芳荣、李自重、胡毅生、桂少伟、伍嘉杰、黎勇锡、区金钧、卢牟泰、郭健霄、刘维焘、饶景华、李锡青、卢少岐、李少穆、廖仲恺、张崧云等数十人。《苏报》案主人陈范及女公子撷芬亦居横滨，日访总理畅论时事。一时京滨道上往还频繁，总理所居，座客常不空也”。①

孙中山抓住时机，开展革命的宣传和鼓动。何香凝在《我的回忆》里记述了当时她和廖仲恺在东京留学生会馆第一次见到孙中山后，又去拜访他的情形：

几天以后，我、仲恺和另一个留日青年学生黎仲实，一起按地址到小石川的一间“下宿屋”拜访孙先生。在一个面积不大、陈设简朴的小

① 冯自由：《癸卯孙总理在日本状况》，见《革命逸史》初集，中华书局1981年版，第133页。

> 房间里，孙先生亲切地接见了我们。正像一般年青人之间的会面一样，我们没有客套，话题马上从中国政治问题上开始了。
>
> 这一次孙中山谈得很多，从鸦片战争谈到太平天国，谈到戊戌政变，谈到义和团，谈到清政府腐败无能，所以一定要进行反清革命。我们听他说到推翻清廷、建立民国的道理，很是佩服，十分同情。后来，我和仲恺又再到那“下宿屋”去见孙先生两次，对他表示我们也想参加革命工作，愿效微力。孙先生指示我们先在日本留学生中物色有志之士，广为结交。[1]

为了挽救祖国的危亡，当时很多留日学生认为中国之所以衰弱，被侵略，被奴役，国民缺乏军国民教育，缺乏勇敢尚武精神，缺乏“军人魂”，是重要的原因之一。他们认为“国民无军人之资格，则楚歌四面逼人而来”[2]。同时，他们认为要革命，要以武力推翻清朝政府，亦非掌握军事知识、具有军事才能不可。因此他们迫切地希望进入日本的军事学校学习军事。但当时“清政府鉴于留学生多浸染革命思想，尝命驻日公使蔡钧设法禁让自费学生学习陆军，故自费之有志兵事者咸无从问津”[3]。

孙中山遂秘密组织军事学校于东京青山，聘请与之相熟的日本军事专家日野熊藏为校长，退役军官小室健次郎为助教，吸收黎勇锡、李自重、桂廷銮、区金钧、卢少岐、刘维焘、雍浩、郑宪成、饶景华、卢牟泰、伍嘉杰、郭健霄、李锡青等 14 人入学。开学前，各学生在孙中山面前对天宣读誓词：“驱除鞑虏，恢复中华，创立民国，平均地权。”这就是日后中国同盟会成立时的誓辞，在当时是第一次使用。

学生自己租赁一处房屋同住，日间自习日语和数学等普通学，晚间轮流派二人到日野家听讲战术和兵器学，回来转述。“尤注重波亚式散兵战法及以寡敌众之夜袭法。校章规定严守秘密。”[4]孙中山本人“时亦研究波亚战术，谓此法最适用于揭竿起事之中国革命军，特购致英文关于英波战史及图册百数十卷，日夕观摩，孜孜不倦”[5]。这个学校前后共坚持了 6 个月左右，孙中山

---

① 何香凝：《我的回忆》，见《辛亥革命回忆录》第 1 集，文史资料出版社 1963 年版，第 13 页。
② 壮游：《国民新灵魂》，《江苏》第 5 期。
③ 冯自由：《癸卯孙总理在日本状况》，见《革命逸史》初集，中华书局 1981 年版，第 133 页。
④ 冯自由：《兴中会组织史》，见《革命逸史》第 4 集，中华书局 1981 年版，第 19 页。
⑤ 冯自由：《癸卯孙总理在日本状况》，见《革命逸史》初集，中华书局 1981 年版，第 134 页。

离日后因内部争执而解散。学生以后也大部分散，参加同盟会的有5人。①但从这个学校的创办中，仍可看出孙中山对培养革命的军事人才的重视。

同年9月底，孙中山从日本转赴檀香山。孙中山这次在日本逗留的时间虽不长，但却大大增进了他与留日学生间彼此的了解，也为日后中国同盟会在日本东京的创立，做了一些必要的准备。孙中山后来曾追述1903年“过日本时，有廖仲恺夫妇、马君武、胡毅生、黎仲实等多人来会，表示赞成革命。予乃托以在东物识有志学生，结为团体，以任国事，后同盟会之成立多有力焉”②。

黄兴与华兴会　拒俄事件和《苏报》案以后，众多的爱国知识分子以空前的规模，冲破旧的精神枷锁，急速地倾向革命。这是他们跨出的具有决定性意义的一步。坚冰既已打破，革命洪流的奔腾前进就是不可阻挡的了。他们中的一些最积极的分子的下一步要求，自然就是要进一步组织起来，投身到革命的实际活动中去。

1904年突出的历史特点是，各种革命团体像雨后春笋一般，在内地开始建立起来。中国同盟会成立前资产阶级革命派建立的革命组织，除兴中会以外，几乎都是在1904年这一年内建立起来的。这个事实，自然不是时间上的偶然巧合，而是反映了一种历史发展的趋势。

黄　兴

在这些革命团体里，出现较早、影响最大的，当推1904年春成立于湖南长沙的华兴会。其主要发起者和领导者黄兴，是湖南善化人，生于1874年，其父亲黄筱村是湘中有名的读书人，很早就去世了。黄兴早年也熟读四书五经，19岁中秀才。1898年，又到梁鼎芬主持的武昌两湖书院求学。友人忆述：“他是一个爱国的血性男儿，平居沉默寡言，治学行事，脚踏实地，对待同志，披肝沥胆。”③

---

① 参见冯自由：《东京革命军事学校补述》，见《革命逸史》第5集，中华书局1981年版，第42页。

② 孙中山：《建国方略》，见《孙中山全集》第6卷，中华书局1985年版，第236页。

③ 周震鳞：《关于黄兴、华兴会和辛亥革命后的孙黄关系》，见《辛亥革命回忆录》第1集，文史资料出版社1963年版，第330页。

黄兴在两湖书院求学时，听到了八国联军攻陷北京的消息，看到民族危机日趋严重的局势，感到极大的愤慨。同时，又读到了卢梭的《民约论》等著作，开始接触资产阶级的政治学说，逐渐接受了某些新的资产阶级的政治观念，思想日趋激进。1902年初，黄兴由湖广总督张之洞派遣到日本留学，进入东京弘文学院速成师范学习。起初，他和多数留日学生一样，相信要使国家富强，最重要的是要人人具有国民之资格，自立于生存竞争之世，而要做到这一点，又应当从浚国民之知识开始。他参加了《游学译编》和《湖北学生界》两本杂志的编辑工作，还翻译了日本人山田邦彦的《学校行政法论》在《游学译编》的第2期和第3期上连续刊载。鲁迅曾回忆：

> 黄克强[黄兴]在东京作师范学生时，就始终没有断发，也未尝大叫革命，所略显其楚人的反抗的蛮性者，惟因日本学监诫学生不可赤膊，他却偏光着上身，手挟洋磁脸盆，从浴室经过大院子，摇摇摆摆的走入自修室去而已。①

但是，日益深重的民族危机，使黄兴和许多留日学生一样，不再满足于书本知识和舆论宣传。当时在弘文书院的留日学生中，对革命和保皇的问题也曾展开激烈的辩论。黄兴平时笃实厚重，不多发言，但他把问题认识清楚后，意志就异常坚决。他的同学李书城回忆说："有一晚，他与一些同学争论得很激烈，气急得说不出话来，竟将手中的小茶壶掷地摔碎，表示他已下定决心从事排满革命，不是任何力量所能动摇的。"②

1903年4月，沙俄拒绝从东北撤兵。黄兴义愤填膺，"慨然曰中国大局，破坏已达极点。今而后惟有实行革命，始可救危亡于万一耳"。他积极地参加拒俄义勇队、军国民教育会等活动，还参加了军国民教育会一部分会员秘密组成的暗杀团，以运动员的名义，回湘从事革命活动的策划。回到湖南后，他在明德学堂任教。明德学堂的创始人胡元倓也是东京弘文学院速成师范班毕业生，他最初酝酿回国筹设学堂时，就得到过黄兴、杨毓麟等主持的湖南留学同乡会的支持。

① 鲁迅：《因太炎先生而想起的二三事》，见《且介亭杂文末编》，人民文学出版社2006年版，第78页。

② 李书城：《辛亥前后黄克强先生的革命活动》，见《辛亥革命回忆录》第1集，文史资料出版社1963年版，第181页。

黄兴到明德学堂后，不仅主持明德学堂的师范班，而且兼任中学的历史、体操和小学的地理、博物等课程。当时明德学堂小学的学生阎鸿飞回忆："有一天，上博物课，黄老师双手托一个大面盆走入讲堂，将面盆搁在讲台上，原来盆里养着一条一斤多重的活鲤鱼。他开口就说：今天同你们讲鲤鱼跳龙门。"在讲了鲤鱼跳龙门的故事和它的科学道理后，黄兴接着又说：

鲤鱼终究还是鲤鱼，决不会成龙的。只因为从前造反的人，都想做皇帝，所以捏造出"鲤鱼跳龙门"，和什么"龙章凤姿"、"真命天子"之类的骗人的神话，为的不过是个人和家族的荣华富贵。历朝都是赶走一个皇帝，又来一个皇帝，对百姓来说，并没有什么好处。法国的革命党人就聪明一些，他们在革命成功以后，将政体改为民主共和，实行自由平等博爱，再也不要皇帝了，所以大家能过幸福的日子。①

他还翻印《革命军》、《警世钟》、《猛回头》等书籍，秘密散发到军、学各界去，扩大革命宣传。

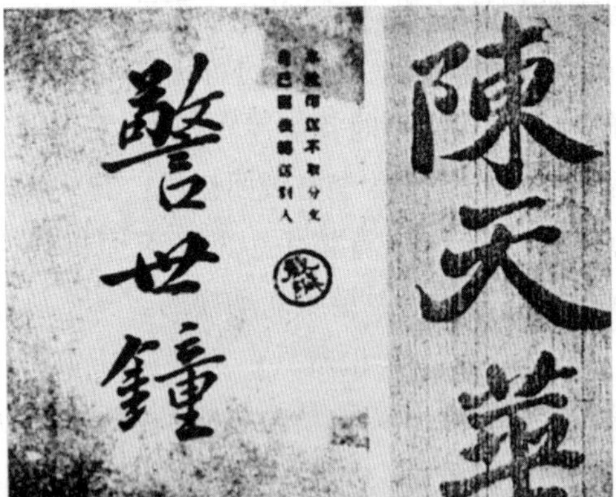

陈天华亲笔签名与《警世钟》封面

1903年11月4日，黄兴借自己30岁生日之机，邀集志同道合的好友周震鳞、陈天华、张继、宋教仁、刘揆一、胡瑛、章行严、秦毓鎏、翁巩等20余人秘密会商，决定成立华兴会，从事反清革命活动。1904年2月15日，时

① 阎鸿飞：《回忆在明德学堂执教时的黄克强先生》，湖南省政协编《文史资料》第2辑，第30页。

值农历除夕，就在明德学堂校董龙璋的西园寓所，华兴会正式成立，到会者有100多人，推举黄兴为会长，宋教仁、刘揆一为副会长。

宋教仁

宋教仁是湖南桃源人，早年丧父，由母亲抚养长大。少年时，曾在漳江书院求学。华兴会成立时，他已到武昌进了文普通学堂。①刘揆一，原籍湖南衡山，后来迁到湘潭。他的父亲年轻时在湘军当过兵，后来在湘潭县衙门当差役。他在1903年初自费到日本留学，进了弘文学院速成师范班，和黄兴结成密友。归国后，在醴陵渌江中学堂任监督，积极进行革命宣传。②他们都是华兴会以及后来中国同盟会的重要骨干成员。

华兴会成员合影。前排左起：1. 黄兴，3. 胡瑛，4. 宋教仁，5. 柳杨谷；后排左起：1. 章士钊，4. 刘揆一

① 参见宋奇璋：《关于祖父宋教仁的几件事》，《湖南文史资料选辑》第10辑，第101页。

② 参见刘安肃：《回忆我的父亲刘揆一》，《湖南文史资料选辑》第10辑，第122—124页。

华兴会并没有成文的政治纲领，其目标是推翻清朝政府、建立资产阶级共和国，途径是发动武装起义，主张首先从条件比较成熟的本省做起，积极准备发难，不消极地依赖或等待别人，同时又要尽可能和外省取得联络，避免孤军作战，以致不能取得最后胜利。黄兴对此曾有所阐述：

> 本会皆实行革命之同志，自当讨论发难之地点与方法，以何为适宜。一种为倾覆北京首都，建瓴以临海内，有如法国大革命发难于巴黎，英国大革命发难于伦敦。然英法为市民革命，而非国民革命。市民生殖于本市，身受专制痛苦，奋臂可以集事，故能扼其吭而拊其背。若吾辈革命，既不能藉北京偷安无识之市民，得以扑灭虏廷；又非可与异族之禁卫军同谋合作，则是吾人发难，只宜采取雄据一省与各省纷起之法。
>
> 今就湘省而论，军、学界革命思想，日见发达，市民亦潜濡默化；且同一排满宗旨之洪会党人，久已蔓延固结，惟相顾而莫先发，正如炸药既实，待吾辈引火线而后燃。使能联络一体，审势度时，或由会党发难，或由军、学界发难，互为声援，不难取湘省为根据地。然使湘省首义，他省无起而应之者，则是以一隅敌天下，仍难直捣幽燕，驱除鞑虏。故望诸同志，对于本省外省各界与有机缘者，分途运动，俟有成效，再议发难与应援之策。①

华兴会的成员，主要由留日学生和国内新式学堂出身的资产阶级、小资产阶级知识分子组成。其中，很多人是与明德、经正两学堂有密切关系的，有的是明德、经正的教职员，如黄兴、周震鳞、张继、苏玄瑛、秦毓鎏、陆鸿逵、易宗夔等；有的是明德和经正的学生，如柳继忠、陈嘉佑、萧翼鲲、张平子、胡瑛；也有的是亲属关系，如仇亮是明德教员仇道南的儿子。华兴会准备起义用的炸弹，也是在明德学堂理化实验室里秘密制造的。

华兴会联络运动的对象，除学界外，主要是会党和军队。当时，湖南的新军刚开始编练，武备、兵目、将弁各军事学堂学生尚未毕业，旧式的巡防营一时又难以下手运动。因此，它们联络的重点，还是在会党。

① 刘揆一：《黄兴传记》，见《辛亥革命》(资料丛刊)第4册，上海人民出版社1957年版，第277页。

华兴会秘密活动地点长沙天心阁

科学补习所与湖北新军　继华兴会后，湖北地区的革命团体——科学补习所在武汉成立。

武汉是中国内陆腹地的交通要道和重要城市，1858 年被辟为通商口岸后，包括洋务企业在内的一批近代企业陆续在这里开办。武昌的学校也比附近各省多，原有两湖、经心、江汉三个书院和武备、自强、农务三个学堂。这三个书院的学制，20 世纪初已经过一些改革。学生除每月作文一次外，每天须到讲堂上课，功课有算术、天文、地理、理化等科目，此外兼习体操，侧重操枪式的兵操。它和旧式书院已有不同，成为半新半旧、似学校而非学校的书院（以后，江汉书院并入经心书院，经心书院后又与两湖书院合并，改称两湖文高等学堂）。①清末新政启动后，时任湖广总督的张之洞选派了一部分年轻学子出国留学，本意是为了维护清皇朝的统治，结果却在客观上加速了革命的进程。

当时湖北已开始编练新军，张之洞奏请以 10 年为期，将绿营、巡防等旧式军队淘汰，先由总督衙门直接训练护军三营，聘德人为教官，施以新式操法，以后逐步扩充，准备编为两镇。后清廷只准允成立一镇、一协（即一师、一旅）。这是清朝在北洋六镇以外最精锐的一支新式军队。张之洞在湖北“招募新军士兵标准，要以能识字为原则，文理粗通者更好。时清廷已废科举制度，代以新式学校。一般乡村农家子弟，既不能再在私塾读书，又无力进入新式学校，更无土地可耕，于是纷纷投入新军。除本省各县外，以湘、豫

① 参见史青：《留比学生参加同盟会的经过》，见《辛亥革命回忆录》第 6 集，文史资料出版社 1963 年版，第 21 页。

两省为多，秀才当兵，已成普遍现象”①。

招募众多原先的读书人入营当兵，张之洞旨在改进军队素质，借以巩固统治，结果却使革命力量渗入军队，使湖北新军成为倾覆清朝政府的掘墓人，这是他始料未及的。与他有所不同的是，“袁世凯所练北洋陆军，其干部培育与训练，皆出自己部队之内，不用外来之人，故其陆军中鲜有革命党人渗入”②。

1901年，沙俄企图通过《中俄密约》侵占中国东北的消息传出后，武备学堂学生吕大森“鼓动学生数百人莅曾公祠演讲，斥政府失策，激昂慷慨，轰动一时”③。武备学堂另一个学生朱和中在会上“义愤填胸，演讲激烈，手中所持之折扇拍成片段，亦不自知也”④。

次年，吴禄贞在日本士官学校毕业后回到湖北，张之洞先后委以学务处会办、营务处帮办、将弁学堂护军全军总教习、武普通学堂会办等职，并在各营队军官军士讲习班主讲，暗中“鼓吹革命，不遗余力，当时各军队、各学校受其感应者翕然从风”⑤。当时，留日鄂籍学生主办的《湖北学生界》出版，输入内地，湖北军、学两界也很受影响。此外，吕大森、朱和中等还组织了一个活版印刷公司，专门翻印《猛回头》、《警世钟》、《扬州十日记》、《嘉定屠城》等有反清革命内容的书籍。

科学补习所的最初发起者是张难先和胡瑛，他们都是在当时知识分子纷纷投军的情况下，直接到军队下层去做革命的宣传工作和组织工作的。张难先“睹甲午、庚子两次之变，愤清廷茸阘无为，外祸日亟，知救国大计，惟在革命。至省，与朋辈欧阳瑞骅、时功璧、许远香、张品珊、傅楚材晨夕谈此事，佥谓宜从速运动军队入手，遂投八镇工程营充兵士”⑥。

胡瑛原是华兴会会员，由黄兴介绍给吴禄贞，也投入工程营当兵。张、胡两人相识后，就共同在士兵中展开革命宣传，常常利用饭后时间集合于操场上向士兵讲述有关革命的故事，来激励士兵的革命思想，又散发《猛回头》、《警世钟》、《孙逸仙》、《黄帝魂》、《革命军》等书。当时投身工程营的知

---

① 温楚珩：《辛亥革命实践记》，见《辛亥首义回忆录》第1辑，湖北人民出版社1979年版，第49页。

② 刘凤翰：《晚清的陆军革新》，见陈三井主编：《郭廷以先生九秩诞辰纪念论文集》，台湾“中央研究院”近代史研究所1995年版，第99页。

③ 张难先：《吕君槐庭传》，见《湖北革命知之录》，商务印书馆2011年版，第58页。

④ 张难先：《朱和中事略》，见《湖北革命知之录》，商务印书馆2011年版，第106页。

⑤ 耿伯钊：《革命先烈吴禄贞先生略史及其遗笔》，见《辛亥首义史迹》，辛亥首义同志会1946年出版，第19页。

⑥ 欧阳瑞骅：《武昌科学补习所革命运动始末记》，《越风月刊》辛亥革命纪念特号，第31页。

识分子，还有朱元成、雷天壮、毛复旦、陈从新等，大多也倾向于革命。

1904年五六月间，张难先、胡瑛与同营的朱元成、陈从新、雷天壮、陈教懋、毛复旦、李胜美以及学界的吕大森、欧阳瑞骅、曹亚伯、康建唐等12人发起组织科学补习所，"宗旨标明研究科学，实则意在愚官府耳目。草具，由胡瑛、朱元成、康建唐、张难先审查，提出大会通过。惟会员则以心记之宗旨'革命排满'四字为主"①。

7月3日，科学补习所正式成立，举吕大森为所长，胡瑛为总干事，曹亚伯任宣传，时功璧任财政，宋教仁任文书，康建唐任庶务，军营和学堂都设干事。次月，黄兴由沪过鄂，科学补习所开会欢迎，黄兴告以华兴会准备在11月16日起义，所员都表示赞同，约定湖南发难，湖北响应。并在本所印就军用票30万张，以备起义时两省之用。接着，科学补习所决定派吕大森、康建唐赴施南、何自新赴荆宜，联络会党；宋教仁赴湖南，与华兴会联络；武高等学堂以刘度成任干事，负责推动；文普通学堂由欧阳瑞骅任干事，负责推动；马队由刘静庵负责；工程营由张难先负责；弹械由胡瑛、王汉负责，赴江西湖口起运来鄂。

各项工作正在进行时，华兴会在湘事败。清朝政府从华兴会机关中搜得文件，知道与湖北的科学补习所有牵连，急电通知张之洞。但科学补习所已先得到黄兴来电，预先将军械和文件全部移藏或焚毁。10月20日夜间，清朝政府军警搜查科学补习所，一无所获，只知道此屋是由文普通学堂学生欧阳瑞骅所租。于是，就开除欧阳瑞骅、宋教仁两人文普通学堂学籍了事。但科学补习所的活动，自此也不能不宣告停止。

科学补习所是湖北最早的革命团体。它虽然失败了，但对以后湖北的革命运动有着十分深远的影响，当事人曾有如下归纳：

> 第一，提倡知识分子投军，为以后运动新军革命打下了基础。第二，联合湘、鄂两省，易使革命运动迅速展开，武昌长沙交通便利，武昌又为两省文化中心；科学补习所首与湘省联合，为两省以后开辟了联合的道路。第三，会党不受约束，容易坏事，湖南华兴会失败，给予革命党人以极大的警惕，以后湖北革命得到教训。②

① 张难先：《湖北革命知之录》，商务印书馆2011年版，第55页。

② 李春萱：《辛亥首义纪事本末》，见《辛亥首义回忆录》第2辑，湖北人民出版社1979年版，第110页。

总的说来，湖北地区革命组织的成员，大多是家境并不富裕的下层知识分子。其革命活动的特点是重视军队，能够直接投身到军队下层去做持久细致的革命宣传和组织工作。辛亥革命所以能在武昌首义，是与湖北革命党人这种特殊的贡献分不开的。

光复会 几乎与华兴会和科学补习所同时，浙江的革命党人也在积极活动，筹划组建光复会，其主要成员是留日的浙江籍学生。

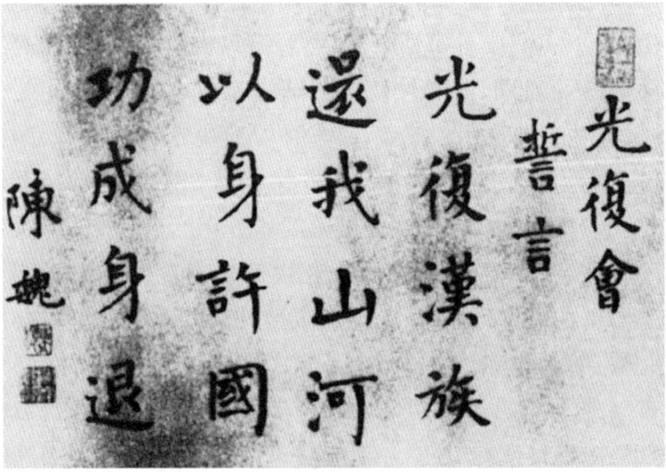

光复会誓词

1903年10月，在东京的一批浙江籍留学生、浙学会会员聚集在《浙江潮》编辑王嘉祎寓所密商。第一次参加的有王嘉祎、蒋尊簋、许寿裳、沈瓞民等十余人。“那天讨论的结果，决定另行组织秘密的革命团体，目的不仅要加强革命宣传工作，首要在于力行，要用暴力发动武装起义”；“认为应该先选择湖南、安徽或浙江一省，实行武装占领，作为根据地，再逐渐扩大。最后认为要另组一革命团体，应邀请浙江志士”①。于是又与其他浙江籍留日学生陶成章、魏兰、龚宝铨、鲁迅等进行联络，同年11月在王嘉祎寓所举行第二次密商，陶成章也与会。会上决定陶成章、魏兰分往浙江、安徽，龚宝铨往上海，张雄夫、沈瓞民往湖南与黄兴等取得联系。这两次会，都是以浙学会的名义召开的，并没有正式定名为光复会。

① 沈瓞民：《记光复会二三事》，见《辛亥革命回忆录》第4集，文史资料出版社1963年版，第132页。

在光复会联络会党的工作中，贡献最大的是陶成章。他是浙江绍兴人，“十五岁为塾师，喜读新书，思想渐有转变。尝见驻防旗人凌辱居民，极为愤恨，遂萌种族革命之念”[①]。1902 年赴日留学，后决计投身革命。1904 年初，陶成章和魏兰一起回国。先到上海与蔡元培商议，又动身前往浙东，他们先一起由富阳到桐庐。然后，魏兰从水道经兰溪、龙游回到他的家乡云和。陶成章从陆路经桐庐、分水，遍访民间会党白布会会员，再经建德、寿昌、汤溪、龙游、遂昌、松阳等地，再抵达云和。魏兰在云和倡办先志学校，这是处州府的第一所学校，府属各县都有学生前来就学。陶成章在这里担任了两个月的教员，然后经温州回上海，不久又和龚宝铨到杭州，写了一部《中国民族权力消长史》印行。

陶成章走后，魏兰又到处州府城和丽水县，访问双龙会首领王金宝、吴应龙，到永康、缙云结交龙华会首领沈荣卿、吕嘉益等，“所到之区，兰皆登台演说人种之分，民族之说，由是人人皆晓”[②]。9 月，魏兰到上海。陶成章闻讯后也回上海。这时，华兴会已准备在长沙起义，派人告诉蔡元培，约浙江同时并起。蔡元培和陶成章商量，陶成章答应接应。于是，又和魏兰一起回金华布置，准备在长沙发难后三天响应起义，先取金华、衢州、严州三府，然后由严州出安徽以扼南京，由衢州出江西以应长沙，而用金华之师堵击杭州来兵。

不久华兴会长沙起义被破坏，陶成章等的计划也只得流产。同年 10 月，陶成章又到上海。此前，军国民教育会暗杀团团员龚宝铨在这年到达上海后，就在上海组织了暗杀团，但人数极少，力量单薄。陶成章来上海后，两人密商，要组织一个革命团体。当时章太炎已在狱中，只有蔡元培声望最高，准备推其为首领，以资号召。于是先由龚宝铨同蔡元培商讨，决定扩大暗杀团组织，蔡元培也提出邀陶成章参加，于是光复会就在 1904 年 10 月在上海成立。12 月，陶成章、魏兰又赴东京。陶成章和王嘉祎等密商，成立光复会东京分部，推王嘉祎负责，入会的有蒋尊簋、孙翼中、黄鸿祎、许寿裳和鲁迅等。上海和东京相互呼应，声势更壮大。

1905 年 1 月，徐锡麟到上海见到蔡元培后也加入了光复会，对光复会的发展作用很大。由蔡元培担任光复会会长，声望虽高，会员们也都敬重他

---

① 张篁溪：《光复会领袖陶成章革命史》，见《辛亥革命》（中国近代史资料丛刊）第 1 册，上海人民出版社 1957 年版，第 521 页。

② 陶成章：《浙案纪略》，见《辛亥革命》（中国近代史资料丛刊）第 3 册，上海人民出版社 1957 年版，第 23 页。

的为人，但他“短于策略，又好学，不耐人事烦扰，故经营数月，会务无大进展”。陶成章办事周密谨慎，但度量稍窄，对待会员不如徐锡麟那般亲切，威望也不及徐锡麟。所以徐锡麟入会后不久，就逐渐代替蔡元培成为光复会实际上的领袖。徐锡麟时任“绍兴府学堂的副监督兼算学教员。他当时奔走于绍兴府属和邻近的其他府属各县，积极进行联系党会的工作，很少离绍他往。因此上海和其他各处的革命党人都来绍兴同他联系，于是绍兴便成为会友集中之地了”①。同年5月，陶成章、龚宝铨也从嘉兴到绍兴，协助徐锡麟筹办大通学堂。绍兴不仅成为光复会本部的活动中心，也成为浙东会党的联络中心。

徐锡麟

光复会有着比较浓重的汉族传统民族主义色彩，“他们的党纲上只有‘恢复汉族、还我河山’两句话”②。参加光复会较早的陈魏也说：“记得我入会时曾对天发誓，说过这样四句话：‘光复汉族，还我河山，以身许国，功成身退’。”③可见他们主张“革命”，但主要的着眼点还是在“光复汉族”。辛亥革命的参与者吴玉章对此曾有这样的评论：“它极力主张民族革命，代表了江南广大人民长期以来强烈的反满复汉要求。它的这种主张，不但符合广大劳动人民和资产阶级的民族愿望，而且也得到地主阶级中反满分子的赞成，因此它在长江下游和日本留学生中影响较大。”④

此外，在各地自发成立的革命团体还有不少，如上海的爱国协会，湖北的群学会，福建的文明社、汉族独立会，江西的易知社，南京的强国会，四川

① 陈魏：《光复会前期的活动片断》，见《辛亥革命回忆录》第4集，文史资料出版社1963年版，第127—128页。

② 李书城：《辛亥前后黄克强先生的革命活动》，见《辛亥革命回忆录》第1集，文史资料出版社1963年版，第182页。

③ 陈魏：《光复会前期的活动片断》，见《辛亥革命回忆录》第4集，文史资料出版社1963年版，第127页。

④ 吴玉章：《从甲午战争到辛亥革命的回忆》，见《吴玉章回忆录》，中国青年出版社1978年版，第31页。

的公强会、公德社，陕西的励学斋等等。他们人数虽不多，作用却不可小视。中国同盟会成立后，国内各省的分会有不少就是在这些革命团体的基础上建立起来的。

四　高扬三民主义旗帜

客观形势的迅速发展，需要把各地分散的革命力量联合起来，成立一个全国性的革命组织，统一领导大家的行动，从而将革命运动更有力地推向前进。不少人已在着手筹备。

此前，东京的留日学生界存在着省界区隔与山头林立的缺陷，《湖北学生界》、《浙江潮》、《江苏》、《洞庭波》等刊名即是其明显的表征，而"湖南者，吾湖南人之湖南也"之类口号则普遍流行。有人已觉察到这种缺陷，《浙江潮》曾发表题为《破省界》的时评，直陈狭隘地域观念的危害，主张由各省杰出人士组建"中国本部统一会"，作为推动全国革新的"中央机关"。湖北留学生编辑的《汉声》杂志，也倡言"由小群而进为大群，此今强国之所以优胜也"；主张"由此而联为一最大之团体"。此"最大之团体"，似乎就是指曾在1903年《湖北学生界》第五期刊登过书刊广告的"大湖南北同盟会"。

以同盟会作为政治团体的名称，显然是受日本政界的影响，如1898年由宪政本党创建的"反对增租同盟会"和1900年犬养毅等创建的"国民同盟会"，而后者对中国革命志士的影响更大。该会编纂的《国民同盟会始末》，曾由上海通志学社于1903年5月出版袁毓麟的中文译本。因此，同盟会的名称在进步知识界不胫而走，如邹容创立的"中国学生同盟会"，陈独秀发起的"安徽爱国会"拟与上海爱国学生"通成一气"并创立"国民同盟会"等等。①但是，要成立一个全国性的统一的革命组织，需要有一位众望所归的领袖来指导和统帅。人们不约而同地将目光投向孙中山——这位在1895年就开始了反清革命生涯，虽历经坎坷，仍不屈不挠、矢志不渝的革命家。

就在这个关键时刻，远在欧洲的孙中山审时度势，高瞻远瞩，决定立刻返回日本，抓住大好时机，团结各方面的革命力量，建立一个全国性的统一的革命组织，领导和推动资产阶级革命运动的更大发展。

中国同盟会成立　1905年7月，孙中山风尘仆仆地回到日本东京，随

① 参见章开沅：《章开沅演讲访谈录》，华中师范大学出版社2009年版，第253—254页。

即展开了紧张的工作。这时，留日学生中的革命思想正在急剧高涨，赞成革命的人越来越多，并突破了原先同乡会的范围，出现了跨省区的革命团体。由黄兴、宋教仁等人发起，湖南、云南、直隶、江苏等省留日学生100余人已经成立了革命同志会。它的出现，反映了当时许多革命青年要求突破地域性的限制，实现更广阔范围内联合的强烈愿望。此外，宋教仁、陈天华等人还一起创办了《二十世纪之支那》杂志，从它的刊名和成员来看，也都在突破地域性团体的狭隘圈子。联合，已成为革命形势发展到这个阶段的必然趋势。在这种情况下，孙中山由于首倡资产阶级的民族民主革命，在国内革命青年中享有极高的威望，自然地成为众望所归的共同领袖，成为足以团结各方面革命力量的中心人物。

孙中山首先登门拜访了黄兴。两人虽是初次见面，但共同的革命理想和光明磊落的品格，立刻使他们一见倾心，从此成为挚友和同志。参与这次历史性会面的宫崎寅藏记述了当时的场景：

(1905年)夏，孙逸仙由欧洲回到日本后，来我家里访问。他询问在日本的中国人中，有没有杰出的人物？我说："仅仅两三年间，留日学生猛增，有一个叫黄兴的，是个非常的人物。"孙说："那我们就去看看他。"我说："我到那里去把他请来吧。"孙说："不要那么麻烦了。"于是，我们两人就一起到神乐坂附近黄兴的寓所访问。

和我同住过的末永节，那时和黄兴同住在一起。到达黄寓时，我要孙逸仙在门口等一等。我推开格子门喊了一声"黄先生！"末永节和黄兴一起探出头来，看到孙逸仙站在外面，忙说："啊！孙先生。"黄兴想到有许多学生在里面，立即作手势，示意孙先生不要进去。我们会意了，随即出门等待。

片刻，黄兴、末永节、张继三个人出来了，将我们带到中国餐馆凤乐园。寒暄过后，彼此不拘礼节，大有一见如故之感。他们很快就开始谈起国家大事来。我虽然不大懂中国话，不知他们讲些什么，但是中国的革命豪杰在此欢聚一堂，畅所欲言，使我们感到非常高兴。我和末永节互相频频干杯。大约有两小时，孙、黄两人专心商议国家大事，酒肴少沾，直到最后，他们才举杯庆贺！①

① 毛注青：《黄兴年谱长编》，中华书局1991年版，第84页。

他们就联合的问题,取得了完全一致的看法。接着,孙中山又与华兴会的重要骨干宋教仁、陈天华等人举行会谈,着重强调建立统一革命组织对于革命发展的重要意义,得到宋、陈等人的赞同。华兴会是当时留日学生中最重要的革命团体,也是当时国内除兴中会外最有影响的革命团体。孙中山的主张得到他们的支持,成立同盟会的道路也就铺平了。

1905 年 7 月 30 日,孙中山与各省有志革命的留日学生和旅日华侨 70 余人,在东京召开中国同盟会筹备会。与会者包括兴中会、华兴会、光复会、科学补习所的部分成员,并有留日学生中的其他团体和个人参加,分别来自鄂、湘、粤、桂、皖、赣、浙、陕、闽、直十省,以后相继又有江、川、晋、豫、鲁、贵、滇等省代表宣布加入同盟会。这样除甘肃当时没有留日学生外,全国内地十七省都有代表加入了同盟会。

河南部分同盟会会员在东京合影

在这次会议上,决定了"中国同盟会"的名称,简称同盟会;一致通过了孙中山提出的同盟会十六字纲领——"驱除鞑虏,恢复中华,创立民国,平均地权"。会议将要结束时,因与会者人多,房间狭小,会场后边的坐席不负重压,轰隆一声,忽然坍倒。孙中山目睹此景,笑着对大家幽默地说:"此乃颠覆满清，革命成功之兆。”①他的风趣和机智，赢得全场一阵热烈的鼓掌欢呼。

8月13日，留日学生在东京隆重集会欢迎孙中山。这是孙中山首次在盛大的留学生集会上公开露面，也是同盟会正式成立前夕，由它的领袖向广大群众宣布其政见的重要政治活动，因而吸引了许许多多的留日学生。8月的东京，天气十分炎热，人坐着不动也汗流不止，但人们还是顶着酷暑从四面八方赶来，把一个不大的会场挤了个水泄不通，连会场外边也站满了听众。在留日学生这次盛况空前的大会上，孙中山身穿一套洁白的西装，气宇轩昂，向1 300多名听众发表了近两个小时的演说。

孙中山的世界眼光，对革命目标和方略的精辟见解，富有鼓动力量的雄辩口才，以及他的谦虚诚恳、平易近人和风趣幽默，都使他具有强烈的吸引人的魅力，令与会者叹服。在这个富有政治远见和激动人心的讲演中，孙中山充分估计了迅猛发展的革命形势，热烈地号召中国人民下定决心，迎头赶上，不惜以流血为代价，以谋独立而建共和。他强调，只要全国人民团结奋斗，中国是大有希望的。孙中山的演说，激起全体与会者的强烈共鸣，会场里群情激昂，不时爆发出一阵阵掌声和欢呼声。

同盟会员证章

8月20日下午，同盟会在东京正式举行成立大会，到会者有100多人。在孙中山的主持下，大会讨论通过了同盟会章程，确定孙中山提出的十六字纲领是同盟会的革命宗旨。会议一致推举孙中山为同盟会总理，决定总部设在日本东京，并在国内分设东、西、南、北、中五个支部，国外则设南洋、欧洲、美洲、檀香山四个支部，国内支部以下又在各省设立分会，分别确定了各省的主盟人。

按照西方资产阶级“三权分立”的原则，会议决定在总部设立执行、评议、司法三部，推举黄兴担任执行

① 邹鲁：《中国国民党史稿》第1册，中华书局1960年版，第47页。

部庶务，相当于同盟会副总理的职务，协助孙中山主持总部的工作。最后，由黄兴提议，通过将《二十世纪之支那》杂志作为同盟会的机关报，改名《民报》。会议在一片热烈的气氛中结束，大家为实现了革命的大团结而兴高采烈，众人大呼万岁而散。

同盟会的成立，使全国革命力量有了一个中心。从此，中国资产阶级革命派有了全国性的统一组织协调他们的行动。在同盟会的旗帜下，全国各个革命团体和各种革命势力站到了一起，抱成了一团，革命派的力量大为增强，步伐也更加齐整。在他们的面前，展示了新的前景和希望。孙中山欣喜万分地指出：同盟会的成立，标志着革命"新纪元"①的开始，他比过去更加坚信自己一定能亲眼看到革命成功的那一天。

孙中山与同盟会巴黎分会会员合影

高扬三民主义旗帜　同盟会的成立，使中国资产阶级革命派有了一个比较完备的革命纲领，并为众多的革命分子所接受，成为他们共同的奋斗目标。

在这以前，许多人对必须用革命的手段推翻清朝政府这一点上是比较一致的。但对推翻了这个专制皇朝以后应该建立起一个什么样的政府却有着很不相同的理解，有些人甚至没有认真地思考过。光复会的宗旨只提出

① 孙中山：《建国方略》，见《孙中山全集》第6卷，中华书局1985年版，第237页。

“恢复汉族，还我河山”这两句话。华兴会中许多人已经提到建立民主共和国的目标，但并没有接触到社会经济问题。同盟会纲领的十六个字，虽已为孙中山所提出，并先后列入过美国致公党新章规程和留欧学生中革命团体的誓词中，但还没有被广泛的革命分子所接受。

同盟会筹备时期，孙中山在留日学生欢迎大会上的演说以及同盟会筹备会上关于会名和纲领争论的发言，正是针对这个问题作了进一步的阐述。当然，那时许多人实际认识上的分歧是不可能一下就消除的。但经过这番演说和争辩，“驱除鞑虏，恢复中华，创立民国，平均地权”的纲领，终究是为广大革命分子所共同承认了，并且产生了广泛的影响。

这个纲领，不仅明确地提出要根本推翻清朝政府的统治，同改良派彻底划清了界线，还提出了要彻底推翻两千多年来的君主专制制度，建立民主共和国，这比简单的“恢复汉族，还我河山”的思想也大大前进了一步；而且还提出了“平均地权”的主张，企图以此来解决土地问题和预防资本主义制度下贫富两极分化在中国的出现，这虽是一种主观的幻想，但一定程度上反映了中国人民伟大的气魄和崇高的理想。这个纲领，在当时的历史条件下，是符合中国社会发展要求的，是具有重大进步意义的革命纲领。

中国同盟会成立不久，就有大批爱国者踊跃参加。不到一年，海内外会员总数就达到1万多人，在东京一地就有800多人。为了促使更多的人觉醒和投身革命，1905年11月26日，同盟会机关报——《民报》在东京正式出版发行。孙中山在《〈民报〉发刊词》中，进一步明确阐述了同盟会的十六

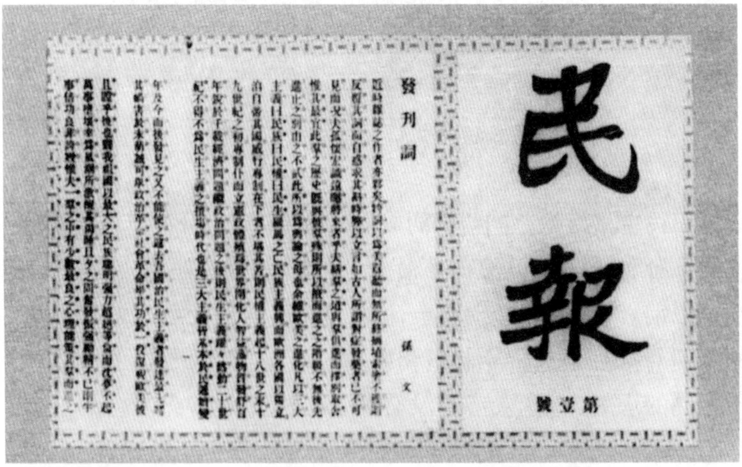
民報

第壹號

發刊詞

孫文

《民报》创刊号及发刊词

字纲领，响亮地提出了“民族”、“民权”、“民生”三大主义的革命号召，树起了三民主义的革命旗帜。

孙中山的这种早期三民主义思想，在中国近代历史上有着怎样的地位呢？对它应该如何评价？可以这样说：它反映了当时中国的历史特点，是中国近代第一个比较明确而完整的资产阶级民族民主革命纲领。它的提出，在历史上产生了巨大的进步作用。辛亥革命就是在这面旗帜的指引下发生的。

近代中国是一个半殖民地半封建社会，这种社会性质，决定了中国民族民主革命的基本任务是要实现民族独立和民主制度，也就是要实现民族独立、政治上的民主制度、经济上的民主制度这三大目标。中国近代无数爱国者进行的前仆后继、不屈不挠的斗争，说到底都是为着解决这些问题。孙中山把它集中了起来，概括出“民族”、“民权”、“民生”这三大主义，就使众多的人在前进中有了比较明确的共同的奋斗目标。

中国同盟会新加坡分会会所晚晴园

孙中山为《民报》写的“发刊词”，第一次提出“民族”、“民权”、“民生”三大主义。

1. 民族主义

孙中山的民族主义，首先是放在反对满族贵族的统治上，这一点早在兴中会的宣言中已经明白地表现出来。其后，他在《中国的现在和未来》、《中国问题的真解决》等论著中，又不断有所论述。

孙中山的这种民族主义思想的产生，是与当时的客观历史条件密切联系着的。甲午战争后，由于帝国主义加紧侵略所造成的日益严重的民族危机，由于清朝政府更屈从和更听命于帝国主义列强，中国的主权都是直接经由清朝政府之手出卖给帝国主义侵略者的，中国人民的爱国运动都是由清朝政府勾结帝国主义列强残酷镇压的，这样，一切爱国的人们怀着极大的怒火首先起来反对清朝政府是很自然的。因此，孙中山的民族主义虽然首先是放在反对满族贵族统治上的，但它正是由帝国主义的侵略所激发起来的，它是以避免中国遭受帝国主义瓜分灭亡为出发点的。孙中山的民族主义，是在满族贵族对中国人民的长期统治和帝国主义的疯狂侵略下产生的。同时，它也是近代中国日益发展的民族独立运动在理论上的必然反映。

孙中山的民族主义从其思想渊源来说，是继承了中国历史上汉族人民反对别族统治的传统思想并加以发展的。但孙中山的民族主义不是种族复仇主义，他提出民族主义的目的，不是要再建一个汉族的专制政权，而是要建立一个资产阶级共和国。他在《民报》创刊周年庆祝大会上明确指出：

> 兄弟曾听见人说，民族革命是要尽灭满洲民族，这话大错。民族革命的原故，是不甘心满洲人灭我们的国，主我们的政，定要扑灭他的政府，光复我们民族的国家。这样看来，我们并不是恨满洲人，是恨害汉人的满洲人。假如我们实行革命的时候，那满洲人不来阻害我们，决无寻仇之理。

他强调：

> 我们推倒满洲政府，从驱除满人那一面说是民族革命，从颠覆君主政体那一面说是政治革命，并不是把来分作两次去做。讲到那政治革命的结果，是建立民主立宪政体。照现在这样的政治论起来，就算汉人为君主，也不能不革命。①

孙中山的民族主义，在同盟会成立时期，虽然没有提出反对帝国主义的口号，但实质上是包含着反对帝国主义侵略的含义的。孙中山民族主义的

① 孙中山：《在东京〈民报〉创刊周年庆祝大会的演说》，见《孙中山全集》第1卷，中华书局1981年版，第325页。

提出，是受帝国主义侵略的刺激引发的，同时就客观的历史要求来说，为开展反对帝国主义侵略的民族斗争，首先就要铲除清朝政府这个帝国主义在中国的统治工具。不难设想，如果离开了反对清朝政府的专制统治，民族革命会有什么深刻的意义。

20 世纪初年反满思潮在爱国知识分子中的迅速高涨，正是客观历史要求的反映。在当时的历史条件下，反对清朝政府的专制统治，在客观上就是打击帝国主义。同时，也只有首先反对清皇朝的腐败统治，才能为中华民族的反帝斗争创造有利的条件。因此，孙中山的民族主义总的说来，是当时客观历史要求的及时反映，是符合中国人民谋求民族独立的根本利益的。

但是，孙中山的民族主义没有明确提出反对帝国主义的内容，毕竟是一个明显的缺陷。应该说，这是与当时的社会历史条件以及他主观认识上的限制分不开的。

甲午战争后，帝国主义对中国侵略的加深，使中华民族和帝国主义之间的矛盾更为尖锐，而帝国主义侵略的野心是通过其工具——清朝政府来实现的，因此中国人民与腐朽的专制统治者之间的矛盾空前激烈，人们爱国救亡的斗争矛头也就首先指向清朝的统治。与此同时，领导这场革命的中国资产阶级，是在帝国主义压迫和封建主义束缚的夹缝中成长起来的，力量十分弱小，而作为近代中国民族民主革命基本队伍的农民群众，虽然在鸦片战争后尤其在义和团运动中已经显示出它所蕴藏着的巨大力量，却因其自身的阶级局限性和资产阶级对他们的漠视而不能发挥更大的作用。这样，力量单薄的中国资产阶级没有足够的勇气去正面地反对帝国主义，而是小心翼翼地试图不触动帝国主义在华的已得权益。他们以为，只要这样做了，就可以避免帝国主义对革命的干涉；一旦革命成功，中国自然可以逐步地走上独立富强的道路。这当然只是一种弱者的幻想。

在主观认识上，尽管孙中山已看到西方资本主义社会的一些恶果，但却不能认识帝国主义的本质。他认为帝国主义侵略中国，是因为中国政府的腐败所造成的，只要中国推倒腐朽统治，奋发图强，帝国主义就不会再进行侵略。他说："西人知我不能利用此土地也，乃始狡焉思逞。中国见情事日迫，不胜危惧。然苟我发愤自雄，西人将见好于我不暇，遑敢图我。"①这种

① 孙中山：《在东京中国留学生欢迎大会的演说》，见《孙中山全集》第 1 卷，中华书局 1981 年版，第 283 页。

认识，自然也影响到他的民族主义中提出明确的反对帝国主义的内容。

尽管这样，孙中山的民族主义要求人们首先起来进行反清革命，推倒这个卖国政府在中国的统治，这在当时的中国确是抓住了爱国救亡的中心环节。

2. 民权主义

孙中山的民权主义思想，同他的民族主义一样，早在兴中会成立时已见端倪。兴中会的入会誓词"驱除鞑虏，恢复中华，创立合众政府"，已包含了他的民权主义思想的萌芽。到同盟会成立时，就明确地把"创立民国"列为革命的纲领之一。孙中山认为，民权主义是政治的根本，民权主义的目的是推翻君主专制政体、建立民主共和国。他说："中国数千年来都是君主专制政体，这种政体，不是平等自由的国民所堪受的。"

他把这种政体称作"恶劣政治的根本"，并说："试想明太祖驱除蒙古，恢复中国，民族革命已经做成，他的政治却不过依然同汉、唐、宋相近。故此三百年后，复被外人侵入，这由政体不好的原故，不是(做)政治革命是断断不行的。"[①]他主张民族革命与政治革命并行，他所要建立的是资产阶级的民主共和国，他指出这是一个以"自由、平等、博爱"为"一贯之精神"的共和政体，"凡为国民皆平等以有参政权。大总统由国民公举。议会以国民公举之议员构成之。制订中华民国宪法，人人共守。敢有帝制自为者，天下共击之！"[②]

孙中山为什么能够提出这样的民权主义思想？他自己后来追述：

> 余之从事革命，以为中国非民主不可，其理由有三：既知民为邦本，则一国以内人人平等，君主何复有存在之余地，此自学理言之者也。满洲之入据中国，使中国民族处于被征服之地位，国亡之痛，二百六十余年如一日，故君主立宪在他国君民无甚深之恶感者，犹或可暂安于一时，在中国则必不能行，此自历史事实而言之者也。中国历史上之革命，其混乱时间所以延长者，皆由人各欲帝制自为，遂相争相夺而不已。行民主之制，则争端自绝，此自将来建设而言之者也。[③]

① 孙中山：《在东京〈民报〉创刊周年庆祝大会的演说》，见《孙中山全集》第1卷，中华书局1981年版，第325页。

② 孙中山：《中国同盟会革命方略》，见《孙中山全集》第1卷，中华书局1981年版，第296—297页。

③ 孙中山：《中国革命史》，见《孙中山全集》第7卷，中华书局1985年版，第60—61页。

这就说明，孙中山明确地提出资产阶级民主共和国的理想，并把它列为革命纲领之一，既是他的资产阶级民主主义思想的体现，也是中国人民长期以来身受君主专制制度统治的痛苦，对这种制度已经深恶痛绝，决心加以推翻的集中反映。

孙中山在提出民族主义的同时提出了民权主义，主张民族革命与政治革命同时进行，这是完全正确的。尽管民族革命和民主革命有着不同的含义，但两者是密切关联的。中国半殖民地半封建的社会性质，决定了中国革命必须同时担负起反帝反封建的双重任务。中国革命要实现民族独立的愿望，必须有广大人民群众的奋起；而要把广大人民发动起来，就必须进行民主革命。自然，孙中山的民权主义也有着它的历史局限性；但在当时的历史条件下，把建立民主共和国的主张同实现民族独立的目标紧紧联结在一起，鲜明地提出来，这无疑是有巨大的进步意义的。

3. 民生主义

在提出民族主义、民权主义的同时，孙中山还提出了民生主义。

民生主义在孙中山的三民主义学说中，有着特别的意义。孙中山自述，他之所以提出民生主义，是因为他亲眼看到了西方资本主义社会的弊端，是因为他希望革命成功以后把中国建设成一个无贫困无剥削的美好幸福的社会，而不是重走西方资本主义的老路。因此，他提出了民生主义作为预防资本主义祸害的方案。他说："文明有善果，也有恶果，须要取那善果，避那恶果。欧美各国，善果被富人享尽，贫民反食恶果，总由少数人把持文明幸福，故成此不平等的世界。"①在《〈民报〉发刊词》中，孙中山强调指出：

> 近时志士舌敝唇枯，惟企强中国以比欧美。然而欧美强矣，其民实困，观大同盟罢工与无政府党、社会党之日炽，社会革命其将不远。吾国纵能媲迹于欧美，犹不能免于第二次之革命，而况追逐于人已然之末轨者之终无成耶！夫欧美社会之祸，伏之数十年，及今而后发见之，又不能使之遽去。吾国治民生主义者，发达最先，睹其祸害于未萌，诚可举政治革命、社会革命毕其功于一役。还视欧美，彼且瞠乎后也。②

① 孙中山：《在东京〈民报〉创刊周年庆祝大会的演说》，见《孙中山全集》第 1 卷，中华书局 1981 年版，第 327—328 页。

② 孙中山：《〈民报〉发刊词》，见《孙中山全集》第 1 卷，中华书局 1981 年版，第 288—289 页。

孙中山民生主义的基本内容是“平均地权”。《中国同盟会革命方略》中规定：“文明之福祉，国民平等以享之。当改良社会经济组织，核定天下地价。其现有之地价，仍属原主所有；其革命后社会改良进步之增价，则归于国家，为国民所共享。肇造社会的国家，俾家给人足，四海之内无一夫不获其所。敢有垄断以制国民之生命者，与众弃之！”①

在《民报》创刊周年庆祝大会上的演说中，孙中山曾详细地解释了“平均地权”的具体内容。要而言之，孙中山民生主义的重点在城市的土地问题，即“核定天下地价。其现有之地价，仍属原主所有；其革命后社会改良进步之增价，则归于国家，为国民所共享”。这样一个主观上想防止资本主义祸害的纲领，如果实行起来，其结果却只能是最大限度地发展资本主义。

这里有一个问题，孙中山的民生主义为什么没有正面触及农民的土地问题呢？看来，当时孙中山在主观上更多地考虑的是怎样在未来能防止和避免资本主义的祸害。这方面，他脑海中盘旋的第一位的问题是：在近代工业发展起来后，中国也会生长出哪些西方资本主义的恶果来？这样，他就想到：中国的地主阶级本来占有大量土地，如果将来中国工业发达了，地主阶级必然会坐享社会进步导致地价飞涨的果实，造成贫富更为悬殊的严重社会问题。在这种困惑的心情下，恰好他又在欧洲遇上了当时极为时髦、自诩能防止物质进步的利益为地主阶级所吞没，又能刺激生产，增加工农收入，最后能实现“社会主义”的亨利·乔治的理论，他自然很容易接受了，并且在言论和文章中总是突出地强调了这一方面。

尽管孙中山的民生主义思想，客观上只能为资本主义的发展开辟道路，可是从孙中山的主观上来看，由于他亲眼看到了西方资本主义社会的残酷现实，热烈地同情广大无产者的悲惨境遇和社会主义运动，他确是力图使中国在走上工业化的道路时，能避免资本主义社会的祸害，实现一个没有剥削、没有贫困的美好幸福的社会。这是一种主观的社会主义思想，它反映了近代中国的先进分子在学习西方的过程中，看到西方资本主义社会的阴暗面，力求避免重走这条老路的一种新觉悟和新认识。而在客观上，它又是中国资本主义生产关系发展得还远不成熟、资产阶级和无产阶级之间的矛盾还没有充分展开这样一种历史条件下的产物。随着中国近代社会的发展，社会内部的新的矛盾逐渐明朗化，中国的先进分子也就一步一步地摆脱开

① 孙中山：《中国同盟会革命方略》，见《孙中山全集》第1卷，中华书局1981年版，第297页。

这种主观社会主义思想的影响，而走上接受马克思主义这个科学社会主义学说的道路。孙中山自己在以后，也终于成了科学社会主义的真诚的朋友。

孙中山提出的三民主义，反映和概括了当时整个中国社会历史发展的要求，极大地鼓舞和促进了资产阶级革命的发展。它集中体现了中国资产阶级反对帝国主义压迫，反对封建主义统治的政治要求，在当时的历史条件下，是一个进步的革命纲领。

自然，三民主义有它的历史局限性。它没有明确提出反帝目标，它的“平均地权”主要试图解决城市由于资本主义的发展，土地涨价，土地所有者不劳而获的问题，而没有涉及农民的土地问题。而实际上，在近代中国，不去进行坚决的反对帝国主义的斗争，不把广大农民从封建土地所有制的压迫下解放出来，就不能根本解决中国的各种社会问题，国家也不能真正富强起来。但是，这并不影响我们对三民主义这个中国旧民主主义革命纲领的高度评价。

毫无疑问，孙中山的早期三民主义学说在当时的中国是一种最进步的思想体系。它的提出，给了当时的革命派以一种强有力的思想武器，为资产阶级民族民主革命开辟了一个新的时期。而在中国近代思想发展的整个历史进程中，它也起着承先启后的作用，是一个不可缺少的重要环节。

同时也应该指出，“民族、民权、民生”中，革命派用力宣传最多、当时实际影响最大的是民族主义即“驱除鞑虏，恢复中华”。在武昌起义发生地的湖北，有学者系统查阅了清末革命党人的宣传品，结论是“检阅湖北报刊，在揭露社会、批判清政府的落后、反动方面，做了大量的宣传工作，而对三民主义的传播，除民族主义的反清革命宣传得较为充分以外，民权、民生主义几乎无所论及”①。这种状况，有力地鼓动了当时人们的反清革命情绪，也对清廷濒临垮台时作为汉人的袁世凯的出场及以后革命的走向都带来很复杂的影响。

① 刘望龄：《黑血·金鼓——辛亥前后湖北报刊史事长编》“自序”，湖北教育出版社1991年版，第12页。

第七章

论战、起义和暗杀

秋　瑾

一　救国方案之争

中国同盟会成立后，在两条战线上分别与立宪派和清朝政府展开斗争。

在宣传领域，他们以《民报》为主要阵地，与立宪派围绕着中国要不要推翻清朝政府、要不要建立民主共和国、要不要“平均地权”这三大问题，展开激烈论战。

胡汉民

论战的发端　《民报》当时的编辑人兼发行人是张继，主要撰稿人有陈天华、朱执信、胡汉民、汪精卫、汪东等等。孙中山在《发刊词》中首次提出了“民族”、“民权”、“民生”三大主义，其具体内容也就是同盟会纲领中所说的“驱除鞑虏，恢复中华，创立民国，平均地权”，这就为《民报》的宣传规定了纲领，同时也给《民报》的作者们提供了批判改良主义的思想武器。

《民报》最初两期，主要是通过回顾历史与分析现状，论述打破满族贵族在中国所建立的专制统治的必要；①论证由于满族专制统治者对汉族人民长期奴役所造成的满汉对立，以及清皇朝不

① 参见精卫：《民族的国民》，《民报》第1、2号。

会自动放弃既得的特权，“虽欲立宪而不能”①；指出中国如欲实行立宪必先以革命，创立民主政体②。《民报》的作者在论述推翻清皇朝建立民主共和国的必要性的同时，也点名批判了康有为和梁启超，指出他们所宣扬的“满汉不分、君民同体”，中国人民没有实行民主共和的能力等一套改良主义的论调，是“妖言惑众”③。

《民报》的出版，引起康、梁等人的忌恨，他们立即进行反击。1906年初，梁启超在《新民丛报》上发表了题为《开明专制论》和《申论种族革命与政治革命之得失》等长篇论文，以中国人民没有自治习惯，“人民程度未及格”，“施政机关未整备”为由，宣称中国今日不但万不可行共和立宪，而且也不能行君主立宪制，只能行开明专制。他称：“今日中国，即欲建设一与英国同程度之立宪政治，则其所需期限更倍蓰，亦可推见矣。”④他认为如实行革命，必致大乱，结果不归于专制，即归于亡国。因为革命一起，秩序已破，“则群盗满山，磨牙吮血，举国中无一人能聊其生。若无外国乘之，则数年或十数年后，有刘邦、朱元璋起，复于君主专制；若有外国，则不俟恺撒、拿破仑、刘邦、朱元璋之兴，已入于宰割之矣，于是乎其国遂亡”⑤。

梁启超的攻击矛头，是指向《民报》，特别是指向孙中山的。他多次以“论者所戴之首领”暗指孙中山。梁启超对革命思潮的高涨十分担忧，他将《开明专制论》和《申论种族革命与政治革命之得失》合刊为一册，题名为《中国存亡之大问题》，以加强改良主义思想的宣传。他并以挑衅的口吻宣称：“读鄙人此两文，而必有数日之不快，殆意中事也，则请诸君抒其宏议，用严正之论理法以赐答辩。”⑥

立宪派既已公开叫阵，同时对于革命派来说，进一步揭露清皇朝的腐朽统治，批驳改良论调，在理论上击败改良，争取更多的人走上革命的道路，也是一项紧迫的任务，于是革命派与立宪派的一场大论战就是不可避免的了。

1906年4月，《民报》第3号发表了题为《〈民报〉与〈新民丛报〉辩驳之

---

① 蛰伸：《论满政府虽欲立宪而不能》，《民报》第1号。

② 参见寄生：《论支那立宪必先以革命》，《民报》第2号。

③ 精卫：《民族的国民》，《民报》第1、2号。

④ 梁启超：《开明专制论》，见《辛亥革命前十年时论选集》第2卷，上册，生活·读书·新知三联书店1963年版，第187页。

⑤ 梁启超：《申论种族革命与政治革命之得失》，见《辛亥革命前十年时论选集》第2卷，上册，生活·读书·新知三联书店1963年版，第207页。

⑥ 同上书，第238页。

纲领》的号外，指出："近日《新民丛报》将本年《开明专制论》、《申论种族革命与政治革命之得失》诸篇，合刊为《中国存亡之大问题》。本报以为中国存亡诚一大问题，然使如《新民丛报》所云，则可以立亡中国，故自第四期以下，分类辩驳，期与我国民解决此大问题。"接着，它列举出双方在 12 个问题上的根本分歧：

一、《民报》主共和；《新民丛报》主专制。

二、《民报》望国民以民权立宪；《新民丛报》望政府以开明专制。

三、《民报》以政府恶劣，故望国民之革命；《新民丛报》以国民恶劣，故望政府以专制。

四、《民报》望国民以民权立宪，故鼓吹教育与革命，以求达其目的；《新民丛报》望政府以开明专制，不知如何方副其希望。

五、《民报》主张政治革命，同时主张种族革命；《新民丛报》主张政府开明专制，同时主张政治革命。

六、《民报》以为国民革命自颠覆专制而观则为政治革命，自驱除异族而观则为种族革命；《新民丛报》以为种族革命与政治革命不能相容。

七、《民报》以为政治革命必须实力；《新民丛报》以为政治革命只须要求。

八、《民报》以为革命事业专主实力，不取要求；《新民丛报》以为要求不遂，继以惩警。

九、《新民丛报》以为惩警之法在不纳租税与暗杀；《民报》以为不纳租税与暗杀不过革命实力之一端，革命须有全副事业。

十、《新民丛报》诋毁革命，而鼓吹虚无党；《民报》以为凡虚无党皆以革命为宗旨，非仅以刺客为事。

十一、《民报》以为革命所以求共和；《新民丛报》以为革命反以得专制。

十二、《民报》鉴于世界前途，知社会问题必须解决，故提倡社会主义；《新民丛报》以为社会主义不过煽动乞丐流民之具。

此后，《民报》陆续刊登专文，对立宪派的观点逐条驳斥，《新民丛报》亦连续载文进行辩驳，双方论战日趋激烈。

激烈论战 立宪派认为，尽管清朝政府确实十分腐败，但仍不应采取革命的手段。因民智未开，国民的政治能力低下，硬要在中国搞武装革命，推行民主政治，势必会引起下层社会的暴乱，出现群雄并起，莫肯相下，杀人盈野，天下大乱的局面。在这种情况下，不外乎两种前途：一种是群雄兼并的结果，复归于君主专制；再就是引起外国的干涉，导致亡国。因此，革命万万不能实行，推行共和制度的条件并不具备，照革命派的主张去做，只能误国甚至会亡国。稳妥的办法，是通过和平的手段，逼使清皇朝采纳君主立宪制，在此条件下，求得国民政治能力的逐渐提高和国家的转机。

对"平均地权"的方案，立宪派也予以抨击。认为中国的土地制度与欧洲不同，没有大庄园和大贵族，那些地主拥有的土地是其勤劳生产和积累的结果，土地兼并状况并不严重，即使将来经济发展、地价上涨，也不会出现贫富两极分化。实行平均地权，是煽动下层社会起来骚动，起来夺取富人的财产，从而破坏社会生产，打击人们从事生产的积极性，陷社会经济于衰败和混乱之中，使局面不可收拾。

针对立宪派的责难，革命派明确予以批驳。

他们列举大量的事实，证明清朝政府已不可救药，任何对它的幻想都是不切实际的，应该彻底抛弃，坚定地选择通过革命拯救祖国的道路。关于国民是否有能力推行民主政治，他们依据西方资产阶级的天赋人权论，认为自由、平等、博爱是人人固有的天性，通过教育与革命，积极浚发国民的这种固有的天性，又有美、法等国已经确立的共和制度可资效法，国民一定能很快地具有这种能力。他们并不讳言国人由于君主专制的长期统治，缺乏民主意识和政治经验，指出解决这个矛盾的办法，是在革命之际颁布约法，规定兵权与民权的关系，并根据约法的精神，由人民组织地方议会，监督军政府是否循守约法。认为通过这些措施，中国人民可以挣脱君主专制的枷锁，得享共和政体的幸福，决不会因程度不足而无法建成共和制度。

革命是否会导致内乱？革命派作出了否定的答复。他们强调，革命事业是以建设为目的，破坏只是它的手段。它所要破坏的是落后于时代的旧事物，所要建设的是符合社会需要的新事物，况且以往中国历史上因改朝换代而引起的内乱，是诸雄为争夺皇位而引起的，现在革命的目标是要建立共和制度，而不是帝制自为，因此在推翻专制皇朝后，不会因革命者之间自相争夺而发生内乱。

那么，革命是否会招致瓜分？革命派的答复就有些软弱无力了。他们认为，斗争的矛头是排满而不是排外，只要在革命进行过程中，严格地遵守国际法，从事有秩序的革命，毫不掺杂排外的性质，也就不会有招致列强干涉的可能。这种认识，自然是很幼稚的。

关于平均地权，革命派驳斥了立宪派的攻击，指出这一方案并不是像立宪派所渲染的，是要杀四万万人之半，夺富人之田为己有，而是在民国政府的主持下，通过温和的手段，抑制土地兼并，缓解贫富不均，并防止在资本主义制度下出现新的贫富两极分化。

应该说，在这场争辩中，革命派较好地把握了中国社会的历史发展方向，对形势的判断，对救国道路的选择，都比立宪派高出一筹。确实如他们所明白指出的，无数事实表明，腐朽的清皇朝，已杜绝任何进步改革措施推行的可能，要拯救祖国，要谋求民族的富强，除了将它彻底推翻，别无他途。

革命派与立宪派在救国途径上的歧见，实际上反映了他们所各自代表的中国资产阶级不同阶层的利益要求。革命派代表的是与封建土地所有制联系较少的，深受封建政府压制的那部分中下层资产阶级；立宪派则代表了那些与封建统治阶级关系较密切，与封建土地所有制联系较多的上层资产阶级和资产阶级化的地主士绅的政治利益。这部分人尽管也不满清皇朝的专制统治，渴望减轻封建政府对资本主义发展的束缚，有变革现状的要求，但出于切身经济利益的考虑，他们对暴力革命十分担忧，害怕一旦爆发革命，将会直接危及他们的身家性命和巨额资产，只要有一丝希望，他们决不放弃走和平道路变革现状的主张。1901 年后，清朝政府迫于形势而推行的“新政”；1905 年清皇朝派遣五大臣去欧美各国考察政治，显露有可能采纳君主立宪制的迹象，使他们对采用和平手段，推动清朝政府实行政治变革的前景增添了一些希望，因而对革命派的主张更增恶感。

革命派在这场论战中的理论阐述，反映了先进知识分子政治觉悟在当时所能达到的高度，同时也暴露了一些明显的弱点。

革命派在这场争辩中较好地把握了近代中国社会历史发展的方向，并不等于说他们在一切问题上的认识都无缺陷。由于着意强调革命的正义性、必要性和紧迫性，他们对一些问题的阐述不免失之肤浅，甚至偏激。相反，为了要论证革命的阻力、困难和风险，立宪派对一些问题的揭示和认识，却较为深刻和清醒。如革命派在宣传反满革命，提倡建立民族的国家时，有时把满族排除在外，只把汉族才看作中国；立宪派断然批评了这种说法的错误，明确指出满族是中华民族大家庭中的一员。这种认识无疑是正确的。

关于革命是否会招致列强的干涉？革命派认为只要进行有秩序的革命，不触犯列强的利益，不会招致外国的干涉。立宪派强调这种说法是幼稚的，指出革命一旦爆发，不管如何“有秩序”，终将触及外国在华利益，列强为了维护其侵略地位，遏止革命的发展，总是要直接或间接地进行干涉的。以后的事实证明，立宪派的这种看法是有见地的。

在民智问题上，立宪派过分强调民智未开，因而得出推行共和制度的条件尚不成熟，只能搞君主立宪的结论是错误的。但他们对当时国民民主意识淡漠的揭示是深刻的；对在这种社会氛围下推行共和政治，难免会复归专制制度的担忧，也并非全是向壁虚构，杞人忧天。革命派强调，在国势危急的紧要关头，不能只着眼于国民缺乏民主意识而放弃革命。这些认识大体上是正确的，但也失之肤浅，特别是对培养国民的参政意识和能力的问题，看得过于简单。

与此相联系，他们认为革命成功后，可以通过建立地方议会来防止新的专制制度的产生，则基本上是一种缺乏现实基础的主观良好愿望。因而面对立宪派的责难，他们的辩驳显得苍白无力，只能以兵权、民权各遵约法为词，不能回答如兵权蓄意违约又将如何的问题。民国成立后，袁世凯等人大搞专制独裁的事实，恰恰印证了立宪派的担忧不无道理，革命派因缺乏必要的思想准备而处处陷于被动。

革命派在这场争辩中暴露出的一些思想弱点，实际上反映了受中国资产阶级政治软弱性的制约，在革命理论上的缺陷，特别是在中国革命对象的问题上，他们没有明确地提出反帝反封建的革命纲领，而是在反满革命的口号下，忽视了对包括汉族地主阶级在内的整个封建统治阶级的打击；在进行有秩序革命的口号下，忽视了对帝国主义列强干涉中国革命切实危险的警惕。在对人民群众的认识上，他们看不到人民群众中蕴藏着巨大的革命力量，他们对在中国推行共和制度的阻力认识不足，忽视也没有想到去做组织和依靠群众进行革命的工作。辛亥革命失败的根由，在这里已有显露。

尽管革命派在理论上存在着明显的弱点，但与立宪派相比，他们的主张更适合中国社会向前发展的历史需要。较之立宪派，他们对清朝政府本质的揭露，对只有革命才能拯救祖国的阐述，对改变封建土地所有制的宣传，对民主共和制度的讴歌，更强烈地拨动了人们的心弦，更容易使人接受和产生共鸣。争辩的结果，革命派的主张明显占据了上风，促使众多原先徘徊于革命与改良之间的爱国者抛弃了幻想，投入了革命的行列。

论战的反响 1906年12月2日，孙中山在《民报》创刊周年纪念会上，作了长达两小时的重要演说，详细阐述了他的三民主义思想。在这次集会上，鲜明地反映出留日学生中赞成革命、摈弃改良已成为人心的共同趋向。纪念会本来规定在8时半开始，但许多人听说会上将有孙中山的演说，就早早赶来。“七时顷，莅会场者已千人。八时，盈五千余人，会场无隙地，后至者络绎于门外不得人。”宋教仁和宫琦寅藏后到，几无法进入会场。待好不容易挤至后台，宋教仁才发现自己的鞋都被挤掉了。

大会从上午8时半一直开到下午2时，连午饭时间都过了，可是“会场中人人感慨淋漓无倦意，其精神洵非寻常集会所有”①，生动地体现了留日学生高昂的革命热情。当时正在日本留学的吴玉章回忆说：“当《民报》和《新民丛报》笔战方酣的时候，在日本的中国留学生几乎都卷入了这场论战。记得一九〇六年的冬天，一群四川留日学生在宿舍里展开了争论。绝大多数的人都赞成革命，惟独周先登拥护立宪。”“刘回子(庆恩)一怒之下，用火钵向他击去，登时满屋尘土飞扬，真像战场一般，周先登吓得抱头鼠窜而去。”②

当时还在内地求学的高一涵也在回忆中写道：“我在先总喜欢读梁启超主办的《新民丛报》和《中国魂》之类的刊物的。看到《民报》后，才认识到国家不强是‘政府恶劣’，而不是‘国民恶劣’，应该建立共和，不应该维持专制，种族革命与政治革命必须同时进行，种族革命绝不会妨害政治革命。由此可见，《民报》对宣传革命思想，是有显著成绩的。”③

总之，经过这场大论战后，广大爱国者中间，首先是留日学生中间，精神面貌有了很大的变化，高谈革命，公然昌言革命，几乎成为风气。这种风气接着又逐渐传到内地。它所产生的影响是极为深远的。

这场论战，对争取广大海外华侨转向革命，也起了十分重要的作用。

迫于生计或其他原因，很早以来就有一些中国人陆续迁居海外。鸦片战争后，国内经济凋敝，流往国外的人数日多。由于祖国贫弱，腐朽的清皇朝又无意保护侨胞，华侨在海外备受欺凌，合法权益得不到保障。他们渴望祖国早日强盛，对清皇朝的腐败统治十分不满。但即使侨居海外，受中国本

① 民意：《纪十二月二日本报纪元节庆祝大会及演说辞》，《民报》第10号。

② 吴玉章：《从甲午战争到辛亥革命的回忆》，见《吴玉章回忆录》，中国青年出版社1978年版，第41—42页。

③ 高一涵：《辛亥革命前后安徽青年学生思想转变的概况》，见《辛亥革命回忆录》第4集，中华书局1961年版，第434页。

同盟会美洲分会会员的凭证

土传统思想的影响，很多华侨被“忠君爱国”一类的观念所束缚。除少部分激进分子如檀香山兴中会成员外，大部分海外华侨仍倾向于通过和平手段，推动清朝政府实行变革，以谋求祖国转弱为强。同盟会成立前，在海外侨胞中占据优势的，是改良主义思想。由康有为、梁启超等人发起的，以拥戴光绪帝为标帜的保皇会组织，分布五大洲百余个城市，有数十万会众。相比之下，由孙中山组织的兴中会，势单力孤，处境困难。

中国同盟会成立后，特别是经过了这场大论战，局面为之一变。由于这场争辩直接涉及应该选择什么样的救国途径这样一个重大而紧迫的问题，因而吸引了无数海外华侨的注意。随着争辩内容的展开和深入，华侨对革命派的主张有了较充分的了解，越来越多的人理解并接受了革命的思想，立宪派在华侨中的营盘急剧缩小。在加拿大的温哥华，登报声明退出保皇会的人络绎不绝。在缅甸仰光，原先赞成改良的《商务报》主笔，刊文宣布自己抛弃改良思想，皈依革命真理。事态的发展，使《新民丛报》不得不于1907年8月宣布停刊。

众多华侨由改良纷纷转向革命，有力地加快了民主革命的进程。革命派以后发动的历次武装起义，一直得到华侨的积极资助，不少华侨青年在起

同盟会新加坡分会会员合影

义中发挥了骨干的作用，冲锋陷阵，威武不屈，以自己的热血写下了可歌可泣的英雄篇章。

二 起义和暗杀

中国同盟会成立后，革命派在与立宪派论战的同时，也在积极筹划并发动针对清朝政府统治的武装起义。

各地的起义 同盟会策动起义的重点地区应放在何处？作为革命先行者的孙中山，曾在1897年8月至1898年8月间提出三条原则："盖起点之地，不拘形势，总求急于聚人，利于接济，快于进取而矣。"①同盟会成立后，他与黄兴反复讨论，终于选定两广作为武装起义的策源地，并且准备把广西作为起义后首先夺取的根据地。其中一个主要的考虑，是海外人力物力，特别是武器的"利于接济"。其间，孙中山与黄兴曾有过激烈的争论。当时在场的宫崎寅藏记述：

孙和黄第一次在凤乐园见面，就进行了激烈的争论。由于我不懂他们的话，不知道吵的是什么问题。后来问人才知道：黄主张从长江一

① 孙中山：《与宫崎寅藏等笔谈》，见《孙中山全集》第1卷，中华书局1981年版，第183—184页。

带开始干，孙则主张从广东开始干。黄对孙说："你不要光讲自己老家好不好？"孙说："你要在长江一带干，但从哪里运送武器呢？长江一带很难运送武器进去，你知道吗？而广东则有几个运送武器的地方。"①

争论的结果，是黄兴接受了孙中山的意见。以后，他在1911年2月广州起义前夕致居正的信中还写道："吾党举事，须先取得海岸交通线，以供输入武器之便。"②两广地处边界，而在毗邻的越南，不少华侨同情革命。1900年初，孙中山初赴西贡，结识侨商李竹痴、曾锡周、马培生等，就得到他们的支持。1902年秋冬间，他在河内又结识侨商黄隆生、杨寿彭、甄吉廷、吴梓生等，并建立了河内兴中会。所以如果在两广地区武装起义，可望得到众多旅越华侨的支持。

基于上述考虑，同盟会成立后，孙中山即着手准备在两广地区发动武装起义。9月8日，也就是同盟会本部成立后19天，孙中山就派冯自由、李白重二人赴香港组织同盟会分会。11月，同盟会香港分会成立，举陈少白为会长，郑贯一为庶务，冯自由为书记，黄世仲为交际。先后加盟的还有李纪堂、容星桥、卢信、廖平子、陈树人等等。会所就设在《中国日报》社长室。这是同盟会本部成立后，在东京以外建立的第一个分会。它在以后同盟会领导两广边界武装起义中，发挥了重要作用。

10月7日，孙中山亲自从日本赴越南从事筹饷等活动。他到西贡后，受到侨商李竹痴等人的迎接。正避居在西贡的王和顺闻讯后，赶去拜见孙中山，并加入了同盟会。王和顺是广西游勇起义的重要首领，又是壮族人，在流散越南和留在广西境内的游勇中有很大影响，所以他的加入对以后同盟会在两广边界地区发动的历次武装起义起了重要的作用。

1906年2月13日，孙中山离开西贡去新加坡。不久，就成立了同盟会新加坡分会，以陈楚楠、张永福为正副会长。这年4月间，孙中山返回东京同盟会本部。同年6月，孙中山再次离日赴新加坡。在新加坡，他听取了许雪秋在广东潮州地区进行革命活动的情况汇报，任命许雪秋为中华国民军东军都督，负责在潮州、嘉应一带发动起义。③之后，又在吉隆坡建立了同盟会分会，

① 《宫崎寅藏谈孙中山》，见《广东文史资料》第25辑，第316—317页。
② 居正：《辛亥札记》，见《辛亥革命在湖北史料选辑》，湖北人民出版社1981年版，第3页。
③ 参见冯自由：《中国革命运动二十六年组织史》，商务印书馆1948年版，第130页。

不久又赴西贡。9月26日孙中山在西贡致函苏汉忠，指出发动华侨“合力救国”的重要性，并说“目前至关重要的是军费，一旦得此，即可随时发动驱除篡夺者[清朝政府]的战争”，嘱其在爪哇华侨中积极开展筹集军费的工作。①

10月9日，孙中山自西贡返抵日本，接着便与黄兴、章太炎等人共同制定了同盟会的《革命方略》，其中包括《军政府宣言》、《军政府与各处国民军之关系》、《军队之编制》、《战士赏恤》、《军律》、《略地规则》、《因粮规则》、《安民布告》、《对外宣言》、《招降满洲将士布告》、《扫除满洲租税厘捐布告》等11个文件，②备各地革命党发动武装起义时应用，作为他们的行动指针。

在这11个文件中，《军政府宣言》是一个纲领性的文件。

它宣布：“虽经纬万端，要其一贯之精神，则为自由、平等、博爱。故前代为英雄革命，今日为国民革命。”它对同盟会纲领规定的“驱除鞑虏，恢复中华，创立民国，平均地权”这四句话分别作了阐释。《宣言》还提出：在革命后要实行“军民之治”、“约法之治”、“宪法之治”三个时期，以达到有步骤地实现以上的纲领。

在《略地规则》和《招降满洲将士布告》中表示：“同是汉人，地位虽殊，情谊固在”；“凡我国民之为满洲将校者，若能顾念大义，幡然来归，军政府必推诚相与，视为一体。”这些，固然是为着分化敌人，但也埋下了日后同汉族封建势力妥协的根苗。

《中国同盟会革命方略》的制定，再次体现了孙中山等人决心用武力推翻清朝政府的一贯思想，也从一个侧面反映了革命高潮的行将到来。革命党人已从积极进行宣传、组织等准备工作，转到要采取大规模的武装起义的实际行动了。于是，在武装起义后到底应该建立怎样的组织机构、采取怎样的政策措施等实际问题，也都提到革命党人的议事日程上，要求他们认真地加以考虑，作出具体的决定了。

《革命方略》制定后，在各省秘密流传。它的影响是巨大的，武昌起义后各省独立，许多方面就是按照《革命方略》去办的。连文件中规定起义后建立的政府叫“军政府”，首脑人物称“都督”等，以后各省几乎也都是这样做的。

1906年12月，湘、赣交界地区爆发了由当地会党首领龚春台和同盟会

① 参见孙中山：《致苏汉忠函》，见《孙中山全集》第1卷，中华书局1981年版，第294页。

② 参见孙中山：《中国同盟会革命方略》，见《孙中山全集》第1卷，中华书局1981年版，第296—318页。

会员刘道一、蔡绍南等人策动的武装起义。萍乡、浏阳、醴陵一带的贫苦农民、煤矿工人和会党成员，参加了这次起义，史称"萍浏醴起义"。起义爆发后，发展很快，几天之内，队伍就扩大到2万多人，湘、赣、鄂三省为之震动。孙中山得知后，立即派谭人凤、宁调元、胡瑛等人赶回国内，分赴江苏等长江中下游各省运动，力图扩大起义的成果。但当他们回到国内，萍浏醴起义在数万清军的围攻下已告失败。刘道一、蔡绍南遇难，龚春台潜往长沙暂时匿居。

萍浏醴起义虽然由于起义队伍内部的思想和成员比较复杂，在行动上也缺乏统一的计划和有力的指挥，很快归于失败，但它在同盟会成立后革命活动发展的进程中，仍产生了很大的影响。这次起义声势之盛、规模之大，是以往资产阶级革命派发动的历次武装起义所未曾达到过的。它像一声春雷，震动了南中国，给当时散处国内外的革命志士带来了巨大的兴奋和激动。他们从这次起义中吸取了力量，受到鼓舞。孙中山事后在一封信中评述：

> 自庚子以后，中国内外人心思想日开，革命风潮日涨。忽而萍乡之事起，人心大为欢迎。时我在日本，财力甚窘，运掉（调）不灵，乃忽有他方一同志许助五万金，始从事派人通达湖湘消息，而萍乡军已以无械而散矣（此事不过乘一时矿工之变而起，初未谋定而动，故动，他方同志多不及助，是以不支也）。惟有此刺激，人心已不可止，故定计南行，得日人资万四千元及前述所许五万元，以谋起义。①

另外，这次起义失败后，清朝政府加紧镇压革命党人，谕令"沿江沿海各省督抚，务将逆匪各党随时防范，严密查拿，以靖地方而消隐患"②。宁调元、胡瑛、刘静庵、张难先等人先后被捕，禹之谟惨遭杀害，湖南、湖北、江西、江苏等省革命力量遭受严重摧残，使同盟会在长江中下游的潜在势力受到沉重打击，一时难以迅速恢复和展开活动。这就促使同盟会在准备发动下一阶段的武装起义时，更把它的注意力集中到华南地区。

萍浏醴起义失败后，孙中山在1907年5月至1908年4月不到一年的时间里，接连在华南地区组织了潮州黄岗起义、惠州七女湖起义、钦廉防城

① 孙中山：《致吴稚晖函》，见《孙中山全集》第1卷，中华书局1981年版，第421页。

② 故宫档案馆：《萍浏醴起义清方档案》，见《辛亥革命》（中国近代史资料丛刊）第2册，上海人民出版社1957年版，第513页。

起义、镇南关起义、钦廉上思起义和河口起义，前后共六次武装起义。在1907年12月发动的镇南关起义中，孙中山曾亲赴前沿阵地，指挥战斗。他在经崎岖山路登上镇南关炮台后，勉励起义将士说："清朝太腐败，太可恶，我们一定要将它推翻，我们的革命一定成功！"①他还为伤员裹伤治疗，并亲自发炮回击敌军，高兴地说："反对清政府二十余年，此日始得亲发炮击清军耳！"②但此次起义终因敌众我寡而告失败。

同盟会成立初期，孙中山领导的这几次武装起义，与兴中会时期历次武装斗争一样，几乎全是依靠会党的力量，都是希望通过会党的突然发难而一举取得成功，而没有去花大力气广泛地发动和组织人民群众参加斗争，即使对会党成员，也主要是依靠一部分上层分子，没有在下层群众中进行过细致的政治动员和组织工作，这就使这些起义缺乏扎实的群众基础。而以会党为主力，也使起义难以成功。

中国近代的会党，主要是以游民、流氓无产者为主体的。它的长处是处在社会底层，对社会现实有着强烈的不满，富有反抗性；有着一定的组织力量，只要取得它的首领的支持，很容易一呼而集；由于它有"反清复明"的传统，容易接受革命党人反满宣传的影响，甚至还能接受他们提出的民主共和国的主张，把它写在起义时颁布的文件中。因此，在反清的武装起义中常常可以起巨大的冲击作用。在19世纪和20世纪相交的那一段时间内，这种作用表现得更为突出。但是，它的弱点也是明显的，主要是缺乏真正的革命觉悟，难以从事持久的斗争，在起义遭遇挫折时，往往士气低落，甚至一哄而散。

由于缺乏扎实的群众基础，再加上会党本身固有的弱点，导致这些起义在清军的镇压下，很快都归于失败。但是，这些起义对推动国内革命运动的开展，仍起了积极的作用。朱德回忆说：

> 1908年，孙中山派黄兴到云南河口发动起义，不幸失败。接着，同盟会员杨秋帆等又在永昌举行起义，结果也没有成功。这两次起义虽然都失败了，但是革命的影响却在云南日益扩展起来。我就是在孙中山的民主革命思想的影响下，于1909年在云南讲武堂参加同盟会的。③

① 郑惠琪等：《镇南关起义见闻》，见《辛亥革命回忆录》第3集，文史资料出版社1963年版，第436页。

② 《胡汉民自传》，见《辛亥革命史料选辑》上册，湖南人民出版社1981年版，第181页。

③ 朱德：《辛亥革命回忆》，见《辛亥革命回忆录》第1集，文史资料出版社1963年版，第3页。

徐锡麟起义地点安庆巡警学堂

秋　瑾

当孙中山在华南连续组织起义时，1907年7月，先由革命党人徐锡麟在安徽安庆发动起义，继有秋瑾在浙江绍兴准备呼应安庆起义，也都在清军的镇压下失败，两人都不幸遇难。但他们的英雄举动，令那些清朝官员们闻之丧胆。“自恩中丞（指被徐锡麟刺杀的安徽巡抚恩铭）遇害，凡达官贵人，皆有危心，朝廷则更甚，至引见之礼废，改为验放。革命党人之势焰，岂不盛哉！”①

秋瑾牺牲时，才31岁。安庆起义失败后，有人劝秋瑾设法躲藏，她断然拒绝：

我怕死就不会出来革命，革命要流血才会成功。如满奴能将我绑赴断头台，革命成功至少可以提早五年。牺牲我一人，可以减少后来千

① 孙宝瑄：《忘山庐日记》，上海古籍出版社1983年版，第1050页。

百人的牺牲，不是我革命失败，而是我革命成功。我决不离开绍兴，愿与男女两校[她所主持的掩护革命的大通学堂]共存亡。你回去同我们妇女同志说，要求男女平权，首先要做到男女平等的义务。我不入地狱，谁入地狱！①

她的英勇就义，惊天地，泣鬼神，也令革命党人悲痛不已。1908年，秋瑾的战友陶成章指派王金发，在绍兴刺杀了被怀疑出卖秋瑾的胡道南。②

秋 瑾

暗杀的图谋 同盟会成立后连续发动的起义，相继失败，战友先后牺牲，使一部分革命者情绪低落，有的忧郁成疾，有的急躁冲动，自行其是，筹划用暗杀的方式，打开局面。曾在革命党人聚集的上海中国公学就读的胡适追忆：

中国公学的寄宿舍，常常是革命党的旅馆。章太炎先生出狱后即住在这里，戴天仇先生也曾住过，陈其美先生也时时往来这里。有时候，忽然班上少了一个同学，后来才知道是干革命或暗杀去了。如任鸿隽忽然往日本学工业化学去了，后来才知道他去学制造炸弹去了；如但懋辛也忽然不见了，后来才知道他同汪精卫、黄复生到北京谋刺摄政王去了。③

1909年前后，陶成章将目光锁定北京，强调“革命一节，弟意非扰乱北

① 王璧华：《秋瑾成仁经过》，见《近代史资料》1957年第2期，第98页。

② 参见黎霞：《辛亥时期暗杀活动与光复会的关系》，《鄂州大学学报》2005年第4期。

③ 胡适：《中国公学校史》，见朱有瓛主编：《中国近代学制史料》第2辑，上册，华东师范大学出版社1987年版，第745页。

黄复生

京不可"①。他有具体设想,"欲在北京开设妓院,以美人诱满清贵族,席间下毒,以为一网打尽之计",以收"中央革命"之效。②

1909年,尹锐志、尹维俊等十余人由沪赴京,打算行刺清廷政要。他们在京逗留了约一年,终因人地生疏,计不得施,黯然而返。③

紧接着,汪精卫(原名汪兆铭,字精卫)等人也潜入北京,谋刺摄政王载沣。汪精卫曾留学日本法政学堂,是同盟会早期骨干。忧于起义接连告败,他悲愤交加,决心效法俄国虚无党人,借助暗杀手段,来打击清廷,激励同志。他辗转日本,与黄复生、黎仲实、喻培伦、陈璧君、曾醒、方君瑛等组成一个七人暗杀团,由喻培伦负责试验制造炸弹。因在日本试验炸弹不便,于是又偕黎仲实、陈璧君、黄复生、方君瑛等到了香港,在黄泥甬道设立秘密机关,并在屯门邓三伯的农场,试验掷弹及电气发火、化学发火、钟表发火等方法。

1909年,黄复生偕但懋辛先赴北京,筹设暗杀机关。准备就绪后,汪精卫偕陈璧君、黎仲实由港抵京,同时喻培伦也携带购置的照相器材来京。众人在琉璃厂火神庙夹道组织秘密机关,开设守真照相馆以作掩护。他们最初谋炸庆亲王奕劻,因其戒备森严,未能得手。适逢皇室成员载洵、载涛考察欧洲海军归来,汪精卫和黄复生得知,于是带着装满炸药的铁壶,冒着风雪赶往火车站,但因载洵、载涛下车后,有许多同样头戴红顶花翎者簇拥着,汪精卫等难以辨认和下手,黯然而归。

经过密商,他们决定擒贼先擒王,谋炸摄政王载沣,并选定什刹海旁边的银锭桥为下手地点。这里三面环水,仅一面有几户民居,很幽僻,离摄政

① 《陶成章信札》,岳麓书社1980年版,第23、53、54页。
② 参见魏兰:《陶焕卿先生行述》,见《辛亥革命浙江史料选辑》,浙江人民出版社1981年版,第344页。
③ 参见黎霞:《辛亥时期暗杀活动与光复会的关系》,《鄂州大学学报》2005年第4期。

王府又很近，是载沣出入必经之处，桥北面有一个阴沟，正好藏人。于是决定由黄复生和喻培伦将装满炸药的铁罐埋在桥下，等载沣一行过桥时，由藏在桥北阴沟内的汪精卫引爆炸弹。

1910年3月31日，黄复生和喻培伦同去桥下埋设炸药，掘土动静引得四处狗吠，只好中止返回。次日夜，两人又去，终将炸药埋好，却因引爆炸药的电线太短，未能敷设完工。第三天半夜再去，正在布线时，突然发现桥上有人窥视。黄复生大惊，急派喻培伦先回报信，自己躲在大树后观察，只见有人提着灯笼下桥探视，过了一阵才走。黄复生待其走后，急奔桥下将已敷设的电线收回，但因装满炸药的铁罐太重，一人无法带走。这时又有一阵脚步声传来，他只能再躲回树后观察，只见有三个人手持灯笼下桥，待了许久才离开。他知道大事不妙，赶紧回去报告。

经会商，决定由喻培伦赴日本东京购买炸药，黎仲实、陈璧君去南洋筹款，汪精卫和黄复生在京留守，等炸药到后，再作谋划。但事已败露，当晚巡警接报银锭桥下发现可疑物后，知道不是寻常案件，急报内城巡警总厅，又呈报民政部和步军统领衙门。民政部尚书善耆、步军统领毓朗等亲往勘查。经检视，装炸药的铁罐是手工打制的，马上查问北京城内各铁匠铺，很快得知是守真照相馆向骡马市大街鸿泰永铁匠铺定制的，汪精卫等人被捕入狱。①此事的经过，详知内情的人也有追忆：

同盟会时期的汪精卫

醇亲王载沣为摄政王后，他的府邸，就加派了禁卫军一连、警察一个派出所，来加强守卫。汪兆铭等计划在王府左近暗杀载沣当然容易

① 参见韩涛：《司法变奏的政治底色——从汪兆铭谋刺载沣案谈起》，《北京大学研究生学志》2009年第1期。

> 败露。当时有个巡警祥和，人家叫他小祥子，后改名金霭庭，发觉那时有形迹可疑的人，不分早晚，在摄政王府附近徘徊，就特别注意起来，并将情形报告了巡官。
>
> 巡官派祥和等跟踪侦查。后侦悉有二人在琉璃厂开设照相馆，字号“守真”，一个人姓黄，一个人姓罗，他们的一举一动，都不像商人。另有一个姓汪的，住在东北园，每日必到照相馆闲谈，他们讲的满口是南方话，一句也听不懂。尤其令人可疑的是他们的态度，总是不自安，并查到他们在菜市口铁铺中定购铁罐等情，都接连上报。于是上面指令多派便衣，加紧警戒，沿途保护摄政王上朝。
>
> 二月二十一日(3月31日)掌灯后，果然发现有两个人在摄政王上朝必经之甘水桥桥下，埋置铁罐地雷之类，并非炸弹。当场将黄、罗二人逮捕，并火速到琉璃厂东北园，将合谋的汪兆铭也逮捕了，略为审问后，即送交法部。破案出力人员赏银二千元，祥和从巡捕升任巡官，后来升到东郊分署署长。①

汪精卫等人被捕后，法部本拟判处死刑，肃亲王善耆认为不宜过分刺激革命党人，建议采取“怀柔”政策，遂判汪、黄二人终身监禁。辛亥革命后，两人方才出狱。

少数人的暗杀举动，并没有被大多数革命党人认可，他们仍坚持走武装革命的道路。为了筹集必要的资金，孙中山继在南洋各地募款后，再次远渡重洋，去美国、加拿大等地筹款。黄兴等人则在香港准备再次起义，并在广州城里设立了秘密据点。1911年4月27日(农历三月二十九日)，著名的“广州三二九起义”爆发。

当天下午，黄兴率领100多名选锋[敢死队]队员，勇猛攻入两广总督衙门，见里面的清朝官员已逃窜一空，就放火烧了总督衙门，随后又分兵进攻督练公署等官府机构。途中与前来镇压的清军展开激烈的巷战。黄兴身先士卒，冲锋在前，右手被枪弹打断两指，仍坚持拼杀。战斗持续了一夜，终因敌我力量悬殊告败，黄兴等人化装逃往香港，方声洞等57人壮烈战死，林觉民等29人被捕后英勇就义。一名革命党人事后设法收殓了72具死难烈士

① 杜如松：《记肃亲王善耆》，见《晚清宫廷生活见闻》，文史资料出版社1982年版，第306—307页。

的遗体，将他们一起安葬在广州郊外白云山麓的黄花岗上，史称“黄花岗七十二烈士”。

临刑前的黄花岗几位烈士

爱国华侨和留日学生在这次起义中，担当了先锋和骨干，方声洞和林觉民是他们的杰出代表。方声洞是福建闽侯(今福州)人，17 岁入日本成城学堂学军事，曾参加拒俄义勇队和军国民教育会，后任同盟会福建分会主盟人。黄花岗起义时中弹牺牲，年仅 26 岁。他在起义前夕给家人的绝笔书中，字字铿锵地说：“夫男儿存世，不能建功立业，以强祖国，使同胞享幸福，虽奋斗而死，亦大乐也。且为祖国而死，亦义所应尔也。”

方声洞

林觉民也是福建闽侯人，生于 1886 年，1907 年入日本庆应大学，后加入同盟会。1911 年从日本赶回国内参加黄花岗起义。临战前，他以坚

林觉民

毅的神情对战友说："使吾同胞一旦尽奋而起，克复神州，重兴祖国，则吾辈虽死之日，犹生之年。"在给妻子的信中，他写道，为了祖国，"当亦乐牺牲吾身与汝身之福利，为天下人谋永福"。受伤被捕后，他在刑堂上威武不屈，慷慨陈词，敦促人们"献身为国，革除暴政，建立共和，能使将来国家安强"①。就义时，年仅25岁。

这些在风雨如磐的近代中国，为了实现民主、共和的理想，不惜牺牲自己一切的年轻人，是中华民族的脊梁，是民族觉醒的先驱。正是这样一批人，使中华民族虽屡经劫难，仍生生不息，保持着顽强的生机。他们的英雄业绩，昭示和鼓舞更多的人起来战斗。黄花岗起义失败不到半年，就爆发了直接导致清皇朝覆灭的武昌起义。

① 《方声洞传》、《林觉民传》，见《广州三月二十九日革命史》，中国国民党中央执行委员会宣传部1944年印行，第189—190、125—130页。

第八章

新政的困局

幼时的宣统皇帝溥仪

一　皇帝、太后之死

1908年临近岁末时，紫禁城传出惊人的消息，光绪帝和慈禧太后在两天内相继死去，官场及民间顿时人心浮动，议论纷纷，整个政局变得动荡不安。

光绪帝之死　1908年11月14日傍晚，北京已经入冬，格外寒冷，光绪帝在宫中悄然去世，临终无一人陪伴，及至被人发现，早已死去多时。[①]次日下午，74岁的慈禧也撒手人寰。38岁的光绪帝在七旬老人慈禧病逝的前一天

光绪帝出殡

① 参见李国荣主编:《清宫档案揭秘》，中国青年出版社2007年版，第163页。

光绪帝葬礼

太监李莲英

死去，不免让人产生疑惑，历来传说颇多，很多人认为是慈禧自知病将不起，不甘心死于光绪之前，所以下了毒手。[①]但详考清宫太医档，可知光绪是受肺结核、肝脏、心脏、风湿等慢性病长期折磨，致使身体的免疫力严重缺失，酿成了多系统的疾病，最终造成心肺功能衰竭，合并急性感染而死亡。[②]

1980年，清西陵文物管理处在清理崇陵地宫时，发现光绪遗体完整，体长1.64米，无刃器伤痕。通过化验颈椎和头发，也无中毒现象，与清史档案专家、医学专家的分析判断相吻合，即光绪属正常死亡。[③]但近期的另一项检测结果，认定光绪系中毒而亡。[④]戴

① 参见马忠文：《时人日记中的光绪皇帝、慈禧太后之死》，见中国社会科学院近代史研究所政治史研究室等编：《晚清国家与社会》，社会科学文献出版社2007年版。

② 参见冯伯群主编：《历史真相中的大清王朝三百年》，中国档案出版社2007年版，第76页。

③ 参见李国荣主编：《清宫档案揭秘》，中国青年出版社2007年版，第178页。

④ 参见钟里满等：《清光绪帝死因研究工作报告》、钟里满：《清光绪帝砒霜中毒类型及日期考》，《清史研究》2008年第4期。

逸的《光绪之死》也认为：

> 总之，慈禧惟恐自己先死，光绪复出掌权，尽翻旧案，故而在全国求医问药多次，大造光绪病重的舆论，希望光绪因体弱多病而先死，在人间悄悄地消失。但事与愿违，偏偏自己先罹重病，势将不起，故临终前令亲信下手毒死光绪。从检测结果与史料记载来看，这应是事实的真相。①

但仍有学者持保留意见，认为光绪中毒一说尚难确证，说慈禧是主谋尚难定论，如真有人下毒，更可能是袁世凯、李莲英。②

光绪帝死因之谜

年轻的光绪先于慈禧一天死去，其死因犹如谜团，至今仍未真正解开。2008年11月2日，国家清史编纂委员会召开了"清光绪帝死因研究报告会"，会上由中央电视台清史纪录片摄制组、清西陵文物管理处、中国原子能科学研究院反应堆工程研究设计所、北京市公安局法医检验鉴定中心，联合发布了《清光绪帝死因研究工作报告》，宣布："本课题在不能开棺直验且时隔久远、检材条件很差等不利因素困扰下，由光绪帝发砷研究入手，通过对其头发不同截段砷含量的异常分布情况的分析验证，发现并证实了导致其违背常规的砷元素分布的特殊原因，即光绪帝头发上的高含量砷并非为慢性中毒自然代谢产生，而是来自于外部沾染。通过对其遗骨表面砷元素的检测和对其殡葬衣物被侵蚀的规律以及衣物上砷元素含量的分布情况分析，进一步证实了光绪帝的腐败尸体是砷元素污染的唯一来源。由砷种态分析得知，光绪帝摄入体内的砒霜总量明显大于致死量。因此，研究结论为：光绪帝系砒霜中毒死亡。"（《清史研究》2008年第4期）

但仍有学者持保留意见，朱金甫与周文泉、陈可冀在20世纪80年代，曾通过对清宫医疗档案的分析研究，分别论证了光绪帝和慈禧太后均因病而死。认为光绪帝是正常病亡，是在特殊的政治环境下，因心情抑

① 戴逸：《光绪之死》，《清史研究》2008年第4期。
② 参见王开玺：《关于光绪帝死因的思考与献疑》，《晋阳学刊》2009年第6期。

郁，体弱多病，医治无效，久而成为痨瘵之症，最后是由于五脏六腑功能过于亏损，阴阳两虚，气血双耗，心力衰竭而死亡；慈禧太后则是因患肺炎而死，她迟于光绪帝一天而亡，乃是一种偶然的巧合，不能由此得出可疑的结论。"清光绪帝死因研究报告会"及《清光绪帝死因研究工作报告》公布后，朱金甫在仔细辨析后，明确指出光绪帝系急性中毒而死的结论存在许多疑点，仍持自己原来的观点，即光绪帝和慈禧太后均因病而死。与他有类似质疑的学者还有房德邻、王开玺等等。详可参见《清史研究》2008 年第 4 期和《历史档案》2010 年第 4 期。

戊戌维新被镇压后，光绪帝作为名义上的皇帝又在晚清政坛上活动了十年。其间，从一些曾经远远瞥见过他的西方人的记载中，或者从那些伺候过他的太监口中，给人的印象是，他似乎陷入深度忧郁状态，反应迟钝，表情木然。美国传教士何德兰的太太曾有机会时常进宫，据她记述：

许多时间里光绪皇帝都在场。我们每次在宫里时，皇上都陪着太后——不是在她身旁，而是落后几步。她坐下后，他总是离着几步在后面站着，除非她叫他坐下，从来不敢坐。他面容清秀而高雅，穿着深色的长衫。他是个孤独的人，与阿谀奉承的太监、聪明伶俐的嫔妃和珠光宝气的太后在一起显得毫不起眼。没有一个大臣在他面前叩着头压低声音颤颤抖抖地说话，惯于奉承讨好的太监到他面前也从不跪下。相反，我一次次看见他被太后这帮工于谄媚的仆人挤得靠在墙边上。

有一天我们在宫里时，一个人高马大的太监站到皇上面前，把他完全挡住了。我看见光绪的手伸到那人肩头，默默地将他拨过来，让他看看他是站在谁的面前。当光绪抬起头来看这个身材高大的仆人时，脸上并无愤怒的迹象，只显出一副温和而可怜的笑容。我以为那人一定会在皇上面前扑通跪下的，没想到他只往左边挪了几英寸，依旧直挺挺地站在他前面。在宫里我从未见过有人向皇上屈过膝，除非是在外国人问候他或向他告别的时候。而大臣们和太监们每次跟太后说话都要跪下。这些事情形成了鲜明的对比。

我第一次见过光绪皇帝之后，他那双可怜而深沉的大眼睛在我面前有好几天久久不去。我无法忘掉它们，我决心只要有机会就对他说几句话，让他知道全世界的人仍然在希望他能将他所开创的伟大改革继续下去。但他被监视得很严，我从未发现和他说话的机会。而我们在宫中的全部时间里，他也从未跟客人、嫔妃、慈禧太后或是侍从说过话。

有位公使告诉我，有一天觐见之后，太后和皇上已经下了丹陛，太后正跟他的一位同僚说着话，他因为皇上离得不远，就对皇上说了句什么。太后立即打住了跟刚才那人的话，代皇上回答了他。

有一次宫里只有我们四个人，都舒舒服服地坐着，皇上站在太后后面几步远的地方。太后谈起了拳民运动，为损失了她的长指甲和她所找到的各式各样吉祥葫芦而惋惜。皇上很可能是听着这场没有他的份的谈话听腻了，静悄悄地出边门去了戏楼，当时那里正唱着戏。有一会儿太后并未觉察到他不在，但当她一发现他已经走了，脸上马上显得很是焦躁，转过脸去声色俱厉地问总管太监李莲英道："皇帝去哪儿啦?"太监们急忙东奔西跑起来，被差到一处一处去问。过了一会儿他们回来了，说他在戏楼那里。焦躁的表情这才像乌云见太阳一样从她脸上散开了——有几个太监于是就留在了戏楼。①

有位伺候过慈禧的宫女在慈禧的安排下，嫁给了给光绪帝理发的刘姓太监。宫女回忆丈夫曾告诉她，"剃完头，请示皇帝按摩不？大家知道光绪帝是个急脾气的人，对生活细节向来又不讲究，早就腻烦了，向例是摇摇头，更不挑剔奴才的毛病。奴才行礼时，皇上的眼皮也不抬，怔怔地在想心事"。丈夫还说皇上很少有喜笑颜开的时候，"可能有精神病……光绪像木头人一样，不说也不动，听从下人的摆布。他们都知道光绪的脾气，赶紧伺候，赶紧离开。孤独惯了的人，决不愿有人在一旁打扰。在光绪爷面前当差的人，都是低着眼皮作事。一句话也不说，这是一向的习惯"②。

而最近披露的一份清宫档案，则反映如同傀儡的光绪帝，在其冷漠的表情下，内心深处实际上并未完全放弃他的政治追求。1906 年预备立宪后，慈禧太后曾于 1907 年 11 月指令孙家鼐、荣庆、陆润庠、张英麟、唐景崇、宝熙、朱益藩轮班为光绪帝讲学，其中孙家鼐、荣庆、陆润庠讲授四书书经，张

① 何德兰：《慈禧与光绪》，晏方译，中华书局 2004 年版，第 108—109 页。

② 沈义羚等：《宫女谈往录》，紫禁城出版社 1992 年版，第 278、301 页。

英麟、朱益藩讲授庭训格言和御批、历代通鉴辑览，唐景崇、宝熙讲授国朝掌故及各国政略。讲授者每日须将所讲之书，"综其大义，择其精语，恭拟讲义一篇，缮写两份，先一日进呈皇太后、皇上御览"①。

从遗存的讲义可以得见，各国政略的讲授内容包括柏林条约、法英之谋埃及、各国之分非洲、英女王维多利亚之经营印度、英国殖民地之制度、英国宪政之沿革、德国联邦之制度、美国政策之变迁、各国最近势力之趋注、各国文化之发达等等。重点是厚今薄古，尤其关注各国政治改革和经略扩张。

正是在慈禧太后的允许下，光绪帝利用这个机会，读了许多有关各国宪政等内容的书籍。以下是一份1907年和1908年内务府的"呈进书籍档"，数件合成一件，是内务府办理光绪帝索要的购书单的记录。第一份是1908年1月29日由内务府奏事处交出光绪帝朱笔所列的39种书目：

> 政治官报局刊印各书：《日本宪法说明书》、《日本统计释例》、《日本宪政略论》、《译书提要》、《驻奥使馆报告书》；商务印书馆新印各书：《孟德斯鸠法意》、《政治讲义》、《法学通论》、《比较国法学》、《政治学》、《国法学》、《民法原论》、《政治泛论》、《宪政论》、《行政法泛论》、《日本预备立宪》、《国债论》、《警察讲义录》、《日本警察讲义录》、《日本警察法述义》、《自治论纂》、《宪法研究书》、《日本监狱法详解》、《万国国力比较》、《政治一般》、《列国政治异同考》、《欧洲最近政治史》、《欧洲新政史》、《欧洲财政史》、《经济通论》、《理财新义》、《日本法制要旨》、《日俄战纪》、《最新战法学》、《德国学校制度》、《各国宪法大纲》、《英国宪法论》、《万国舆图》、《欧美政教纪原》。以上每种呈四部，并嗣后官报局有新印出之书，即随时每种呈递四部。

两天后，内务府呈进了其中的27部。同时对未能进呈其他书目陈述了原因："政治官报局欠办书籍：《日本宪法说明书》，现在不齐；《日本宪政略论》，现在不齐；《译书提要》，现在不齐。商务印书馆欠办书籍：《自治论纂》，尚未出版；《宪法研究书》，尚未出版；《政治一般》，现在不齐；《列国政治异同考》，现在

① 张毅君供稿：《为光绪帝进讲"各国政略"稿》，见《近代史资料》总104号，中国社会科学出版社2002年版，第1页。

不齐;《欧洲财政史》,现在不齐;《经济通论》,现在不齐;《日俄战纪》,现在不齐;《最新战法学》,现在不齐;《各国宪法大纲》,现在不齐。共书十二种未进。”

1908年2月17日,内务府又补进五种:“《日本宪政略论》四部,每部一册;《政治一般》四部,每部二册;《欧洲财政史》四部,每部一册;《日俄战纪》四部,每部一册;《战法学》四部,每部三册。”

同年2月29日,光绪帝交给内务府他从《政治一般》一书中抄下的一份详细目录,要内务府查明出自何书,并索要这本书。这份目录的内容如下:

第一编古代史。第一章总论,第二章三大国民,第三章低格里幼发拉的河边诸国之兴亡,第四章希腊国民概论,第五章希腊人移住及斯巴达勃兴,第六章阿善之兴起,第七章波斯战争,第八章阿善隆盛及配洛帕纳色斯战争,第九章希腊之文明,第十章斯巴达德巴及麦西腾之霸业,第十一章达亚历山德及海伦世界,第十二章欧洲古代之形势,第十三章罗马王政时代,第十四章共和政府内讧,第十五章共和政府统一(意)大利,第十六章征伐外国上,第十七章征伐外国下,第十八章内乱,第十九章三雄执政上,第二十章三雄执政下,第二十一章罗马帝国概论,第二十二章传播耶稣教。

第二编中代史。第一章日耳曼人种之大移住上,第二章日耳曼人种之大移住下,第三章东罗马帝国,第四章回教之势力,第五章郄尔曼帝国,第六章诺尔曼人之迁徙上,第七章诺尔曼人之迁徙下,第八章日耳曼人种之神圣罗马帝国,第九章中古上半期之欧洲风化,第十章罗马教皇之权威,第十一章十字军上,第十二章十字军下,第十三章十字军之功效,第十四章英吉利及法兰西,第十五章日耳曼皇权衰颓,第十六章罗马教皇之势力衰颓,第十七章东欧之形势及东罗马之灭亡,第十八章百年战争,第十九章西欧诸国集权于中央,第二十章航海,第二十一章人智之开明。

第三编近代史。第一期宗教改革时代。第一章国力平均论之发端,第二章国力平均论之发端续,第三章宗教之改革,第四章宗教之改革续,第五章宗教之改革续,第六章荷兰共和国之独立,第七章英吉利新教之兴,第八章海兰西宗教之乱,第九章三十年战争,第十章英吉利之革命,第十一章欧洲人之文明及其殖民事业。

第四编近代史。此系《政治一般》书内之目录,与原书所叙者不合,当系何种历史之目?应将此种历史向商务印书分馆问明。购取四部呈

> 递。再，近来商务印书分馆又有新印各书，一并购呈。每种四部。《瀛寰全志》一册，附图一册，《万国史纲》，《英华大辞典》，《帝国主义》，《欧洲新政史》下册，《高等学堂中国》，《西洋历史教科书》，《华英音韵字典集成》，《华英进阶全集》，《和文汉译读本》。

两天后，内务府将除《英华大辞典》、《帝国主义》、《欧洲新政史》之外的其他书籍进呈，并禀告了商务印书馆方面的答复："据云系西洋历史目录误订在《政治一般》书内。"

《政治一般》是一个月前进呈的27部书中的一部，光绪帝不仅已看过，还一字不漏抄下了误订其中的目录。从他列出的商务印书馆新书来看，他似乎很清楚商务的出版情况。当时商务印书馆的主事者，正是曾参与戊戌维新的张元济。

档案记载，此后内务府继续购买最新出版的书进呈光绪帝（包括那些被指定的书目）。1908年3月5日呈进《日本宪法说明书》、《译书提要》及《帝国主义》三种。3月10日宪政编查馆送到政治官报局刊印的《日本政治要览》等六种书，两天后被进呈光绪帝。3月17日宪政编查馆送到政治官报局刊印的《日本议会诂法》，连同从商务印书馆续购的《宪法研究》和《列国政治异同考》，三书一并于3月19日呈进。4月1日宪政编查馆送到政治官报局刊印的《法国政治要览》、《比国政治要览》、《日本丙午议会》、《日本宪法疏证》，翌日呈进。4月7日宪政编查馆送到政治官报局刊印书《英国财政要览》，4月9日进呈。4月24日宪政编查馆送到政治官报局刊印的《日本官制通览》，连同商务出版的《自治论》于当天一并呈进。这份档案记载了光绪帝在大约三个月时间内提出要看的书目，总共超过50种。①可惜天不假年，半年多后光绪帝就去世了。

慈禧太后的临终安排 1908年11月14日，在位34年的光绪帝去世。前一天即11月13日，亦在病中的慈禧在寝宫紧急召见奕劻、载沣、鹿传霖、袁世凯等军机大臣，之后内阁宣布奉太后懿旨，著醇亲王载沣之子在宫内教养，并在上书房读书，以醇亲王载沣为摄政王。实际上在光绪去世前，明确指定了皇位的继承者，即以光绪的弟弟醇亲王载沣的快满3岁的儿子溥仪

① 参见叶晓青：《光绪帝最后的阅读书目》，《历史研究》2007年第2期。

光绪皇帝的灵柩运往清西陵

慈禧太后出殡

慈禧太后棺椁

为嗣皇帝，而由载沣以摄政王监国。11月15日，慈禧太后也病死了。两天之内，光绪帝和慈禧太后接连去世，全国上下震动不小。1908年11月16日，美国《纽约时报》载："北京的市容已经大变，所有红色的东西都被移走，取而代之的是肃穆的蓝青色。"夏衍曾回忆：

> 我八岁那年，光绪三十四年(1908)冬天，光绪皇帝和西太后死了，尽管当时很闭塞，严家衖[夏衍的家乡，离杭州三四里]又在乡下，像"戊戌政变"这样的大事，我们也不知道，可是皇帝和皇太后"驾崩"就不同了，"地保"(相当于保甲长)打着小锣挨家挨户地通知。我听说的只有两件事，一是今后三个月不准剃头，二是一百天内不准唱戏。
>
> 当时男人都留辫子，我的辫子已有一尺多长，额前还留了"刘海"，所谓剃头，不过是等于修脸，这对我影响不大；但是对第二条不准唱戏，则老百姓都感到扫兴，因为那时是农历十月下旬，今后一百天，就包括农历新年在内。我听老乡们七嘴八舌地说，除了不准唱戏之外，还有过年不准放爆竹，元宵不准闹花灯等等。这一年浙江闹了水灾，春蚕的收成也不好，老百姓穷得很，所以这些禁令，实际上也没什么影响。①

清东陵和西陵

清代帝王的陵寝，大都沿袭明制，皇帝即位后，就派人选择陵址，动工修建，当时称为"万年吉地"或"万年福地"。一座完整的帝王陵寝，除了皇帝本人的陵之外，还应包括皇后陵和妃园寝，一般需要几年、十几年甚至几十年的时间，才能最后建成。而几座帝王陵寝连在一起，就形成了一个规模相当大的陵区。清朝从太祖努尔哈赤开始，至末代皇帝溥仪为止，除溥仪没有建陵外，其他皇帝及其后妃，死后分别葬在三个陵区内，即关外沈阳的盛京陵、关内河北遵化的清东陵和易县的清西陵。

清东陵是一组规模宏大的帝王陵墓建筑群，陵区东起马兰峪，西到黄花山，北面是雾灵山，南面有天台、烟墩两山相对峙，中间的出入口称兴隆

① 夏衍：《懒寻旧梦录》(增补本)，生活·读书·新知三联书店2006年版，第9—10页。

口，又叫龙门口，总占地面积达 2 500 多平方公里。陵区内以昌瑞山为界，分成“前圈”、“后龙”两大部分。陵区周围设有红、白、青三层界桩，界桩外有 20 里宽的官山，官山之内全属禁区，闲杂人等一概不许入内。

咸丰帝后陵，位于东陵，陵区内的平安峪，是埋葬咸丰帝的定陵。定陵东侧，一是普祥峪定东陵，葬的是慈安皇太后，另一处就是慈禧的普陀峪定东陵。两座陵墓均于同治十二年(1873)兴建，至光绪五年(1879)大体建成。慈禧陵建成后，据清代档案记载，在光绪年间，慈禧多次派人往地宫里安放大量奇珍异宝，准备死后随葬。但后来慈禧对已建好的陵墓不满意，到光绪二十一年(1895)借口年久失修，命人对陵寝地面上的建筑重新修缮。

重修后的隆恩殿和东、西配殿室内，布满精雕细刻的贴金砖，四角盘环，中间是“五福捧寿”、“万字不到头”花纹的雕砖，全部采用突雕。各条明柱均有半立体的金龙环绕，斗拱、梁坊和天花板上的彩绘全部贴金，整个大殿显得金碧辉煌，光彩夺目。隆恩殿外四周的汉白玉石栏杆、栏板和望柱，均雕刻着精美细致的龙凤呈祥、水浪浮云等图案。殿前的龙凤阶石一反常规，其他陵的阶石均是龙在上凤在下，独慈禧陵的阶石是凤在上龙在下，意在显示她至高无上的权势。

珍　妃

光绪帝后陵，位于西陵，四面环山，风景秀丽。陵区北起奇峰岭，南到大雁桥，东自梁各庄，西至紫荆关，四周亦有红、白、青三层界桩和 20 里宽的官山，占地面积约 100 平方公里，小于清东陵。这里埋葬着雍正、嘉庆、道光、光绪四位皇帝及其后妃等。光绪帝后陵称崇陵，在陵区内的金龙峪。光绪三十四年(1908)选好陵址，次年兴建，1913 年竣工。地宫内有青白石制成的宝床，正中是光绪帝的棕宫，左侧是隆裕皇太后的棕宫。1913 年 1 月，隆裕病逝。同年 11 月崇陵竣工，两具棕宫同时葬入地宫。崇陵以东的崇陵妃园寝，埋葬着光绪帝的瑾妃、珍妃姐妹俩。

牢牢执掌清廷最高权柄40多年的慈禧的突然去世所留下的权力真空，是很难有人填补的，也使日趋绝境的清朝政府更失去了控制局势的能力。德国在华传教士卫礼贤，记述了深印在恭亲王奕䜣的孙子溥伟脑海中的慈禧太后：

偶尔他也谈起慈禧太后。从他的口吻中，我感到他对慈禧也有一种敬畏。太后明白如何使周围的人言听计从，在亲王[溥伟，下同]看来，太后能力过人，即使在年老的时候，国家处于危难之际，仍可周密发排手下活动。这种能力还包括坚强的体力和非凡的精力，因为这些手下人都是在天还不亮就上朝，在天将破晓之时就已经完事大吉。老太后用习惯的规矩，将这些王公大臣牢牢握在手心。

亲王讲述他当时如何用颤抖的双手递上一份报告，任何事情都必须这样毕恭毕敬地上报，否则她就会勃然大怒。另外，任何人都不许出言顶撞她。任何一份意思不明的奏章，都会受到她的质问，她甚至可以说出这一点与一年前的一份报告完全雷同。而亲王如果没有将任何一个问题向太后解释清楚，让她满意，他都会感到非常痛苦。

另一方面，太后又清楚地知道在接见场面中如何行事。例如，当一个德高望重的老臣局促不安地将所有的奏折跪送到宝座前时，她会特意让他站起来。如果一个大臣在回答中令她非常不悦，或没使她高兴，她会毫不留情地让他跪上半天。①

慈禧的权势，也令1902年进宫觐见的外国驻华公使夫人们印象深刻：

几天之后，我们跟随一大队穿着华贵的格格们进入大殿，一切都与事先想象的不同。我们看到慈禧太后坐在一个高台上的宝座之中，皇上坐在她的左边，一些军机大臣跪在她身边，而引我们进殿的那些高贵的格格们跪地请安，我们全都忘了几天前在开会的时候表达的仇恨，全都因为周遭的环境和太后本身的威仪而心生敬畏，我们不自觉地按照觐见皇室的传统向她三鞠躬。我们当时唯一的感觉就是，这个坐在宝

① 卫礼贤：《青岛的故人们》，王宇洁等译，青岛出版社2007年版，第150页。

座上的威严的女人，全身都透着一种帝王之气。①

光绪、慈禧相继病逝以及溥仪继位后，中国国内并没有出现列强担忧的会危及其在华权益的动荡，况且载沣有过出访欧洲的经历。12 月 3 日他在溥仪登基的次日即明确表示将继续推行"预备立宪"，"以仰慰大行太皇太后、大行皇帝在天之灵，而巩亿万年郅治之基"。②这些都使列强对他抱有一定的好感，在慈禧去世的当天即 11 月 15 日，美国《纽约时报》曾报道当时各国驻华外交官担心载沣并非强权人物，对西方不利的守旧势力或许会得势，"大清国很可能会倒退到它最初呈现于世人面前的情形，那么它又将成为世界上侵略外交最诱人的战利品，并且又可能重新出现导致彻底崩溃的危险"③。出于维护其在华权益的考虑，列强也愿意对载沣表示一定的支持。

二　皇族集权举措

光绪帝死后，由慈禧指定的帝位继任者是年仅 3 岁的溥仪，他的父亲是醇亲王载沣。

宣统父子合影，图右站立者为溥仪

摄政王载沣　载沣，爱新觉罗氏。他的父亲奕譞是道光帝第七子，载沣为奕譞第五子，长兄、三兄、四兄均幼年夭折，次兄载湉即光绪帝。他于 1884 年受封不入八分辅国公，1889 年晋奉恩镇国公，1890 年奕譞病故后承袭醇亲王爵位。载沣为人处世酷似其父奕譞，生性懦弱，谨小慎微，但又远不如奕譞深谋远

① 赫德兰：《权谋档案：一个美国人眼中的晚清宫廷》，王秀莉译，团结出版社 2011 年版，第 34 页。
② 故宫博物院明清档案部编：《清末预备立宪档案史料》，中华书局 1979 年版，第 69 页。
③ 郑曦原等编译：《帝国的回忆——〈纽约时报〉晚清观察记》（修订本），当代中国出版社 2007 年版，第 147 页。

虑。他的弟弟载涛这样描述：

载沣是我的胞兄，他的秉性为人，我知道的比较清楚。他遇事优柔寡断，人都说他忠厚，实则忠厚即无用之别名。他日常生活很有规律，内廷当差谨慎小心，这是他的长处。他做一个承平时代的王爵尚可，若仰仗他来主持国政，应付事变，则决难胜任。

慈禧选中他，是认为他“好驾驭，肯听话”①。在载沣的书房里，有他自书的对联：“有书真富贵，无事小神仙”。②

因为载沣顺从听话，很得慈禧的欢心，他的太太是荣禄的女儿，又被慈禧太后认作养女。慈禧将她指配给载沣时，载沣生母已为他定亲，结果原定婚约只好退掉。1900年，慈禧命18岁的载沣在内廷行走。次年，载沣先后任阅兵大臣，管理镶红旗觉罗学事务，正蓝旗长族长。同年6月奉派作为专使赴柏林，就德国驻华公使克林德在义和团运动期间被杀事向德国道歉。在德期间，他亲眼看到德国皇室的权势和国势都十分强盛，很是羡慕，曾向

载沣夫妇

① 载涛：《载沣与袁世凯的矛盾》，见《晚清宫廷生活见闻》，文史资料出版社1982年版，第79页。
② 溥杰：《回忆醇亲王府的生活》，见《晚清宫廷生活见闻》，文史资料出版社1982年版，第216—217页。

德皇威廉请教统治之术,后者告诉他:若要使皇室强盛,首先要集兵权于皇室;而要使国家富强,必十分重视武备。这番话对他日后秉政产生了深刻影响。1907年后,慈禧又下令让他在军机大臣上学习行走。

1908年11月,光绪、慈禧相继去世。光绪帝死后无嗣,慈禧在病亟时遗命由载沣之子溥仪以"继承同治、兼祧光绪"的名义入宫,而以载沣为摄政王,实行监国,随后指立隆裕为皇太后,规定凡军国大事摄政王当秉承皇太后旨意办理。溥仪受命继位,其家人并不欣喜若狂。据溥仪的弟弟溥杰回忆光绪帝死后:

> 慈禧用青天霹雳的手段,突然把我的大哥接入宫中,旋即继嗣同治,兼祧光绪当了清朝的末代皇帝。因为我的大哥自幼即在我祖母处抚育,忽然又把她所钟爱的长孙夺去,并且我祖母深知光绪晚年的结果,以为溥仪这一入宫,不但等于和我祖母的生离死别,而且更惩前毖后地害起怕来。于是她从那时起,就得了时发时愈的神经病。①

被接入宫中的溥仪,日子也不好过。他自己记述:

> 据说我一看见慈禧这副病容,立刻号啕大哭,浑身哆嗦不止。慈禧看我哭了,叫人拿冰糖葫芦给我,不料我一把拿过来就摔到地下,连声哭喊着:"要嬷嬷!要嬷嬷!"弄得慈禧很不痛快,说:"这孩子真别扭,抱到哪儿玩去吧!"

他又说:"我三岁进宫,到了十一岁才认得自己的祖母和母亲,那是她们奉太妃之召进宫的。我见了她们,只觉得很生疏,一点不觉得亲切。"②

幼帝登基大典　1908年12月3日,美国《纽约时报》以"三岁幼童登上清国皇位改元宣统"为题,详细报道了12月2日北京的登基大典,细节生动:

① 溥杰:《回忆醇亲王府的生活》,见《晚清宫廷生活见闻》,文史资料出版社1982年版,第216页。
② 溥仪:《我的前半生》,东方出版社2007年版,第25、23页。

幼时的宣统皇帝溥仪

今晨六点钟，御林军进入皇宫东门。当他们刚刚在城门内列队站好，帝国高官们就开始到达。这次聚会的规模和重要性，可从等候在皇宫外面的马车数量来推测。到十点钟时，已经有350多辆马车，连同大量官轿在冬日的阳光下静候于门外，它们要一直等到典礼结束。

首先，皇家的王爷们以及帝国高官们，对大行皇帝的祭奠神牌叩头。然后，他们又全部依次序向溥仪叩头。接着，溥仪在大行皇帝和皇太后的神牌前摆上祭品。这些礼仪完成后，人们为这位小皇帝脱下丧服，并非常细心地给他穿上龙袍。龙袍做工精致，上面刺绣着皇帝陛下专用的龙纹图案。

小皇帝的奶妈们，在做这些事时非常小心谨慎。穿好龙袍后，这位小皇帝在嘹亮的号角声和动人心魄的锣鼓声、震耳欲聋的鞭炮声中，步履蹒跚地独自走上龙座。他是自己一个人走上去的，没有显出需要谁协助。如果他打个踉跄，许多反应迅捷的手臂当然会将他扶住。

清末民政部官员恭贺宣统帝即位

在龙座上，溥仪首先向他的养母皇太后叶赫那拉氏叩头，然后他就落座接受庙堂上所有王爷和高官对他行的叩头礼。这些仪式做完之后，这位小皇帝再从龙座上走下来，重新穿上他的那套小丧服。

……十一点三十分时，官员们开始离开皇宫，紫禁城外的交通立刻壅塞起来。

贬斥袁世凯 袁世凯对北洋新军的统领，一直招致满族权贵的疑惧，河间、彰德会操的成功和袁世凯当时的威风，更令他们不安。彰德会操结束后，袁世凯回京复命，不久便遭遇被剥夺军权的处置。1906 年 11 月 6 日，清廷公布了官制改革方案，否定了袁世凯等人先前提出的废除军机处、改组责任内阁、设立总理大臣的方案，规定军机处、内阁依旧，中央行政各部为外务部、吏部、民政部、度支部、礼部、学部、陆军部、邮传部、理藩部、法部、农工商部等 11 个部。

其中军事方面废兵部，设陆军部，以练兵处、太仆寺并入。海军部及军咨府未成立以前，其所有事务均归陆军部办理。各部设尚书一人、侍郎二人，任命铁良为陆军部尚书，寿勋为左侍郎，荫昌为右侍郎，这三个人均是满族。袁世凯见势不妙，赶紧上奏请辞其参与政务大臣、会办练兵事务大臣、督办邮政大臣等八项兼职，并将自己督练的北洋新军六镇的兵权上交陆军部。清廷正中下怀，马上批准，同时又宣布北洋新军第二、第四两镇，暂由袁世凯"调遣训练"，以示安抚。此时距彰德会操结束只有十余天。[①]次年，清廷又明升暗降，调张之洞、袁世凯入京为军机大臣，完全剥夺了汉族大员的兵权。叶恭绰曾指出："其时太后[慈禧]因二人在外权大，且握重兵，心焉忌之，故一诏而使二人徒手入京，便之朝夕相见，名为优礼，实为监视，同时即夺其兵。"

但袁世凯对北洋新军党羽的影响力，一直是满族权贵的心病。

袁世凯的兵权尽管被削弱，但在清末政坛依旧是重要人物，也是文武百官争相讨好的对象。1908 年 9 月，他五十寿庆时，场面奢华，一位亲眼目睹的英国人向莫理循描述了当时的场景：

前院和内院走廊以及宽敞袁府的各个客厅，全都密密麻麻挤满了

---

① 参见张华腾：《袁世凯与河间、彰德会操》，见《近代史研究》1998 年第 6 期。

官员，北京的权贵无一不在。他府上的正厅前庭搭起席棚，这里除开正在演戏的一座戏台外，来宾们只能勉强有个立足之地。我满有把握地相信，包括随从和小官在内，我在场时估计有一千人，而今明两天都接待来宾，来给袁拜寿的官员总数之多不难想见。

袁府所在的通往东华门的那条大街上，停满了两轮棚车和四轮马车，军队沿街放岗。我走过那里时，正巧碰见一长列黄色肩舆抬着皇太后、皇帝和皇后赏赐的各色礼品来到袁府。袁在正门前跪迎由鼓乐队伴送来的这批御赐礼品，然后就安放在袁府正厅尽头处事先铺好黄绫子的台桌上。袁向这批御赐礼品行三跪九叩首的大礼，行跪拜礼时，台桌两旁侍立着长长一列官员。

这位英国人感叹：

我认为没有任何一个中国官员过五十大寿时，曾有过比这更盛大的祝寿场面。依我看来，说袁是目前朝廷宠信的大臣，这就是最令人信服的证据。我再说一个细节，袁府上所有的廊院以及许多厅堂内室，都挂满了官员们从全国各地送来的寿幛。袁的官星能高照到多久，当然无法预言，但是目睹今天这个场面的任何人，都不能不相信他现在是朝廷宠信的重臣。①

袁在京城官场的招摇，自然更招致满族权贵的不满。袁世凯对此并非毫无察觉，但他自恃有奕劻和慈禧的支持，并不太在意。不久，慈禧病重，他就不免有些慌乱，转而格外自敛。据说光绪不起时，慈禧曾向身边重臣征询光绪继位者的意见，在场的袁世凯当即表示惟命是从，不敢置喙：“我辈汉臣，惟知国赖长君，其他非所敢言。”②在私下，他则有所谋划，包括偷偷派程家柽与革命党人接触。程家柽在日本留学时，曾参加拒俄义勇队，1905年与宋教仁等人创办《二十世纪之支那》，后加入中国同盟会。次年回国，任京师大学堂农科教习，在北方秘密从事革命活动，又与袁世凯等人周旋。慈禧

① 骆惠敏编：《清末民初政情内幕——〈泰晤士报〉驻北京记者、袁世凯政治顾问乔·厄·莫理循书信集》上册，刘桂梁等译，知识出版社1986年版，第559—560页。

② 刘体智：《异辞录》，中华书局1988年版，第216页。

病死后，袁感觉自己地位不稳，所以请与革命党人本有渊源的程家柽赴日活动。黄兴、宋教仁曾与程会晤，但毕竟事关重大，未有实质性的结果。①以后事态的发展，证实了袁世凯的预感。

慈禧太后死后 6 天，11 月 21 日摄政王接见各国公使，奕劻、那桐、袁世凯等都在侧。这时在外间已经盛传袁世凯被处死了。让袁世凯露一下面，可能带有平息猜疑的考虑。12 月 2 日，溥仪即位，宣布明年为宣统元年。到了 1909 年 1 月 9 日，就发布上谕："袁世凯现患足疾，步履维艰，难胜职任。袁世凯着即开缺，回籍养疴，以示体恤之至意。"②权势显赫一时的袁世凯被罢官撤职，赶回河南老家。

清皇室罢黜袁世凯，最重要的一条就是剥夺他的兵权。溥仪写道：

> 我父亲并非是个完全没有主意的人。他的主意便是为了维持皇族的统治，首先把兵权抓过来。这是他那次出使德国从德国皇室学到的一条：军队一定要放在皇室手里，皇族子弟要当军官。他做得更彻底，不但抓到皇室手里，而且还必须抓在自己家里。
>
> 在我即位后不多天，他就派自己的兄弟载涛做专司训练禁卫军大臣，建立皇家军队。袁世凯开缺后，他代替皇帝为大元帅，统率全国军队，派兄弟载洵为筹办海军大臣，另一个兄弟载涛管军谘府（等于参谋总部的机构），后来我这两个叔叔就成了正式的海军部大臣和军谘府大臣。③

皇族这些年轻亲贵尽管担任了重要军职，但他们都是纨袴子弟，根本不懂得军事，实际倚仗的是禁卫军协统良弼，良弼是日本士官学校第二期毕业生。当时清皇朝正命各省编练新军，良弼力主重用日本士官学校毕业生。他的意图原想在军官中结成一股便于他掌握的新的力量，来替代并排挤袁世凯的势力。但这些士官学校学生中不少人在留日期间受到过革命思想的影响，有些还秘密加入了同盟会，回国后被派入新军，并且很快得到提升，有些还充当了标统、协统以至统制等高级军职。这在客观上对武昌起义后各

① 参见罗福惠等：《日文档案中的清末革命者和流亡者》，《近代史研究》2004 年第 4 期。
② 《宣统政记》卷四，第 24 页。
③ 溥仪：《我的前半生》，东方出版社 2007 年版，第 26 页。

省新军得以纷纷响应创造了有利的条件。

慈禧太后、光绪帝之死和袁世凯的被贬黜，是清末政局演变的一个重要转折点。此后，清朝最高统治集团再无如慈禧太后这般拥有绝对权威和统驭全局的铁腕人物，内部各种矛盾凸显和激化，统治能力大为削弱。而被赶回老家的袁世凯，表面上俯首帖耳，在养寿园以渔翁自诩，弄舟垂钓，实际上并不甘心，暗中与北洋旧部频频联络，伺机东山再起。

袁世凯洹上垂钓

皇族揽权　为了挽救虚弱的皇朝，载沣主政后采取了一系列强化清朝皇室统治的措施。首先是削弱以袁世凯为首的北洋集团势力。作为光绪帝的胞弟，载沣对于袁世凯在戊戌年间的叛卖行径早怀怨恨，对于这些年来北洋势力的增长也颇有疑忌，主政后他一度打算诛杀袁世凯，因奕劻、张之洞等人婉阻，改而称袁世凯患有足疾，令其开缺回原籍休养。溥仪称：

摄政王要杀袁世凯为兄报仇的事虽确有其事，也被奕劻为首的一班军机大臣给拦阻住了。详情无从得知，只知道最让父亲泄气的是奕劻的一番话："杀袁世凯不难，不过北洋军如果造起反来怎么办？"结果是隆裕太后听从了张之洞等人的主意，叫袁世凯回家去养那根本没有的“足疾”，放走了袁世凯。①

清朝权贵铁良的儿子穆瀛也记述，隆裕太后召见奕劻，载沣在侧，提议杀掉袁世凯，奕劻伏地不语，太后追问：“汝何意？”奕劻这才奏请召时任军机大臣的张之洞入宫商议。张单独入见时力陈：“主幼时危，未可遽戮大臣，动摇社稷，可否罢斥驱逐出京？”②袁世凯躲过一劫。

袁世凯被贬斥后，载沣又将袁的重要党羽邮传部尚书陈璧革职，徐世昌由东三省总督内调邮传部尚书，执掌京城警权的民政部侍郎赵秉钧离任，其他如唐绍仪、梁士诒、王士珍、段祺瑞等人也或被撤换，或自请开缺，或调离要职。

段祺瑞

接着又部署将军权收归皇帝控制。载沣主政伊始，便着手训练了一支1.2万人的禁卫军，由他亲自统帅，他的弟弟载涛和皇族成员毓朗充当禁卫军大臣，同时宣布将近畿各省新军一律划归中央直辖。1909年7月15日又特发上谕，明定皇帝为全国陆海军大元帅，而在皇帝亲政前由摄政王代行大元帅职权。同一天，又任命他的弟弟载洵为筹办海军大臣，载涛和毓朗为管理军谘处事务大臣，规定军谘处拥有任免各镇新军的指挥、参谋、训练人员的审定权。此外，满族亲贵载泽、善耆、铁良、凤山、荫昌等也陆续掌握了中央和地方的军事权力。1910年12月又颁发谕旨，将相沿已久的各省督抚兼陆军部（前兵部）尚书或侍郎衔的惯例予以撤销。

载沣等人执政后，想方设法削夺袁世凯及其党羽的权势，并集大权于满

① 溥仪：《我的前半生》，东方出版社2007年版，第16页。

② 杜春和等编：《北洋军阀史料选辑》上册，中国社会科学出版社1981年版，第66页。

族贵族手中，但收效甚微，北洋新军袁世凯的那些老部下大多阳奉阴违，“这些人心目中本来只知有他们的宫保，一时迫于朝命，虽都不敢说什么，而无不期待他的东山再起”①。载沣主政不久，对各部院大臣也作了调整，14 名部院大臣中 9 人为满族贵族，其中皇族又占了 7 人；而在军机处，随着张之洞、戴鸿慈、鹿传霖的相继去世，汉族军机大臣只剩徐世昌一人。载沣上述集权于皇族的做法，不但在中央加剧了满汉官员之间的矛盾，在地方引起了各省督抚的普遍不满，而且在皇族内部也引发了隆裕太后以及与隆裕关系密切的载泽、溥伦等人，还有以奕劻为首的元老派，与载沣兄弟以及毓朗等少壮派之间的权力斗争，清末政局更加混乱，清朝政府控制局势的能力进一步削弱。

清朝政府在慈禧死后，已失去左右全局的核心人物，一些较有声望的老臣已先后谢世，其中李鸿章、刘坤一、荣禄、王文韶、张之洞分别死于 1901 年、1902 年、1903 年、1908 年和 1909 年。监国摄政王载沣生性懦弱，遇事优柔寡断。光绪去世的次日，美国《纽约时报》就评论说：“人们并不认为醇亲王是一位强有力的人物，或者说从能够推动大清帝国沿积极的道路向前发展的含义上讲，醇亲王所受的教育和训练并不充分。然而在血缘关系上，他却是光绪皇帝最嫡亲的亲属。”②溥仪记述：

> 为了了解摄政王监国三年的情况，我曾看过父亲那个时候的日记。在日记里没找到多少材料，却发现过两类很有趣的记载。一类是属于例行事项的，如每逢立夏，必依例剪平头，每逢立秋，则依例留分发；此外还有依例换什么衣服，吃什么时鲜等等。另一类，是关于天象观察的详细记载和报上登载的这类消息的摘要，有时还有很用心画下的示意图。可以看出，一方面是内容十分贫乏的生活，一方面又有一种对天文的强烈爱好。③

读过这段日记的溥仪感叹：“如果他生在今天，说不定他可以学成一名天文学家。”④溥仪还回忆：

① 杜春和等编：《北洋军阀史料选辑》上册，中国社会科学出版社 1981 年版，第 68 页。

② 郑曦原：《帝国的回忆》（修订本），当代中国出版社 2007 年版，第 147 页。

③④ 溥仪：《我的前半生》，东方出版社 2007 年版，第 24 页。

> 我的弟弟曾听母亲说过，辛亥那年父亲辞了摄政王位，从宫里一回来便对母亲说："从今天起，我可以回家抱孩子了！"母亲被他那副轻松神气气得痛哭了一场，后来告诫弟弟："长大了万不可学阿玛[满语父亲]那样！"这段故事和父亲自书的对联"有书真富贵，无事小神仙"，虽都不足以证明什么真正的"退隐"之志，但也可以看出他对那三年监国是够伤脑筋的。那三年，可以说是他一生最失败的三年。①

官场阅历甚深的张之洞，对载沣颇有恨铁不成钢之感慨。1909年10月，载沣前去看望病危的张之洞。张之洞身边的人记述了当时的场景："王至，谓公曰：中堂公忠体国，有名望，好好保养。公曰：公忠体国，所不敢当；廉正无私，不敢不勉。王出，陈师傅入，问曰：监国之意若何？公无他言，第叹曰：国运尽矣，盖冀一悟而未能也！"②

在当时的皇室成员看来，名义上与载沣同为清廷最高统治者的隆裕太后，"庸碌无识，较之慈禧则远远不如。例如慈禧对于政治虽然残暴自私，但尚有个人的见解，对于王公大臣亦有一定的笼络手段，而隆裕则一切皆为其宠监张兰德所操纵，个人毫无主见"③。一旦"遇着极为难之事，只有向人痛哭"④。直到清朝灭亡，她仍以为袁世凯对清廷忠诚不贰，服侍过她的太监信修明忆述："隆裕皇太后不知共和为何事，误认为袁世凯是一个忠臣。民国议定每年给皇室四百万元。隆裕皇太后很是满意，次晨照例梳洗整冠临朝，不料等到十点钟，还不见袁等上来，便传奏事处问话：'今天军机大臣等怎么还不上来？'奏事处回答说：'袁世凯临行时说，从此不来了。'隆裕太后闻言，口呆目瞪多时，急说：'难道大清国我把它断送了？！'由此饮食减少，疾病缠身。"⑤

身为内阁总理大臣的奕劻，贪婪无能，只知搜括钱财，供己挥霍。载润曾这样概括："隆裕与载沣皆无治国之才，而奕劻、那桐等人，又只知贪污受贿。"⑥掌

---

① 溥仪：《我的前半生》，东方出版社2007年版，第20页。

② 许同莘：《张文襄公年谱》卷十，商务印书馆1944年版，第223页。

③ 载润：《隆裕与载沣之矛盾》，见全国政协文史资料研究委员会编：《晚清宫廷生活见闻》，文史资料出版社1982年版，第76页。

④ 载涛：《载沣与袁世凯的矛盾》，见《辛亥革命回忆录》第6册，文史资料出版社1963年版，第326页。

⑤ 信修明等：《太监谈往录》，紫禁城出版社2010年版，第55页。

⑥ 载润：《隆裕与载沣之矛盾》，见全国政协文史资料研究委员会编：《晚清宫廷生活见闻》，文史资料出版社1982年版，第78页。

握兵权的军谘大臣、贝勒载涛和毓朗，陆军部尚书荫昌等，都是一些缺乏实际办事经验的纨袴子弟。自凤山接替袁世凯统领北洋四镇，军纪大不如昔，冯玉祥忆述："军队一归凤山节制，一切规章乱加窜改，原来习用的举手礼，又改成了弯腰请安，四纲五目也都一律取消了，一时军队中乌烟瘴气，上下官兵怨言四出。"更糟糕的是，"凤山到任不久，便滥自任用满人，并开列价目，盗卖官价：旅长三千两，团长二千两，营长一千两，连长三百两，公开的出卖。这样一来，稍有良心热血的官长目兵，自然都生出反感"。①

目睹此景，流亡海外的康、梁等人也认为有机可乘，他们暗中与掌管军谘府事务的载涛及载洵等人联络。当时，载涛与奕劻、载泽不和，问计于康、梁的门生潘若海，潘建议他一面收抚禁卫军，一面拉拢驻扎保定的新军第六镇统制吴禄贞，准备在1911年秋冬间，里应外合，发动政变，除去奕劻、载泽，掌握政权。②后因武昌起义爆发，此事中辍。

① 冯玉祥：《我的生活》，黑龙江人民出版社1981年版，第76页。

② 参见杨天石：《晚清史事》，中国人民大学出版社2007年版，第465页。

第九章

帝制的末路与时代转换

清末沪宁铁路上海站

一　一意孤行

清廷的一些权贵，原本就不热衷推行君主立宪。奉慈禧之命，曾起草试行立宪懿旨的政务大臣荣庆，后来就与铁良等人站到了宪政的对立面，认为君主立宪有害无益："吾非不得知立宪政体之美，顾以吾国政体宽大，渐流弛紊，今方宜整饰纪纲，综核名实，立居中驭外之规，定上下相维之制。行之数年，使官吏尽知奉法，然后徐议立宪可也。若不察中外国势之异，而徒徇立宪之美名，势必至执政者无权，而神奸巨蠹得以栖息其间，日引月长，为祸非小。"[①]在地方，广西竟有官员面对要求维护谘议局职权的人们，公然声称："广西人刁，我这回奉臬台谕，以杀为主，朝廷立宪是立宪，我们办事是办事。"[②]

国会请愿运动　载沣等人执政后，一方面设法削夺袁世凯及其党羽的权势，一方面对立宪派人横加压制，这就激起了立宪派人的警觉和反感，他们决意通过请愿早开国会，推动立宪进程。有学者指出，当时"社会上从事新式工商业者，多半为地方上之士绅，他们是地方上的利益既得者，他们深恐清廷中央集权措施妨碍了他们的经济权益"，各省谘议局成员则是他们主要的政治代表，国会请愿运动亦集中反映了这批人的政治诉求。[③]

与国内立宪派人准备进行请愿的同时，流亡在海外的梁启超等人，亦展开了配合活动。1910年1月，梁启超在东京出版了《国风报》，为请愿运动

① 孔祥吉：《清人日记研究》，广东人民出版社2008年版，第126页。

② 《琐闻广西》，《申报》1909年5月3日。

③ 参见胡春惠：《再论地方主义与辛亥革命》，见中国史学会编：《辛亥革命与20世纪的中国》上册，中央文献出版社2002年版，第410页。

国会请愿代表团合影

进行宣传。梁启超在《国风报》第1年第1号上，发表了《立宪九年筹备恭跋》，对清朝政府的预备立宪，进行了抨击。他指出，不成立责任内阁，就谈不上筹备宪政，但清朝政府在筹备案中，根本没有规定什么时候成立责任内阁，这一点正说明了清朝政府对立宪缺乏诚意。这样，梁启超就为立宪派的请求速开国会成立责任内阁，提供了理论根据。

另外，梁启超为了和国内的请愿运动取得联系，特派他的密友徐佛苏于1909年底去北京活动。1910年1月中旬，各省请愿代表32人先后到达北京。徐佛苏在北京参加了请愿代表团。通过徐佛苏的关系，梁启超和当时的请愿代表汤化龙、林长民、孙洪伊等建立了通信关系。这样，梁就和国内的重要立宪派人物开始了政治上的合作。

1910年1月16日，各省请愿代表由孙洪伊领衔到都察院呈递请愿书。[①]它的主要内容是，按照清廷宣布的预备立宪的步骤，召开国会当在9年以后，而9年后的危局不知又当如何，因此要求“期以一年之内召集国会”，成立责任内阁。他们还谒军机大臣和王公，痛陈利害。但清廷对于召开国会心有疑惧，而且觉得九年的期限已见于煌煌上谕，不能因为代表请愿就加以缩短。它颁布上谕，一面称请愿书“具见爱国悃忱，朝廷深为嘉悦”，一面又说9年后一定召集议院，实际上拒绝了他们提前召开国会的请求。

① 此后三次请愿高潮中，孙都是请愿团的主持者。孙洪伊(1870—1936)，字伯兰，直隶天津人，家豪富，很有爱国思想，曾大力捐助办教育，颇受地方人士推崇。1909年被选为谘议局议员。

立宪派对这次请愿不能达到目的，是有思想准备的。代表们在通告谘议局时就说过："兹事体大，断非一呈所能得效。"①清廷对他们的请愿表示的温和态度，也使他们继续抱有幻想。2月6日，在京请愿代表共同决议，准备举行第二次请愿。

第一次请愿失败后，请愿代表首先通电发表了《国会请愿代表团人奉上谕后通知书》，声明清廷已经拒绝了缩短预备立宪的期限和组织责任内阁的请求，呼吁各省绅商团体，继续组织力量，准备再次请愿。其次，他们又依在上海会议期间的成议，在北京组织"国会请愿同志会"，草定章程，凡赞成请愿者，均得入会为会员，并明确规定该会以请求政府即开国会为目的，"非到国会成立之日，不得解散"。同时，他们还发表了《国会请愿同志会意见书》，批评清朝政府顽固守旧官僚反对速开国会为不辨黑白；宣传"只有速开国会，才能根除一切贫弱的根源"。宣传"国会请愿同志会"成立的意义，号召各地赞成立宪的人参加到"国会请愿同志会"中来，以扩大请愿声势。

最后，他们又决定由江苏、广东、直隶三省特派员到内地各省及南洋，进行宣传鼓动和组织工作；筹款在北京创办日报，作为国会请愿同志会的机关刊物，推定徐佛苏为该报主编。与此同时，在北京的另外一些立宪派人黎宗岳等，为支援国会请愿同志会，又联络在北京的立宪派人百余人，成立"国会期成会"，并致书各省谘议局、教育会，请联合各地方自治、宪政会等，组成国会期成分会，选派代表入京，参加请愿。②

5月初，各省国会请愿同志分会先后成立，请愿代表陆续赴京。这次请愿代表的社会面比上次更为广泛，不仅有各省的谘议局，而且有商会、教育会、政治团体、华侨等等。6月初，入京请愿代表已达150多人，号称代表30万人。16日，请愿代表80多人前往都察院，代表10个请愿团体上书，请求速开国会，成立责任内阁。

这10个团体及其代表是：直隶谘议局议员代表孙洪伊、直省商民代表沈懋昭、苏州暨上海商会代表杭祖良、南洋雪兰峨二十大埠中华商会代表陆乃翔、澳洲华侨代表陆乃翔、直省教育会代表雷奋、江苏教育会代表姚文枬、直省政治团体代表余德九、直省绅民及旗籍代表李夫生和文耀、东三省绅民代表乔占九等。请愿代表在上载沣书中说："今日时势，主少国疑，民穷财

① 《记国会请愿代表进行之状况》，《东方杂志》第7年第2期。

② 参见《本国纪事·国会期成会之热诚》，《国风报》第1年第2期。

尽，外患鸱张，饥馑四告，革命党又前仆后继，如燎方扬。民愤隔阂不通，政治敷衍而不实，弭乱救亡之策非开国会果有他术乎？”①

对这次请愿运动，清朝政府表面上虽故作郑重地讨论一番，但最后仍然寸步不让，态度也比上次严厉。6月29日，清廷颁布上谕，申斥请愿代表“谓议院一开，即是致全功而臻郅治，古今中外亦无是理”；声称“定以仍俟九年筹备完全，再行降旨定期召集议院”，并警告说“宣谕甚明，毋得再行渎请”。②

这道上谕对于请愿速开国会者来说，无异当头浇了一盆冷水，许多人非常愤慨，他们一面加强宣传批评活动，一面着手扩大请愿组织，广泛征集签名，准备再举。在宣传方面，是年7月由徐佛苏主编的“国会请愿同志会”的机关刊物——《国民公报》在北京出版，它“痛诋清政府而鼓吹立宪”。梁启超则在《国风报》上，先后发表了《论政府阻挠国会之非》、《为国会期限问题敬告国人》等文章，抨击清朝政府阻挠即开国会的做法。他指出，如果不即开国会成立责任内阁，“不及三年，国必大乱，以至于亡，而宣统八年召集国会，为将来历史上所必无之事也”③。

在加强宣传的同时，立宪派人认为两次请愿没有成功，是与人少力微有关系的。为此，他们力图扩大这一运动的社会参与度。具体的办法，是要求各省谘议局利用各地士绅的“名望”，发动签名运动，要求签名必须普及农、工、商各界，人数每省至少在百万以上。

为了更大规模地开展第三次请愿运动，驻京请愿代表团为适应新的形势，也作了适当的改组。原有的代表团是在各省谘议局代表在上海会议时成立的，代表团成员仅限于谘议局议员。改组后，则吸收了各团体的代表加入。他们选出孙洪伊、方还、邓孝可等10人为干事员；推举雷奋、孟昭常、徐佛苏为编辑员。此外还由每一省代表中各推一人做议评员。国会请愿同志会还正式报民政部立案，成为合法的机构。

各地的请愿运动，也比以往历次更加活跃。湖北省谘议局、国会请愿同志会及绅商学各团体数百人于7月12日集会，提出“不开国会，人民不承认新捐税”的口号。四川、山东、陕西等省较快地派出第三次请愿代表入京活动。海外华侨团体纷纷致电北京请愿团，表示热烈赞助。对于请愿代表团来说，

① 《国会请愿代表上摄政王书》，《时报》1910年7月21日。
② 《谕旨》，《东方杂志》第7年第6期。
③ 沧江：《论政府阻挠国会之非》，《国风报》第1年第17期。

更大的支持力量是各省谘议局联合会。该会于8月9日在北京开第一次会议，许多省的谘议局议长、副议长到京参加了会议。会议选举汤化龙为会长，蒲殿俊为副会长，孙洪伊为干事长；推选杨廷栋、刘崇佑、雷奋、周树标、汪龙光、孟森、吴赐龄、王法勤等为审查员。会议讨论通过了速开国会案。

在发动第三次请愿的过程中，张謇曾倡议组织一个"议长请愿团"赴京，"开第三次请愿之新面目"。但他的建议没有得到积极的响应，他自己也没有去京，但还是有一批议长去了。1910年10月3日，资政院按预备立宪的步骤正式开院。资政院议员定额200名，钦选、民选各半。民选议员实自各省谘议局中选出，不少人年纪较轻，锐气方盛，敢于批评政府。江苏的雷奋、湖南的易宗夔、罗杰被称为"资政院三杰"。

请愿代表团认为这时发动请愿将会得到资政院的支持，遂决定把第三次请愿运动正式推向高潮。该团在这次请愿通告人民书中说，原拟晚些时候请愿，"无如风云日恶，时势逼人"，故决定"抵死请愿，无论如何危险，皆所不计"。代表团在通告书中还呼吁各省立宪团体同时开会，"邀集大多数国民速赴各督抚衙门，泣恳代奏速开国会，以救国亡，或联电政府代奏"①。

10月7日，国会请愿代表团孙洪伊等23人持请愿书赴监国摄政王府呈递。临行忽有东北旅京学生赵振生、牛广生等17人来到，交给代表团一信，信中说："起视我政府，狃于积弊，醉生梦死，其不足与列强较优劣、比强弱也，稍有知识者所共知矣。"②并对代表说，"第三次请愿势不能再如前之和平，学生等与其亡国后死于异族之手，不如今日以死饯代表诸君之行"③。言毕，赵、牛两人即拔出利刃，欲自杀以明志，被各代表苦苦劝阻，使这次请愿更带有悲壮的色彩。

各代表到达摄政王府后，载沣不在，由肃亲王善耆出来代接请愿书，答应转交。10月9日，请愿代表团前往资政院递交由187人署名的请愿书。谘议局联合会亦将速开国会陈请书呈上。以后几天，各代表又遍访王公大臣，希望得到他们的支持。

与请愿代表团在北京进行请愿的同时，各省亦出现了较热烈的群众参与的场面。直隶各界于10月5日在天津举行请愿大会，参加者2 000多

① 《国民公报》1910年10月3日。

② 《国民公报》1910年10月8日。

③ 《国会代表团刊布血书》，《申报》1910年10月14日。

人，列队前往督府，要求直隶总督陈夔龙向朝廷代奏直隶人民的召开国会请愿书。10月16日，河南开封各界绅民3 000多人开请愿大会，会后游行到抚院，要求巡抚宝棻代奏请愿书。奉天省各城绅商士民互相联络，拟每城派出1万人，齐集省城要求总督代奏请愿书。谘议局得知消息后，怕规模过大，发生意外，加以劝阻，并保证说服总督代奏。此外，山西、陕西、福建、贵州、湖北、四川等省，均有规模不等的群众游行要求本省督抚代奏要求召开国会请愿书。①

群众性请愿运动推动了立宪派的上层分子，各省谘议局频频致电北京请愿代表团，其中许多省份表示了激进的态度。他们主张如果清朝政府"始终坚持不开(国会)主义，资政院民选议员宣布全体辞职，各省谘议局可以同时解散，以揭开立宪之假面具"②。

在这次请愿运动中，资政院也起到了一定的作用。资政院开院之初，依照事先定好的议事日表，每次会议讨论的都是政府的交议案。孙洪伊等于9日递交的请愿书，一直未列入议事日程。对此，立宪派议员甚为不满。后来，由于立宪派议员提出批评，10月22日速开国会问题终于被列入议事日程。

在讨论过程中，立宪派议员争先发言，个个慷慨激昂。最后全体议员以起立的方式进行表决时，得到全体一致的通过，会场上出现了前所未有的热烈场面，最后通过专折具奏，要求"明降谕旨，提前设立上下议院，以维危局而安群情"。尽管这个资政院毫无实权可言，但它毕竟是一个得到朝廷认可的全国性的民意机构。第三次请愿得到它的支持，自然声势更大。

请愿代表看到了资政院通过了速开国会的议案，兴奋不已。于是他们更分别再电各省谘议局，要求各省督抚代奏速开国会。三天以后，即10月25日，以东三省总督锡良为首的十省督抚联名致电军机处，要求代奏，称"时局危险，已远过于德宗在位之日，缓无可缓，待无可待。此即阁、会克期成立，上下合力，犹恐后时，奈何以区区数年期限争持不决乎?""伏恳圣明独断，亲简大臣，立即组织内阁，特颁明诏，定以明年开设国会"，如此"宗社幸甚，民生幸甚"。③

各省督抚的联合电请清廷的要求成立内阁速开国会，固然与立宪派人

① 参见侯宜杰：《二十世纪初中国政治改革风潮》，人民出版社1993年版，第308—311页。
② 《国民公报》1910年10月17日。
③ 《各省督抚合词请设内阁国会奏稿》，《国风报》第1年第26期。

的全力活动和他们与清廷间存在着矛盾有关，但更重要的应该是他们比清廷更加清楚地看到革命危机的严重性，如果不和立宪派人妥协，向他们让步，使他们“与政府相扶相励，力拯危局”①，清朝政府的统治地位也就很难保持了。

各省督抚联合要求清廷速开国会成立内阁一事，自然非同小可，清朝的最高统治者不能不有所考虑。11月3日，清廷召开了御前会议。他们反复权衡利弊得失，觉得如果再不提前召开国会，就会陷入更加孤立，对自己的统治不利；但他们又怕答应得爽快，会造成一个仿佛朝廷不能做主、大权旁落的印象。最后决定，将召开国会的期限缩短3年，改在宣统五年(1913)召开。次日，清廷正式就此颁发了上谕。

清廷对这次请愿之所以决定将召开国会的期限缩短三年，改在宣统五年开设的“让步”，主要是因为有资政院与各省督抚参与，并非真正想把统治权分一点给立宪派。上谕中宣布开设国会以前，先将官制厘定，预行组织内阁的真意，是想组织皇权内阁，然后再召集国会，最后达到完全控制内阁和国会的目的。

清廷对立宪派表面上的这种“让步”，立即引起了立宪派内部的分化。江浙预备立宪公会派，认为请愿已经得到一定的结果，遵“即日归散”的诏令，结束请愿。四川、湖南、湖北、东三省等省的代表，仍然认为期限太长，先组织内阁，不合乎他们的要求，因而与预备立宪公会派分离，谋在北京组织第四次请愿。但清廷对他们已不再客气，下令将东三省代表押解回籍，将在天津组织第四次请愿的温世霖发戍新疆。于是立宪派掀起的请愿速开国会运动，到此则不得不宣告终结。

立宪派的愤懑　清廷拒绝即开国会和成立责任内阁，并镇压了东三省和天津的请愿代表谋求第四次请愿，不能不引起一些立宪派人的愤懑。据徐佛苏在《梁任公先生逸事》中记载，孙洪伊等人在组织第四次请愿遭到镇压后，他们曾“即夕约集报馆[《国民公报》]中，秘议‘同人各返本省，向谘议局报告清廷政治绝望，吾辈公决秘谋革命，并即以各谘议局中之同志为革命之干部人员，若日后遇有可以发难之问题，则各省同志应即竭力响应援助起义独立’云云”。

1911年4月，清廷果然“履行”去年的“诺言”，颁布新内阁官制，设立了新

① 《各省督抚合词请设内阁国会奏稿》，《国风报》第1年第26期。

内阁。但这个新内阁，几乎使所有的立宪派人都愤怒了。因为总理大臣是一个曾经一再被弹劾的庆亲王奕劻，以下有两个协理大臣那桐（满）、徐世昌；其余各部大臣是：外务部梁敦彦，民政部善耆（皇族），度支部载泽（皇族），学部唐景崇，陆军部荫昌（满），海军部载洵（皇族），法部绍昌（满），农工商部溥伦（皇族），邮传部盛宣怀，理藩部寿耆（宗室），在13个内阁成员中，汉族大臣仅有4人，满族大臣则有9人，占绝对优势。而且这9人中皇族竟占了5个，一登台就被人们称作"皇族内阁"，载沣皇族集权的图谋昭然若揭。

皇族内阁成立后，立宪派人大为失望，极为愤懑。张謇在自订年谱上说：

> 四月（1911年）……政府以海陆军政权及各部主要均任亲贵，非祖制也；复不更事，举措乖张，全国为之解体。至沪，合汤寿潜、沈曾植、赵凤昌诸公函监国，切箴之；更引咸、同间故事，当重用汉大臣之有学问阅历者。赵庆宽为醇邸旧人，適自沪回京，属其痛切密陈，勿以国为孤注。是时举国骚然，朝野上下，不啻加离心力百倍，可惧也。①

尽管清廷最高统治者"举措乖张"，但立宪派人并不为此绝望。全国各省立宪派首脑，又于此时汇集北京，举行各省谘议局第二次联合会，连续两次上折，抨击皇族内阁不合立宪国的通例，强烈要求另简贤员，组织责任内阁。但那些满族贵族在牵涉统治大权的问题上，是决不肯让步的。7月5日发布谕旨，训斥各省谘议局议员，声称："黜涉百司系君上大权，载在先朝钦定宪法大纲，注明议员不得干预"；"朝廷用人，审时度势，一秉大公，尔臣民等均当懔遵钦定宪法大纲，不得率行干请。"②会议期间，他们还筹划组织了全国性的立宪政党——宪友会，准备于宣统五年召开国会时占据多数党地位。

清末的立宪运动，发展到1910年所以会表现得格外"激烈"，一年之内，出现了三次规模和激烈程度一次高过一次的请愿速开国会运动，是与当时客观形势密切关联着的。梁启超曾把当时人民生活的普遍穷困，视为清廷千万亡征中最明显的征兆：

① 张謇：《啬翁自订年谱》。

② 金毓黻：《宣统政纪》卷三十六。

中人之家，恒苦不赡；食力小民，丰岁犹且饥寒。一遇水旱偏灾，则饿殍塞途，转徙而之四方者，常数万计。其稍悍者，则迫为盗贼，日戮一人，犹不能止。若夫通都大邑，十年前号称殷富之区者，今则满目萧条，而商号之破产，日有所闻。金融紧迫，无地不然。自上至下，皆有傀然不可终日之势，盖晚明之现象，一一皆具见于今日。愁惨之气，充满国中。呜呼！凡百险状，盖未有过此者矣。①

社会危机如此，民族危机也在加重。1908 年载沣上台后，为向列强示好，特设宴会招待各国驻华使节，美国驻华公使柔克义在外交密件中报告说，“值得注意的是这次宴会是中国君主第一次在皇宫中举行的，摄政王非常热情，与各国代表一一握手，表示一种显明的欲求亲善的愿望”②。但列强对中国的权益争夺，依然明目张胆。同年，莫理循这样评述：“日本人是我们最危险的竞争对手，……商务上和政治上都影响着我们的利益，中国是世界上最大的未开发的市场，贸易的大门向我们敞开着。”③

日俄战争后，日、俄、美对中国东北的争夺日趋尖锐。1909 年 12 月，美国突然向中、俄、英、法、日、德六国提出“满洲铁道中立”计划，企图将东三省的铁路抓到自己的手里。日本为了联合沙俄对抗美国，于 1910 年 7 月又和沙俄签订了共同瓜分东北、俄国承认日本合并朝鲜、日本承认沙俄侵略蒙古的日、俄第二次协约。如美国学者李约翰所指出的：

互相竞争而冲突的种种外国利益，使列强以或多或少的强烈程度，向北京政府坚持他们的要求，致使北京在外交关系中的地位和国内的威信都大大降低了。清皇朝为了屈服于外国压力和被迫施行这个或那个列强所要求的方案而受到责难。④

这种形势，不能不给中国的爱国者们以巨大的刺激。国会请愿代表团在进行第三次请愿通告人民书中这样强调，原拟晚些时候请愿，“无如风云

① 沧江：《论中国国民生计之危机》，《国风报》第 1 年第 11 期。
② 李约翰：《清帝逊位与列强（1908—1912）》，孙瑞芹等译，江苏教育出版社 2006 年版，第 47 页。
③ 骆惠敏编：《清末民初政情内幕——〈泰晤士报〉驻北京记者、袁世凯政治顾问乔·厄·莫理循书信集》上册，刘桂梁等译，知识出版社 1986 年版，第 533 页。
④ 李约翰：《清帝逊位与列强（1908—1912）》，孙瑞芹等译，江苏教育出版社 2006 年版，第 434 页。

日恶，时势逼人”，“满蒙全部，他人入室，已非我有”，“吾国四分五裂旦夕间事耳”，“凡有爱国心者不能再坐等”。①

请愿速开国会是在维护清廷统治的前提下进行的。它把君主立宪宣扬成当时救国的唯一良策。仿佛只要国会一开，一切就会好起来。但无数事实证明，对这个腐败的政府不能再有任何的希望。期望它的恩赐，指望它来实行任何根本的改革，都无异梦呓。立宪派人希望用提早召开国会的办法来挽救社会危机，消除革命的爆发，维持清廷的统治。但其一年之内连续三次请愿速开国会遭到拒绝的事实，再次证明对它不能有不切实际的幻想。清朝政府一系列倒行逆施，完全把自己置于人民群众的对立面，彻底暴露了冥顽颟顸的可憎面目，包括立宪派在内的一切爱国者，对它不再抱有什么期望，它的统治也快走到尽头。

二 民心向背

20世纪初叶，民族危机空前深重，清朝统治者却依旧挥霍无度，更遭民众的痛恨。

官场腐败 1900年跟随慈禧太后逃至西安的岳超记述：

> 从西宫到西安，住了一年多的时间，只见长安东门外的大路上，车辆人马每日早晚不绝于道，都是由各省的大小官吏进供之物品。在西安的行宫地势虽狭小，也照北京皇宫内的御膳房一样的设备，膳房虽说是一个厨房，里边的组织分为荤局、素局、菜局、饭局、茶局、酪局、粥局、点心局，每一个局设一个太监专管其事，每局设有厨司十数人不等。
>
> 为了宫里几个人吃饭喝茶，膳房里就需要一百多人伺候。到了夏天，太后要吃冰镇梅汤，西安天气很热，没有存冰，当即有本地的人建议，离西安城西南百余里的太白山山洞里有万年不化之冰。因此每日由地方官用大车去太白山拉冰，以备御膳房使用。②

① 《国民公报》1910年10月3日。

② 岳超：《庚子随行简记》，见庄建平主编：《近代史资料文库》第6卷，上海书店出版社2009年版，第445页。

1901 年 9 月 7 日《辛丑条约》订立，10 月 6 日慈禧太后从西安动身回京。当时火车只通到直隶正定，其余路途，“皇室一行都乘黄色的轿子旅行，随行人员包括大批骑兵卫士、官员、太监和仆人。行李车队非常壮观，大约有 3 000 辆马车，插着旗子，披红挂绿，装得严严实实”。其场面，连见多识广的英国记者莫理循都觉得太过分，他在给《泰晤士报》的电稿中这样描述：

1902 年慈禧太后和光绪皇帝从西安返京

每个亲王都有大批骑兵侍卫随行，人数从 30 至 100 人不等。中国北方的道路崎岖不平，结了冰更是难行。装满行李的车队望不到头，在行李的重压下，车辆一路上嘎吱嘎吱艰难地向前滚动。冬天日短夜长，全部人马昼夜赶路。一到晚上，都要由打着火把的士兵在前面引路，非要赶到指定地点才能歇脚。但是，慈禧太后、皇上、太监总管和后宫嫔妃却一路上舒舒服服，所经之路都整得平平坦坦，路面上所有石块都清除得一干二净，甚至还铺上了一层细土，走起路来软松松的，悄然无声。

队伍行进时，前头还专门雇了一班人马用羽毛扫帚来轻扫路面。大约每隔 10 英里，就盖一座设备齐全的休息用房，提供各色精美的食品和糕点。这条皇帝的专用道，由本地的一个承包商承建，造价每 8 码高达 50 墨西哥元(约每英里 1 000 英镑)，铺设路面的泥土都要从远处运来。这种道路，根本不适合中国的普通交通用途。在中国这块绝大多数人还生活在贫困之中的土地上，这是中国朝廷和官员奢侈浪费的一个典型例子。①

在正定换乘火车时，也是大肆铺张，共备有头等车10辆，其中"皇车装潢极佳"②。

慈禧谒祭西陵 1902年慈禧从西安返京后不久，不顾刚经历战火洗劫后的北京急待收拾残局，起意要乘火车去谒祭东、西祖陵，安抚在八国联军侵华期间受惊的祖先亡灵。

当时从北京始发的铁路，仅有京奉线和京汉线。前者由通州经过天津至大虎山，后者则由卢沟桥始，尚未修到汉口，所以没有一条从北京直达遵化东陵或易县西陵的铁路。若想乘火车谒陵，就必须在京奉或京汉线上修筑通往东、西两陵的支线。相比之下，在京汉线上筑一条通往易县西陵的支线较为可行。结果为了修筑这条42公里的专用支线，共耗费白银153万两。当时卢沟桥与北京城之间尚无铁路，又拨专款抢建了京卢间的铁路。

慈禧要乘火车谒陵，还需其他相应准备，如修缮沿途行宫、预备车厢内陈设等，这些又需耗费大量白银。据当时受会办商务大臣盛宣怀之命，负责承办火车车厢内陈设的官员陶兰泉记述，他受命之后，先以整匹黄绒遍套车厢外壳，以白毡黄绒粘贴车厢内壁，再撤去车厢内原有卧榻，安上铁床和被褥枕头，以备慈禧吸食鸦片。车内还陈设各种古董珍玩和法书名画，并备有一个内盛水银、外罩锦缎、形如绣墩的便盆(时称"如意桶")。一切就绪后，由盛宣怀偕直隶总督袁世凯验收。

袁世凯见车厢内的奢华陈设，明白是盛宣怀想借此邀功买宠，便发问：车厢内布置甚佳，但车行震动，稍有倾跌，即大不敬罪名，何人敢当？盛宣怀不甘示弱，当即下令试车检验。于是火车以100里时速开到定兴，又折返北京，往返共用去2小时，车厢内的陈设未有任何闪失，袁世凯无话可说。

接着，又有总管太监李莲英的验收。李莲英称赞他们设置鸦片烟床为"晓事"，但又提出登车之法欠妥帖，并且转达慈禧的旨意，要为光绪帝准备

① 西里尔·珀尔：《北京的莫理循》，窦坤等译，福建教育出版社2003年版，第197—198页。

② 郑村声整理：《回銮来往电报抄存》，见上海图书馆历史文献研究所编：《历史文献》第10辑，上海古籍出版社2006年版，第251页。

同样的一节车厢，因“太后尤不欲受忽视皇上之名也”。于是又遵命赶工，除另外准备同样陈设的车厢外，又制作了一座彩毯铺垫的雕栏木桥，横架在月台与车厢门之间，便于慈禧直接由桥入车厢，不必再走原车厢的登车铁阶。

慈禧太后出行，图右一为太监李莲英

为进一步取悦慈禧，盛宣怀将车内陈设的珍品全部挂上黄笺，题以“臣盛宣怀恭进”字样。袁世凯赶忙跟进，也送到车上一批挂有“臣袁世凯恭进”黄笺的珍玩。据出售这些珍玩的古董商开单统计，两人为此花费白银29万两。

1903年4月5日，慈禧率光绪帝后妃嫔及王公大臣，在永定门车站乘火车离京谒陵。北京距易县约200里，即使慢速行驶，三四个小时也可到达。但慈禧为大显其所谓威仪，却要途中停车，并在车厢内摆上御宴享用。据目睹此宴的陶兰泉回忆，光绪帝陪慈禧用膳，手口犹如机械，“太后下箸，皇上亦下箸，太后箸止亦止”，他不禁感叹：“想宫中无日不然，难乎其为日用饮食矣！”

慈禧一行于当天抵易县行宫，次日即去雍正帝的泰陵、嘉庆帝的昌陵、道光帝的慕陵行礼。陵园非吉祥之地，不宜久留，次日慈禧一行就动身返京。两天的谒陵，筹备了半年多，共耗资白银200万两。[①]众所周知，当时的中国特别是京畿地区刚刚惨遭八国联军的洗劫蹂躏，满目疮痍，两相对照，清廷的腐朽以及对民生的冷漠，昭然若揭。

① 参见刘潞：《融合——清廷文化的发展轨迹》，紫禁城出版社2009年版，第468—470页。

对列强的逢迎 对在中国大地上逞威的列强，清朝统治者则是低三下四，曲意逢迎。1901 年从西安返抵北京，“当西太后乘舆经过使馆人员站立的阳台时，她在轿中欠起身来，以非常和蔼的态度向他们回礼”。次年 1 月 28 日，各国使节应邀入宫，“召见从头到尾是在格外多礼、格外庄严和给予外国代表以前所未有的更大敬意的情况下进行的。这件事之所以特别值得注意，乃是因为这是西太后第一次在召见中公开露面，而不是在纱幕后面的”①。

上行下效，各级官员一意媚外，唯恐惹恼列强，有的并将其视为靠山。1902 年 2 月 1 日，莫理循不无得意地写道：“我们在‘暴乱’[诬指义和团]中并无所失，而事实上我们的威信大增，我敢肯定地说，多少年来我们在北京或在中国的地位，从未像今天这样高，我们与清朝官员的联系从未像今天这样密切。”其中“袁世凯多年来比任何其他官员和我们联系更密切，他跟我们商议之频繁、请教之谦恭，是暴动前不曾有过的”②。

1903 年沙俄拒不从中国东北撤军，清朝政府一筹莫展，一位兵部侍郎竟声称俄国军队应留驻东北。他当着满朝王公大臣的面，直言：“如果我们坚持俄国军队撤出满洲，我倒要问一问，谁来保护他们在那里的铁路？我们又从哪里去找自己的军队来顶这项工作？没有军队来顶，一旦俄国撤退，我们就会面临着可怕的红胡子到处骚扰，抢劫车站、工厂、毁坏铁路的局面。我要请教众位大人，那将会是什么样的结果？那时俄国人就会来捶我们外务部的大门，要求我们赔偿俄国的铁路遭受的巨大损失，可能还会伴随着俄国人的生命遭受红胡子匪徒的残害，而提出的巨额赔偿要求。”反之，“如果我们让俄国人留在满洲，用他们自己的力量去保护自己的财产，而我们则在北京高墙之内坐享安康，沐浴老祖宗的皇恩，岂不是更加实惠而免遭麻烦”。他的这番话，竟赢得“高明远虑”的满堂喝彩。③

很多地方官员依旧闭目塞听，昏聩愚昧。1907 年 7 月，俄国人阿列克谢耶夫到了开封，河南巡抚设宴款待，“席间也谈到了俄罗斯，他们这方面的知识极端贫乏，就连 1905 年俄国在远东被击败这件事[日俄战争]，看来也没有引起他们特别注意。巡抚只是问我：‘西伯利亚还似从前那样荒无人烟？’然后就再没有说别的”。这名俄国人感叹：“我已经不是第一次见到这

① 马士：《中华帝国对外关系史》第 3 卷，张汇文等译，商务印书馆 1960 年版，第 388 页。
② 骆惠敏编：《清末民初政情内幕——〈泰晤士报〉驻北京记者、袁世凯政治顾问乔·厄·莫理循书信集》上册，刘桂梁等译，知识出版社 1986 年版，第 216 页。
③ 参见汪敬虞：《近代中外经济关系史论集》，方志出版社 2006 年版，第 3 页。

种消极怠惰的愚昧无知了。”①

自鸦片战争后，依仗洋枪洋炮和不平等条约的庇护，外国人在华享有诸多特权。1877年10月7日《纽约时报》载，自长江轮船通航，“当地商人往往将装满货物的商船挂羊头卖狗肉式地‘过继’给任何一位欧洲人，佯装货物是他们的，大模大样的欧洲人只要在收费卡子上发点牢骚，就会顺顺利利地通过”。1876年春，一名外国水手搭乘中国货船去宜昌，“货船船主在收费卡子上灵机一动，让这位水手假扮成洋商，而他自己则和底下人一起装扮成洋商的翻译和侍从，很容易就通关了。这位水手以前除了卖过一瓶酒和一磅烟草外，恐怕从未做过什么生意，但仅仅因为有一张可爱的洋脸蛋儿就做了一回大亨”②。

清末首航重庆的英商“利川号”轮船

20世纪初年，清朝政府的阿谀奉承，洋人在中国更是趾高气扬，耀武扬威。1907年，俄国人阿列克谢耶夫在华游历时，乘船经大运河从天津去济南。途中休息时，“从邻船过来一些人，坐在那里瞪大眼睛盯着我们这两个‘洋鬼子’。我与他们攀谈了起来。他们聚精会神地听我讲话，然后起身说道：‘太奇怪了！我们见过的外国人要么对你推推搡搡，要么就打你，想方设法欺负人，而你这位先生却跟我们好好说话，原来也可以这样呀”③。

只有在罕见人烟的新疆罗布荒原，外国人惊讶地遇到了不知朝廷变故，

① 米·瓦·阿列克谢耶夫：《1907年中国纪行》，阎国栋译，云南人民出版社2001年版，第155页。
② 郑曦原：《帝国的回忆》（修订本），当代中国出版社2007年版，第49、50页。
③ 米·瓦·阿列克谢耶夫：《1907年中国纪行》，阎国栋译，云南人民出版社2001年版，第21页。

仍坚持盘查他们的地方官员。1907年，英国人斯坦因经罗布荒原前往楼兰故城。在途中，他的驼队突然止步不前，原来路边出现了两个罗布人的伯克。他们身着大清国的五品官服，衣服破旧，已有补丁，而且并不合身，但漂洗干净，缝补针脚细密，着装中规中矩。他们是清代康熙时册封的世袭官员，闻讯特意前来向这支探险队的外国人查验护照的，因为这是他们的职责所在。这令斯坦因大为惊诧，因为此前他在中国所到之处，各级官员无不唯唯诺诺，从不敢拂其意，根本不用出示护照，唯独在这异常荒僻地，却遇到了恪守职责、维护国权的清朝官员。①

病入膏肓 清朝政府企图通过推行新政，挽救摇摇欲坠的统治，然而，清皇朝已病入膏肓，不废弃君主专制制度，只做一些枝枝节节的变革，是无济于事的。1902年，张之洞照例举行慈禧太后万寿庆典，"各衙署悬灯结彩，铺张扬厉，费资巨万，邀请各国领事，大开筵宴，并招致军界学界奏西乐，唱新编《爱国歌》"。席间，时为张之洞幕僚的辜鸿铭对在座的梁鼎芬感叹："满街都是唱《爱国歌》，未闻唱《爱民歌》者。"梁说："君胡不试编之?"辜当场接招，稍一思忖，就联词成句："天子万年，百姓花钱；万寿无疆，百姓遭殃。"②闻者无不愕然。慈禧七十大寿时，有一则流传甚广的讥嘲联语：

今日到南苑，明日到北海，何日再到古长安？
叹黎民膏血全枯，只为一人歌庆有；
五十割琉球，六十割台湾，而今又割东三省！
痛赤县邦圻益蹙，每逢万岁祝疆无。③

另一方面，新政开始后，看起来似乎颇为热闹，但在实际执行时，各级官员大多敷衍塞责，应付了事。时人忆述：那些中央各部的"大小官僚每日到部，只是签到、划知、盖章例行公事，大多对政事一无所知，真正懂得条例拟具办法的只有部里的书办"④。

① 参见马大正：《新疆游记·序》，新疆人民出版社2010年版，第11页。

② 黄兴涛编：《辜鸿铭文集》，海南出版社1996年版，第427页。

③ 汪荣祖：《记忆与历史：叶赫那拉氏个案论述》，见台北《中研院近代史研究所集刊》第64期(2009年6月)，第17页。

④ 岳超：《晚清京师杂忆》，见文安主编：《晚清述闻》，中国文史出版社2004年版，第6页。

清末万寿节庆祝

还在 1899 年 10 月 6 日，慈禧召见盛宣怀时就曾抱怨："现今毛病在上下不能一心，各省督抚全是瞻徇，即如州县官，案件尚不肯说真话。"① 她在世并启动新政时，中央政府的权威尚在；载沣上台后，则大不如前。如果从当时各地督抚的奏折来看，几乎无不表示赞成并认真推行的，但事实上，有些督抚实际上并不赞成，曾先后出任广东巡抚、山西巡抚、河南巡抚和两广总督等职的张人骏即是其中的一个。

张人俊

他之所以对新政多持否定的态度，一是认为推行新政会增加财政开支，势必加重对百姓的盘剥，"然民力

① 高洪兴整理：《光绪二十五年九月初二日盛宣怀奏对自记》，见上海图书馆历史文献研究所编：《历史文献》第 7 辑，上海古籍出版社 2004 年版，第 246 页。

竭矣，再加搜括，恐成土崩之祸”，不可收拾；二是认为有些新政措施，如编练新军、成立商会和选派留学等，未必对清皇朝有利，称“近日诸如练兵之派，王公铁良之查考，商部之欲派各省商局议员，此等举动，似又欲踵庚子已前之辙，殊不可解”。

他反对派员留学，认为将败坏人心，助长革命，声称：“所谓学成而返，好者不过目的、影响数百新名词，全无实际，否则革命、排满、自由而已。而不惜以数千年圣贤授受之学，三百年祖宗创垂之典，尽弃所学而学焉，此固开辟至今未有之奇祸也。”1907年两江总督端方电告他革命党人徐锡麟在安庆刺杀安徽巡抚恩铭的消息后，他即在家书中说：“安徽一案，连得端午桥[端方]来电，大致已悉。日日言维新，日日言游学，所获效验如此。”①

张人骏从守旧的立场出发，不赞成新政，但他久历官场，对各级官吏的昏庸贪婪所知甚多，因而他的一些担忧也并非毫无根据。清末新政的范围很广，包括裁撤冗衙、整饬吏治、修订律例、编练新军、创办巡警、振兴实业、废科举、兴学校等等。1905年以后，又增加了许多“宪政”预备措施，如官制改革、设谘议局资政院、地方自治等等。这些举措无不需款，成为清皇朝财政的沉重压力。

清末奉天法政学堂

中央的新政费用向各省摊派，各省的新政费用向州县摊派，最终无不落

① 张人骏：《致张允言等》，见《张人骏家书日记》，中国文史出版社1993年版，第51、50、114、100页。

到一般百姓头上。一方面是庚子赔款下的严重财政危机，另一方面则是官吏的津贴、办公费用激增，恣意挥霍享受，以广西省为例：

> 桂省虽库帑支绌，而官场差使薪水极优。各廨署局所总办会办、各学堂监督，每月薪水有四百两、三百两者，至少亦二百两。各局处校所提调科长，每月薪水有一百两、六十两者，至少均一百两以上。各项科员股员有一百两者，有八十两、五十两者，至少亦三十六两。各员薪水既厚，复得兼差兼薪，悖入者多，故戏园狎优，酒楼挟妓，宴会征逐。①

于是各级官吏上下其手，巧立名目，大肆敲诈百姓，中饱私囊，民众苦不堪言。德国在华传教士卫理贤曾描述："满洲贵族利用当时的混乱为自己谋利益，改革措施争相出台，可是钱花了一大把，却不见有什么实质性的进展。这种状况又在全国内造成普遍的不满，为了对付一个接一个的改革法令，地方官员不得不在当地搜罗钱财。"②不仅原有的粮银、盐税、茶税、糖税、鸦片税、印花税等纷纷加重，并且在各省又陆续新增赔款捐、地捐、随粮捐、房捐、彩票捐、坐贾捐、糖酒油房捐、铺捐、纸税、果税、肉税、煤税等名目。"其余各种杂税，省省不同，府府不同，县县不同，名目不下百数千。"③

以直隶为例，1903年的《大陆报》上记载："近闻榆关商贾至京者述及滦州、乐亭、丰润等县设立筹款局，将行十五项印花税，并买卖房地税契，应由官纸局购纸，派正副委员稽察。章程极为严厉，而蠹役土膏亦因之勾结为奸。无论商农，每以呈验契据为借口，任意搜括。闻有将家长掳去勒赎勒罚者。若此，恐乡民无安枕之日矣。"④至于地方官吏的巧立名目、中饱勒索，更是比比皆是，真可谓"豺狼当道，雀鼠为灾，铜山可倾，欲壑无底"。⑤有人描述说："上之人且嗷嗷焉，朝下一令，曰为尔开学堂，暮下一令，曰为尔兴商务，彼民者未见丝发加益于吾事，而徒见符檄之惊怛，征敛之无已，房捐、米捐、酒捐、糖捐日加月增，而民已无聊生矣。"⑥

---

① 马鸿谟：《民呼民吁民立报选辑》(一)，河南人民出版社1982年版，第549页。
② 卫礼贤：《中国心灵》，王宇洁等译，国际文化出版公司1998年版，第38页。
③ 梁启超：《中国国债史》，见《饮冰室合集》专集之二十五，中华书局1989年版，第30页。
④ 《筹款扰累汇志》，《大陆报》第4期。
⑤ 《论变法宜自变官始》，《闽报》，见《清议报全编》卷二十六，第118页。
⑥ 故宫博物院明清档案部：《清末筹备立宪档案史料》，中华书局1979年版，第309页。

这样，自然使清朝政府同人民大众的关系处在更加紧张、更加尖锐的状态中。英国外交部档案中的《各驻华领事馆情况报告摘要》载："因兴办和维持警政、学堂而增收捐税，显然易使这类革新在许多地方都不受欢迎。"①1908年2月28日，芬兰人马达汉在甘肃兰州游历，明显地感觉到当地官民间的对立情绪：

> 由于害怕引起不满，甚至最有益的改革措施也常常被弃之不顾。例如设想从黄河装一个引水管入城，这是很容易做的事，因为黄河离城很近。但城里约300名挑水工都是四川人，据说四川人比起温顺的甘肃人来说，脾气要暴躁得多。他们很可能会采取行动来骚扰和攻击衙门。对官员来说，还是避免骚乱为上策。更重要的是，他的三年任期能够平平安安地度过，而不是全省百姓的地位通过有益的改革得到改善。发生一次暴乱，就是以说明他的无能，并毁了他的前程。②

户口调查，是预备立宪的基础工作之一，也是现代国家行政管理制度建设的必需。1908年颁布的《逐年筹备事宜清单》规划：1908年颁布调查户口章程，1909年调查人户总数，1911年调查各省人口总数，1912年颁布户籍法，1913年实行户籍法。《东方杂志·内务》刊文指出：

> 清查户口，所以为今日必办之要政者，不仅为教育或禁烟计也，其最大之关系，在使他人编订宪法，组织议会，颁布自治制度之际，预核全国人民，厘定选举区，划分自治制，具权利者几何人，应负担义务者几何人，服役兵事者因是而定，征收国税、地方税因是而剂其平。③

各地民众却心存疑虑，"或曰将以抽丁当兵，或曰将以按人勒税"④，不

---

① 章开沅等主编：《辛亥革命史资料新编》第8卷，湖北人民出版社2006年版，第7页。

② 马达汉：《马达汉西域考察日记（1906—1908）》，王家骥译，中国民族摄影艺术出版社2004年版，第438页。

③ 《东方杂志》1910年第4期。

④ 《东方杂志》1910年第8期"记事"。

予配合并抵制。在推行地方自治过程中，也是弊端重重，有人奏陈："各省办理地方自治，督抚委其责于州县，州县复委其责于乡绅，乡绅中公正廉明之士视为畏途，而劣监刁生运动投票得为职员及议员与董事者，转居多数。以此多数刁生劣监，平日不谙自治章程，不识自治原理，一旦逞其鱼肉乡民之故伎，以之办理自治，或急于进行而失于操切，或拘于表面而失之铺张，或假借公威为欺辱私人之计，或巧立名目为侵蚀肥己之谋，甚者勾通衙役胥差，交结地方官长，藉端谋利，朋比为奸。"①

当时就有人惊呼："中国办一新政则起一风潮：军政则征兵起风潮，警政则巡警起风潮，教育则学生起风潮、愚民起风潮，自治则调查起风潮、划区起风潮。呜呼，新政之难办如是！"②其中亦有起自民间新旧思想的冲撞，如1910年直隶易州毁学风波，"值天气亢旱，有高陌社等处十八村民众，于六月二十日祈雨进城，由学堂门前经过，该堂学生在外聚观，私议愚民迷信。祈雨人闻之，即与辩论。斯时人多势重，遂拥入学堂，将门窗器具均有砸毁"③。

这就使更多的人从一度抱有某些希望，到希望破灭，从而激起更大的不满。1911年，向来不赞成革命的梁启超感叹："在今日之中国而持革命论，诚不能自完其说；在今日之中国而持非革命论者，其不能自完其说抑更甚！"④

亲身经历晚清经济、政治变革的辜鸿铭，当时也曾有这样一番耐人寻味的感叹：

> 窃谓中国自咸同以来，经粤匪［诬指太平天国］扰乱，内虚外感纷至迭乘，如一丛病之躯，几难著手。当时得一时髦郎中湘乡曾姓者［曾国藩］，拟方名曰'洋务清火汤'，服若干剂未效。
>
> 至甲午，症大变，有儒医南皮张姓者［张之洞］，另拟方曰'新政补元汤'，性燥烈，服之恐中变，因就原方略删减，名曰'宪政和平调胃汤'。自服此剂后，非特未见转机，而病乃益将加剧焉。势至今

① 故宫博物院明清档案部编：《清末筹备立宪档案史料》，中华书局1979年版，第757页。

② 《申报》1910年4月26日"时评·中国之新政"。

③ 中国第一历史档案馆等：《辛亥革命前十年间民变档案史料》上册，中华书局1985年版，第64页。

④ 梁启超：《粤乱感言》，《国风报》1911年第11期。

日，恐殆非别拟良方不可。①

众多爱国者，正是从严峻的现实中受到教益，进一步扬弃对清朝政府的幻想，进而更积极主动地去探寻救国之路。

力不从心　综观清末新政的全过程，主政者缺乏通盘考虑，也是败因之一。1902年2月10日，新政开始不久，深知官场实态的清末名士孙宝瑄就在日记中这样写道："夫以数千年弊坏之法，而欲挽回于一日，非有大手段大见识者不能奏功。而今之当轴者，半皆不学无识之徒，所谓力小而任重，鲜不覆也，悲夫！"②

此番言论，并非虚语。如众口称赞的科举废止之举，就牵涉甚广，颇可思量。有学者指出，以废止科举为肇端，新政很快进入政体变革和筹备立宪阶段，内外官改制全面启动，其他各项制度的变革也相应展开。就此而言，科举废止可视为清末新政全面深入的标志。然而，科举改革从缓停到立停的跳跃，速度之快出乎意料，表面的风平浪静，给人们过于乐观的暗示，极大地鼓舞了朝野上下加速制度变革的热情，因为连科举这样的千年旧制及其宿弊亦可一朝革除，还有什么可以顾忌。人们对于改革相关问题的思考变得轻松简单，对于制度改革成效也抱有不切实际的期待，以为快速推进改革便可以立竿见影、挽救危亡。政府和社会舆论对于改革可能出现的风险估计不足，对改革时机、程序、进度、成本以及社会承受力，缺乏客观认识及合理安排。相继出台的一些配套措施，或缺乏可操作性，或束之高阁，或一变再变。各个层面的制度改革同时铺开，各省新政事务应接不暇，经费已极其拮据，只能不断举借外债，加增捐税，使得民怨沸腾，社会震荡加剧，最终导致积聚已久的各种矛盾全面爆发。③

在财政方面，清末新政是在国家制度层面一次涉及广泛的改革，所需费用之巨，不言而喻。御史陈善同当时就指出了这么多新政改革举措与政府实际财力的脱节："自治也，调查户口也，巡警也，审判也，教育也，实业也，何一非亟当筹备者？而按之于势，不能无缓急，即见之于新政，不能无先后。

① 黄兴涛编：《辜鸿铭文集》上册，海南出版社1996年版，第470页。

② 孙宝瑄：《忘山庐日记》上册，上海古籍出版社1983年版，第468页。

③ 参见关晓红：《议修京师贡院与科举制的终结》，《近代史研究》2009年第4期。

就各事言之，立国以民为本，民有所养而后国本不摇，是最急者莫如实业。实业既兴，必不可不为之轨物以范之，为之保障以卫之，而教育、自治、调查户口、巡警、审判以次兴焉。"

同为御史的赵炳麟也直言："从纸片上观之，则百废俱举；从事实上观之，则百事俱废。"他估计，就所需经费而言，巡警费小省200余万，大省300余万；司法费每省百万两以上；教育费每省百余万两以上。因此他认为推出新政举措，要仔细考虑财政上的实际可行性。力主宪政的端方也在私下感叹："以中国地大，只求一里有两个警察，年已需五万万，以全国岁入，办一警察尚复不够，何论其他！"①法国陆军部档案载，当时在北京的法国外交官也观察到新政举措与政府财力的脱节，认为"至少可以说，帝国政府[清朝政府]决定速建三十六个师和改组海军，而没有考虑到如何维持每年如此巨大的资金开支，是缺乏一点英明远见的行为"②。

隆裕太后

尽管财政拮据，清廷奢华靡费依旧。1909年，奉隆裕太后的旨意，在紫禁城内动工兴建了名为水殿的一座三层西洋式建筑。四周开挖水池，引玉泉山水环绕。主楼每层9间，底层四面正中各开一门，四周环以围廊。楼的四角各接三层六角亭一座，底层各开两门，分别与主楼和回廊相通。水殿以铜作栋，汉白玉砌成，外墙雕花，内墙贴有白色和花色瓷砖，玻璃墙的夹层中置水蓄鱼，底层地板亦为玻璃制成，池中游鱼清晰可见。③

① 周育民：《晚清财政与社会变迁》，上海人民出版社2000年版，第399—400页。

② 章开沅等主编：《辛亥革命史资料新编》第7卷，湖北人民出版社2006年版，第347页。

③ 参见陈连营编著：《未开放的紫禁城》，九州出版社2010年版，第112、116页。

紫禁城的规模和藏品

北京故宫(习称紫禁城)的兴建，始于12世纪的金代，历经元、明、清三代的扩建，规模宏大，在世界著名皇宫中，是历史最悠久、建筑面积最大、保存最完整的一座皇宫。

法国巴黎的卢浮宫，原先是一座城堡，自1541年改建成皇宫，历经路易十四、拿破仑，200多年间四次改建，一度成为欧洲政治、文化中心。它和北京故宫相比，建筑面积尚不到紫禁城的四分之一。

俄罗斯圣彼得堡的冬宫，1764年建成，1837年遭受火灾，当年重建成现在的形状。它的建筑面积约为17 800平方米，相当于紫禁城的九分之一。

俄罗斯莫斯科的克里姆林宫，号称欧洲最大的宫城，初建时相当于当时莫斯科的四分之一，但和紫禁城比，面积尚不足一半。

英国的白金汉宫，1703年由白金汉公爵乔治·费尔特兴建，1825年由英王乔治四世扩建。1837年维多利亚女王移居这里后，基本维持现状。它的建筑面积相当于紫禁城的十分之一，宫内最豪华的御座间即英王坐朝的宫殿约600平方米，紫禁城的太和殿则有1 700平方米。

日本东京的皇宫，1872年遭受火灾，次年重建，总面积包括御苑约217 000余平方米，不及紫禁城的三分之一。清代紫禁城有9 990多间房屋建筑，额定太监3 300人，侍卫1 700余人，内藏大量珍宝。据2011年1月27日故宫博物院公布，经历时7年的全面清理核对，故宫的藏品总计有1 807 558件，其中有1 684 490件珍贵文物、115 491件一般文物、7 577件标本。在此基础上，将编制《故宫博物院文物藏品总目》和《故宫博物院藏品大系》，通过电子本和纸质本两种形式向世人公开。其中，《故宫博物院藏品大系》堪称“纸上故宫”，它从故宫博物院的180余万件藏品中，精选了最具典型性和代表性的文物15万件。按照陶瓷、绘画、书法、碑帖、青铜、玉石、珍宝、漆器、珐琅器、雕塑、铭刻、家具、古籍善本、文房用具、帝后玺册、钟表仪器、武备仪仗、宗教文物等分为26编，总计500卷。详可参见单士元：《故宫札记》，紫禁城出版社，1990年；《清史译丛》第7辑，中国人民大学出版社，2008年；上海《文汇报》2011年1月9日、2011年1月27日。

一方面却是借新政改革想方设法从中揩油者大有人在，即使是油水不多的办学堂，也不例外。1911年在华游历的美国人罗斯这样记述：

没钱请优秀教师，却有钱购买大量昂贵的器材，这看上去真是让人疑窦丛生啊！某所学校的大厅入口处，挂着精致的生物和植物学图略，但是却没有人能讲授这两门课程，也没有人能看懂这两幅图。你还会发现一个物理实验室，里面的设备精良却满布灰尘，老师除了略通电学，对物理的其他方面却一概不知。某个边远省份的省立大学，我看到了好几百个做化学试验用的瓶瓶罐罐，这些都是从东京唯一一家提供这类产品的公司购买来的，然而不到百分之五的瓶子是拆过封的。这些瓶子价值至少1 500美元，足以满足我们三个大学实验室的需求。据某些“中国通”说，这种浪费肯定是因为有人在背后拿了回扣的缘故。

长江上游某个教育中心，当局以巨大花费跟美国教师签订了一年的合同。合同期满以后，却跟另一个不甚称职的老师签订新的合同。而每次这种轮换，需要发放300美元的旅行补贴。据知情人估计，某些官员从旅行补贴中揩了油水，所以他们才会不停地更换老师。①

各地的新式学堂，不乏滥竽充数者。清末曾在成都求学的郭沫若记述，当时他是慕名从家乡来到成都，进入一所很有名气的中学堂，很快大失所望：“为我们讲经学的一位鼎鼎大名的成都名士，只拿着一本《左传事纬》照本宣科；国文是熬来熬去的一部《唐宋八大家文》；历史呢，差不多就只是一个历代帝王的世系表和改元的年号表。”西学课程方面，“真是同样的可怜！讲理数学的教员们，连照本宣科的能力都没有，讲浅显的教科书，都读不断句”。他回忆：“在当时我们是非常悲愤的，我们当时没有明确的意识，基本上是站在爱国主义的立场。我们自然要痛恨中国为什么这样的不长进，中国的所谓教育家、一切水面上的办事人为什么要欺骗国家，误人子弟。”②

有人则趁新政各类机构设立之机，想方设法安插亲友，结党营私。即使如留学归来的所谓新派人物唐绍仪也在其列，“一件最露骨的假公济私的

① E. A. 罗斯：《病痛时代——19—20世纪之交的中国》，张彩虹译，中央编译出版社2005年版，第241—242页。

② 郭沫若：《反正前后》，华夏出版社2010年版，第102—103页。

事，是唐绍仪任命一个康乃尔大学新毕业回国的青年人施肇基为京汉铁路帮办，此人之所以有此际遇，是因为他娶了唐的一个远房侄女。他的岳父是怡和洋行的买办，替他捐了一个道台的官职，因此使他在邮传部里得到了署理参议的职位，他对铁路和铁路管理一窍不通”。曾任沪宁、京汉铁路总办和邮传部左侍郎的唐绍仪，“在海关或铁路或邮传部里的空缺，只要能捞到手的都安插了他自己的亲属或姻亲，或是他的广东同乡。他在邮传部任职期间任命的四百个人中，有三百五十个是他安插进来的”①。

唐绍仪

学潮和民变　20世纪初年，面对嚣张的列强和腐败的清朝政府，国民意识日渐高涨的民众以各种方式奋起抗争。1903年春，广西巡抚王之春欲借法国军队镇压广西的农民起义，激起上海爱国人士的激烈反对。接着，由于沙俄背弃协议，拒绝撤回在义和团运动期间趁机侵占中国东北的军队，并向清朝政府提出7项新的侵略要求，妄图永久霸占东北，引发了留日学生和上海知识界掀起的拒俄运动。这一爱国行动，却遭清朝政府的极力遏制，许多知识分子因此断然走上革命的道路。

1904年，中美签订的《限禁来美华工保护寓美华人条约》10年期满。中方在华侨和国内舆论的要求下，提出修改这份推行种族歧视、限制华工入境的排外条约。美方不予置理，并于次年春逼迫中方续约。上海总商会闻讯，发起抵制美货运动，得到各界人士的广泛响应，并扩大到全国百余个城市。此后，美方未再坚持续约。

在这前后，又有各阶层民众的收回利权运动，主题是从列强手中收回中国的矿山开采权和铁路修筑权。收回路权的斗争，尤其尖锐。1903年，商

① 骆惠敏编:《清末民初政情内幕——〈泰晤士报〉驻北京记者、袁世凯政治顾问乔·厄·莫理循书信集》上册，刘桂梁等译，知识出版社1986年版，第496页。

上海总商会会董合影

部颁布重订《铁路简明章程》,允许民间自办铁路。京汉、津浦、沪杭甬等铁路涉及的省份,都提出了自办的要求。1904 年,湖北、湖南、广东三省人民要求废除被美国攫取的粤汉路权,得到其他省份的声援。次年,粤汉路权终于收回。

清末新政推行和科举制度废除后,国内新式学堂的学生日渐成为一股活跃的社会力量。1895 年以前,新式学堂仅仅分布于沿海 7 省。1899 年扩展到包括云、贵、川、陕等内陆地区的 17 个省。20 世纪初年,蒙、藏、新疆等边远地区也纷纷创办学堂,新式教育覆盖全国。到 1909 年,在校注册学生达 10 万以上的有 3 个省(四川最多,达 34 万),5 万至 10 万的 10 个省,2 万

清末参加广西桂林公学运动会的各校队列

至5万的7个省，最少的吉林、黑龙江和新疆也各有7 000至1万余学生。

1895年以前，新式学堂仅存在于少数口岸城市，此后，府州县等基层行政区划也开始办学。1905年后，基本形成了大学、高等专门——都市省垣，中学、师范——府治，高小——县城，初小——乡镇这样的学校与行政梯次配备的体系。除普通教育系统外，学堂种类也不断增加，在原有的语言、工艺、军事学堂基础上，大批开办师范、法政学堂，实业学堂在农、工、商之下又分出许多专科，而专门类学堂也日趋完整，不仅包括文、理、法、医、艺术等门，还有专为一些民族、阶层开设的学堂（如满蒙旗籍学堂，贵胄、贫民学堂等等）。特别是女子教育不顾官方阻挠，顽强发展。到1909年，全国已有在校女生78 376人。①

清末河南女子师范学堂

20世纪初叶，面对深重的民族危机，新式学堂学生也以各种方式，表达自己的政治意愿，汇入各界民众爱国行动的洪流中。1901年，上海南洋公学两度发生部分学生退学抗议校方压制事件。次年春，浙江吴兴南浔镇浔溪公学因校方干涉学生成立自治团体，爆发了全堂退学风潮。此后，苏州、杭州、广州、安庆、梧州及江西、河南等地相继发生学生退学等事件。是年11月，南洋公学8个班200名学生反对当局专制而全体退学，引起普遍震

① 参见桑兵：《晚清学堂学生与社会变迁》，学林出版社1995年版，第3页。

动，报刊纷纷发表报道评论。

在其影响下，10余省学生继起踵接。据不完全统计，从1902至1911年，全国共发生学潮502堂次，波及京师和20个省份的各级各类学堂，反映了学生普遍持续的不安与躁动。1876年生于苏州的包天笑忆述：

> 那个时期，苏沪之间，学生闹饭堂，风行一时。记得我友叶楚伧，在苏州高等学堂肄业，也是为了闹饭堂而被开除。说来可笑，饭厅里每桌坐学生八人，有一样菜唤做"虾滚水豆腐"，是苏州家常菜。端上来时，楚伧用筷子一掏，说我们有八个人，而里面的虾只有七只，怎么吃呀？于是附合他的同学，便把台面一翻，卷堂而去。其实这是当时学生不满于高等学堂监督蒋君，闹饭堂是借端发挥，楚伧被开除，就此走广东闹革命去也。①

频繁的风潮加剧了学界动向的社会影响，成为舆论传媒关注的热点。从1902年起，《苏报》、《选报》、《新世界学报》、《中外日报》等已开始重视学界新闻与评论。1903年，《苏报》特辟"学界风潮"专栏，海内外不少报刊都加大了学界新闻的比重。尽管它们态度各异，褒贬不一，但都反映出学生在社会生活中地位影响日益上升的趋势。

各校学生在斗争中逐渐互相声援响应，形成区域性学潮。1903年拒俄运动中，北京、上海、杭州、武昌、安庆、南京、开封等地出现了数百名各校学生共同举行的政治集会。稍后，福州、潮汕等地爆发了当地学生联合罢学事件。1905年后，区域性学潮激增，声势越来越大，到1911年共发生了34次，其中省会级21次，中小城市6次，县镇7次。

1906年长沙学生公葬陈天华、姚洪业，1907年昆明学生保卫路矿权益，1909年成都、南昌学生抗议军警行凶和无理开除同学，1911年安庆学生反对审判厅滥施重刑，都激发了全城数千学生的大规模风潮，并导致同盟罢课。1908年因蒲城学案而起的西安学潮，更牵动全省80余州县学生群起响应。国会请愿时，天津、保定、盛京、成都等地学生相继联合罢课，互为声援，天津学界机关还呼吁全国总罢课。保路风潮中，成都、长沙学生也举行全城罢课。抵制美货、收回利权和1911年的保路运动等爱国运动中，大型

① 包天笑：《钏影楼回忆录》，中国大百科全书出版社2009年版，第288页。

地方学界联合集会频频出现。

保路运动中，学界不仅率先提出工农商学联合罢课、罢市、罢业、罢耕的四罢主张，而且很快付诸实践，以激励商界和广大市民。在省城的斗争受到压制后，他们又纷纷转向府州县各城镇乡村，发动民众，号召罢市抗租抗税。青年学生与城乡民众的结合，被当局视为“大可虑”三事中最头痛者。先锋与大众的契合，成为专制统治总危机即将爆发的信号。[①]

新政期间，官府对民众的压榨有增无已，当时许多苛捐杂税是在推行新政的名义下陆续新增的，不少还是由地方官吏以至当地劣绅自行添收的，他们巧立名目，敲诈勒索，任意侵吞，民众苦不堪言。不仅原有的粮银、盐税、茶税、糖税、鸦片税、印花税等纷纷加重，各地又陆续新增赔款捐、地捐、随粮捐、房捐、彩票捐、坐贾捐、糖酒油房捐、铺捐、纸税、果税、肉税、煤税等名目。梁启超曾尖锐地抨击那些贪腐的官员“假新政之名，而日日朘人民之脂膏以自肥”[②]。

清廷谕旨也承认：“近年以来民生已极凋敝，加以各省摊派赔款，益复不支，剜肉补疮，生计日蹙，……各省督抚因举办地方要政，又复多方筹款，几同竭泽而渔。”[③]时人感叹：“以前不办新政，百姓尚可安身；今办自治、巡警、学堂，无一不在百姓身上设法。”[④]

正是在这种背景下，城乡下层群众的自发反抗斗争，即当时人所称的“民变”，也愈益高涨起来。据不完全统计，1905 年 103 次，1906 年 199 次，1907 年 188 次，1908 年 112 次，1909 年 149 次，到 1910 年则陡升到 266 次。[⑤]其中包括各地的抗捐抗税斗争、抢米风潮和工人罢工等各种形式。1910 年山东莱阳的抗捐抗税暴动，是斗争最激烈、规模最大的一次“民变”。

当时，莱阳地方官府在推行新政的名义下，苛捐杂税层出不穷，巡警、衙役下乡时，更是敲诈勒索，无恶不作。农民稍有反抗，就捏造罪名，任意逮捕或罚款，因此民怨沸腾，怨声载道。1910 年春，莱阳一带遭受霜灾，秋收无望。劣绅奸商又囤积居奇，粮价骤然上涨，而官府又在这时勒逼农民补纳人口税、牲畜捐等等。终于官逼民反，在当地塾师曲诗文的主持下，开始了抗捐抗税

---

① 参见桑兵：《晚清学堂学生与社会变迁》，广西师范大学出版社 2007 年版，第 5、6、9 页。其余二事为银根吃紧和罢市抗税。

② 梁启超：《上涛贝勒书》，见《梁启超年谱长编》，上海人民出版社 1983 年版，第 505 页。

③ 朱寿朋：《光绪朝东华录》，中华书局 1958 年版，第 5251 页。

④ 《东方杂志》1910 年第 12 期“中国大事记”。

⑤ 参见李新主编：《中华民国史》第 1 编，下册，中华书局 1992 年版，第 1 页。

清末饥民抢米现场

斗争。莱阳县令奎保竟扬言“吾官可不做，而税捐必不可免；吾头可断，而曲诗文等不可不拿”，随即便派兵前去捉拿曲诗文，矛盾顿时就激化了。

乡民自发聚集起来拦阻清军。清军悍然开枪，击毙数人。乡民愤极，拼死与清军格斗，伤官兵数人。在格斗中，乡民死二三十人，伤五六十人。消息传开，全县震惊，各乡农民10余万人自带干粮，汇合于九里河。这时，清朝政府决意镇压，增援的清军赶抵莱阳。7月13日，新军协统叶长盛、登州镇总兵李安堂率兵向乡民进攻。乡民们手中只有原始的武器，根本无法抵挡，结果在清军炮火的轰击下，死300余人，房屋被毁800多间。次日，清军又炮轰柏林庄、于家店等十三村，死伤者有1 000余人。[①]莱阳人民的这次抗捐抗税斗争，遭血腥镇压。

三　时代转换

应该指出，尽管新政的本意是要尽力维护君主统治，但在一定程度上它

① 参见王仲：《1910年山东莱阳群众的抗捐抗税斗争》，见《中国科学院历史研究所第三所集刊》第1集，第216页。

反映了近代中国历史发展的客观要求，在社会经济和思想文化教育等方面，曾产生了广泛的影响。

商、学、兵 新政期间，由于得到政府的允许和鼓励，各地工商业者具有近代性质的社会组织——商会纷纷成立。以往，受传统行会的束缚限制，工商各行业之间相互隔阂，鲜通声气，"不特官与商隔阂，即商与商亦不相闻问；不特此业与彼业隔阂，即同业之商亦不相闻问"①。1903 年仅上海、开封、芜湖等几个城市组织了商会。1904 年初，商部奏准颁行《商会简明章程》后，规定在各省省城或通商大埠设立商务总会，府厅州县设立商务分会，集镇则设立商务分所。到 1911 年，除个别偏远省份外，全国各地都相继成立了商务总会、分会和分所。新成立的商会，是工商各业的枢纽性机构，它打破了公所、会馆的行业地域之分，不限籍贯和行业，是联络工商各业的统一组织，亦有助于工商业的发展。②清朝政府的本意，是将商会作为辅助官治的工具，所谓"教育会、商会等，皆无非使人民各就地方聚谋公益，遇事受成于官，以上辅政治而下图辑和"③。但以后随着社会矛盾的演化，商会逐渐成为资产阶级与清朝统治者抗争和开展反帝爱国斗争的重要力量，清末苏州绅商王同愈曾描述："溯查商会之设，始于上海，渐及浙粤，计自设会以来，小而驳斥词讼违章，大而抵制美国公约，皆得收众志成城之效。"④

改革教育制度和废除科举后，各地新式学堂纷纷设立。有人回忆说："初停科举之后，大概是反对的人很多，上新式学校的人亦少。清政府规定高小毕业生成绩甲等的奖给'增生'名义，乙等的奖给'附生'，丙等的奖给'佾生'。""头一年我们学校里出了几个增生和附生，下一年招收的新生就更多了。"既然停止了科举，而秀才举人可以直接从学校里出来，于是父兄们踊跃地送子弟上新式学校了。⑤

即使守旧者如张人骏等，为其子女的前程计，虽抱怨'允亮中文已成，惜科举已停，不能一试"，也还是接受了新式学堂，先是打算让他的儿子张允亮入学英国传教士李提摩太所办的山西大学堂，认为该校"教习皆系英人，课

① 《商部劝办商会谕帖》，《东方杂志》第 1 年第 2 期。

② 参见朱英：《晚清经济政策与改革措施》，华中师范大学出版社 1996 年版，第 263 页。

③ 宪政编查馆 1909 年 1 月 18 日奏折语，载《东方杂志》1909 年第 1 期。

④ 章开沅等主编：《苏州商会档案丛编》第 1 辑，华中师范大学出版社 1991 年版，第 3 页。

⑤ 参见萧华清：《四川辛亥革命见闻》，见《重庆文史资料选辑》第 12 辑，第 14 页。

程虽无中文，而西学普遍似较他处全备”①。后因张人骏调任河南巡抚，其子转往北京入了译学馆，学习俄语。

各地的新式学堂发展很快，其中办得较好的几乎都开设了自然科学方面的课程，高等文、法学堂更开设了介绍西方社会学说的课程，这就在人们眼前打开了一个新的天地。一些思想守旧者因此忧心忡忡，1908 年夏，时任瓯海关会办委员的李樾勋在一封书信中这样写道：

清末济南博物馆

近见学堂一联，痛切淋漓，足资针砭：大学堂，小学堂，无分大小；中学堂，学改装，学剪辫，学得不男不女；东教习，西教习，不是东西；华教习，教革命，教流血，教成无父无君。②

各级新式学校的设立，为年轻的学子们打开了一个崭新的世界，也为他们提供了较之前人更多的人生和职业选择。陈布雷回忆，1902 年他 13 岁时，在浙江慈溪董宅私塾读书。“其时大哥提倡新学，以自然科学之研究相倡导，又同情于颠覆满清之革命思想”，陈布雷深受其影响。主持私塾的当地名士董子咸、董子宜兄弟亦提倡新学，“是时子咸、子宜、去矜、红伯诸先生及大哥等经营出版事业于沪上，输入新书及报纸杂志甚多，董氏斋中堆积盈架，暇辄往取读，尤喜阅《新民丛报》、《新小说》、《警钟报》、《浙江潮》等杂志，有时于夜课向子咸先生借读，翌日午前尽一卷而归之”。由此，陈布雷思想

① 张人骏：《致张允言等》，见《张人骏家书日记》，中国文史出版社 1993 年版，第 62 页。

② 李樾勋：《李希程自定年谱及书札》，见温州市政协文史委员会编：《温州文史资料》第 9 辑，浙江人民出版社 1994 年版，第 292—293 页。

渐趋激进，曾与同学"组覆满同志社，辟一密室，请画师绘一墨笔黄帝像悬室中，相率礼拜之，且习为革命之演说"①。

1904年始，陈布雷先后入学慈溪县中学堂、宁波府中学堂、浙江高等学堂，见识愈广，愈倾向于反清革命主张。他在浙江高等学堂就读时，"以性情气谊相投合者，则为绍兴之沈柏严、吴县之邹亚云、兰溪之胡心猷诸君。常以民族革命之义相勉，而陈君君哲尤激昂，时时以鼓吹种族革命之刊物假阅焉"。该校国文课教员沈士远，"乐与学生接近，同学时时往其室谈话，沈先生常以《复报》、《民报》及海外出版之《新世纪报》等，密示同学，故诸同学于国文课艺中，往往倡言光复汉物，驱逐胡虏，毫无顾忌，唯有时以□□字样代之而已"。1911年夏，他从浙江高等学堂毕业，即去上海任《天铎报》撰述，结识宋教仁、于右任等革命志士，"过从甚密"。武昌起义爆发后，陈布雷"意气凌厉，曾撰《谭鄂》十篇，鼓吹革命"，自此声名大震。

民国年间曾任北京大学校长的蒋梦麟，追忆他在20世纪初叶入学浙江高等学堂，"眼前豁然开朗，对一切都可以看得比较真切了"。他开始读包括英文原版的世界史在内的各类书籍，"所接触的知识非常广泛，从课本里，从课外阅读，以及师友的谈话中，我对中国以及整个世界的知识日渐增长"②。时值革命思潮日渐高涨，"浙江高等学堂本身就到处有宣传革命的小册子、杂志和书籍，有的描写清兵入关时暴行，有的描写清廷的腐败，有的则描写清廷对满人和汉人的不平等待遇。学生们如饥似渴地读着这些书刊，几乎没有任何力量足以阻止他们"③。

各种新知识的接受，促使这些学生更多地去观察社会、时局和思考。当时杭州"大部分湖滨地区均被八旗兵军营所占，旗营一直延伸到了城内半英里之处"④。这些所谓的旗兵，"实际上绝对不是兵，他们和老百姓毫无区别。他们在所谓'兵营'里娶妻养子，对冲锋陷阵的武事毫无所知。唯一的区别是他们有政府的俸饷而无所事事，他们过的是一种寄生生活，因之身体、智力和道德都日渐衰退。他们经常出入西湖湖滨的茶馆，有的则按当时的习尚提着鸟笼到处游荡，一般老百姓都敬而远之。如果有人得罪他们，就随时有挨揍的危险。这些堕落、腐化、骄傲的活榜样，在青年学生群中普遍

① 《陈布雷回忆录》，东方出版社2009年版，第18、20页。

② 蒋梦麟：《西潮与新潮——蒋梦麟回忆录》，东方出版社2006年版，第66页。

③ 同上书，第69页。

④ 威廉·埃德加·盖洛：《中国十八省府》，沈弘等译校，山东画报出版社2008年版，第19页。

引起憎恨和鄙夷”[①]。

于是他们更倾向革命，“我们从梁启超获得精神食粮，孙中山先生以及其他革命志士，则使我们的革命情绪不断增涨。到了重要关头，引发革命行动的就是这种情绪”。蒋梦麟追忆：“这就是浙江高等学堂的一般气氛，其他学校的情形也大都如此。”[②]

即便如此，在科举制度明令废止前，家长和学生们仍对科举中仕抱有期望。陈布雷忆述，1903 年 14 岁的他奉“父命应童子试，心不愿而不敢违”。初试失利，又去应府试，名列第一，“父始色霁”[③]。蒋梦麟自述：“为求万全，我仍旧准备参加科举考试。除了革命，科举似乎仍旧是参加政府工作的不二途径。”他也如愿考上了秀才。有趣的是，“郡试以后，又再度回到浙江高等学堂，接受新式教育”。而且“回到学校以后，马上又埋头读书，整天为代数、物理、动物学和历史等功课而忙碌。课余之暇，又如饥似渴地阅读革命书刊，并与同学讨论当时的政治问题。郡试的那段日子和浙江高等学堂的生活恍若隔世”。而他的父亲和亲友们则为他考上了秀才而兴奋不已，都希望他就此有远大的前程，“能一步一步由秀才而举人，由举人而进士，光大门楣，荣及乡里，甚至使祖先在天之灵也感到欣慰”[④]。

但蒋梦麟自己则另有打算，已不再满足于已接受的新知新学，“渴望找个更理想、更西化的学校”，更多地去充实自己。不久，他就“趁小火轮沿运河到了上海，参加上海南洋公学的入学考试，结果幸被录取”。他记得很清楚，“那是 1904 年的事”。1908 年，他回到杭州“参加浙江省官费留美考试，结果被录取”。他在上海乘船赴美前，特地去“找了一家理发店剪去辫子”。他回忆说：“理发匠举起利剪，抓住我的辫子时，我简直有上断头台的感觉，全身汗毛直竖。咔嚓两声，辫子剪断了，我的脑袋也像是随着剪声落了地。理发匠用纸把辫子包好还给我。上船后，我把这包辫子丢入大海，让它随波逐浪而去。”[⑤]从此，他也步入新的人生历程。

高一涵也回忆说：“在那时，凡属于小资产阶级家庭的，多借科举为进身之阶。他们都是为应科考而学习，考八股则学八股，考策论则学策论。自废科举设学堂之后，他们进身的道路由科举转到学堂，在学堂中所学的课程则

①② 蒋梦麟：《西潮与新潮——蒋梦麟回忆录》，东方出版社 2006 年版，第 69 页。
③ 《陈布雷回忆录》，东方出版社 2009 年版，第 21 页。
④ 蒋梦麟：《西潮与新潮——蒋梦麟回忆录》，东方出版社 2006 年版，第 75 页。
⑤ 同上书，第 76、84、87 页。

是西学重于中学，科学重于经史。他们看到清廷腐败，国势危急，瓜分惨祸，迫在眉睫，非变法不能图存，非科学不能救国，因而都迫不及待地走出私塾，进入学堂，弃八股，废策论而学西方科学，想从西方的自然科学和社会科学中找到富国强兵之道。”①一些归国留学生成了新式学堂的教师。据统计，在1907至1909年江苏省的专门及实业学校的教师中，海外留学归国者有180多人，占教师总数的22%，如果加上中小学和师范学校等，数量则更多。②

而留日学生中许多同盟会员回国后，到这些学堂中任教，自然更会以它作为自己开展革命活动的场所。熊克武回忆说，留日学生中的四川籍同盟会员归国后，就确定以学堂作为他们活动的重点之一，因为“同盟会会员和留日学生任学堂监督（校长）、教习的甚多，而学生多系富有爱国思想、易于接受革命的青年，大有发展的前途；同时自庚子八国联军之役后，政府提倡学生练军事体操，有些学堂已多少领到一些枪支，更为我们所注意”③。曹亚伯在长沙明德学堂上数学课时，有意识地鼓动反清情绪，他出的一道数学题是：“吴三桂引清兵入关时，大杀汉人，在扬州十日，杀八十万人，在嘉定屠城三次，杀二十五万人，其余汉人因不肯蓄辫投降者，即杀无赦，又杀十八省同胞几三百万人，共杀汉人若干？”④

四川叙永的永宁中学堂，同盟会会员“杨庶堪和向楚经常亲到学生自习室去找学生闲谈，有意识地启发学生认识当时国内外形势，严正地谴责清廷腐化无能，丧权辱国，又暗中介绍革命书籍报刊等与有志气的学生们阅读，如邹容的《革命军》、章太炎的《馗书》和同盟会出刊的《民报》、《天讨》等。在旧书方面，则提倡阅读《水浒传》和郑所南著的《心史》以及顾炎武、王船山、黄梨洲等人的著作。这些学生刚由书院制度中抽身出来，都有一定的中文基础和历史知识基础，经杨、向在民族大义方面的传播启导，大家心胸开朗，志气昂扬，在很快时间内，遂孕育出不少的革命新生力量。”⑤

---

① 高一涵：《辛亥革命前后安徽青年学生思想转变的概况》，见《辛亥革命回忆录》第4集，文史资料出版社1963年版，第431—432页。

② 参见李喜所主编：《留学生与中外文化》，南开大学出版社2005年版，第109页。

③ 熊克武：《辛亥前我参加的四川几次武装起义》，见《辛亥革命回忆录》第3集，文史资料出版社1963年版，第5页。

④ 曹亚伯：《武昌革命真史》“自叙”，上海书店出版社1983年版，第2页。

⑤ 李铁夫：《永宁中学堂与同盟会》，见《四川保路风云录》，四川人民出版社1981年版，第71页。

1904 年的广东陆军校学堂学员

不少同盟会的重要活动分子，多有这样的经历：先在日本东京参加了同盟会组织，回国后就以学堂为基地，在这些学堂的教员和学生中发展同盟会会员，再组织和推动这支扩大了的力量到新军和会党中展开革命活动。1907 年在广州的法政学堂求学并从事革命工作的邹鲁忆述：

当时法政学堂的教员，有几位是日本人，其余却是留日回国的。其中加入革命党的不少，可是实际上始终参加革命运动的，教员中只有朱执信先生，同学中只有陈炯明是同志。因此我三人暗中往来甚密。

我的革命工作，是宣传和联络并重。宣传的对象注重知识分子，联络的对象注重军队，企图把满清政府的武力，化为革命的武力。查那时驻在省城里的清军，分新军和防营两部分。新军驻在城郊附近的嘉塘，里面有赵声同志任标统；下级干部多属小东营陆军速成学堂出身，对革命多表同情，还有新招的学生营，都是富有革命精神的知识青年。所以新军方面，革命情绪颇为浓厚。

我常常利用傍晚憩息的时间，步行十余里到新军营去宣传和联络。当天晚上赶不回来，就秘密住在营里，第二天清早再回学校。每逢星期或假期，便预先约定聚会的地方，绝不放弃一个机会。

至于防营，则分驻于广东各地，官兵多属会党分子，而下级干部中许多是虎门陆军速成学堂的学生。当时会党有一位首领，名叫谭馥，系同志。他在防营里组织了保亚会，用以团结士兵。我结识了谭同志，更去联结士兵。该营长官中如曾传范、何秉钧同志等，都跟我联成一气。所以防营的革命空气，益为高涨。①

也有一些是直接到新军和会党中从事革命活动的。武昌起义发动者之一的刘公，先在日本学法律，后来又学军事，他忆述："革命党派回国的代表，在全国各处的军队里都有朋友当军官，所以他们很容易和士兵接触。即使这些军官拒绝协助，也不会出卖朋友，他们和我们代表的友谊很好，因此各省督抚很难抓到革命党人。"②

清末山东威海新军的鼓号队

1909年，在日本陆军士官学校的山西留学生毕业回省。同盟会员阎锡山、仇亮、张瑜、乔煦、马开崧等人，分别在陆军小学堂和督练公所等军事部门任职，使同盟会在山西军事机关的力量大为增强。同年11月，清朝政府

① 《邹鲁回忆录》，东方出版社2010年版，第17—18页。按：邹鲁的上述回忆有疏漏处，如1907年留日学成归国的谷应芬，时任该法政学堂的编撰，亦为暗中活动的革命志士，详可参见李穗梅主编：《古应芬家藏未刊函电文稿辑释》"前言"，广州出版社2010年版。

② 转引自张功臣选编：《历史现场：西方记者眼中的现代中国》，新世界出版社2005年版，第33页。

陆军部召集留日学生在京会试。结果山西的温寿泉名列优等，被赏给炮兵科举人并授予副军校（相当中尉）的军衔；名列上等的黄国梁、阎锡山、张瑜、姚以价、乔煦、马开崧、顾祥麟、王宝善、张维清、焦纯礼等人，被分别赏给步兵、马兵、辎重兵科举人并授予协军校（相当少尉）的军衔。

这次在京会试后，陆军部发布了新军协统以下军官须是军校学生或带过新军者。山西官府因此提升温寿泉为山西督练公所帮办兼陆军小学堂监督，黄国梁、阎锡山分任新军第四十三协第八十五标和第八十六标教练官（相当副团长）。不久，又分任黄国梁和阎锡山为两标的标统（相当团长），常樾、马开崧任教练官，南桂馨任军需，张瑜、乔煦任管带（相当营长），王嗣昌、张德荣、张煌、刘汉卿、应芝、王缵绪等任队官（相当连长）。从此，同盟会员基本上掌握了山西新军的领导权。①武昌起义后，四川宣布独立，各界人士聚会庆祝，当时正在成都求学的郭沫若目睹："校场正中搭了一座临时的舞台，舞台上簇拥着不少的革命党。革命成功以后的革命党人真是不少！平常我们时常看见的官班法政的教习、绅班法政的教习，乃至有许多穿军服、带指挥刀的，原来都是革命党人。"②

清朝政府为了编练新军，曾在国内举办了一批新式的军事学校，包括陆军小学、陆军中学、讲武堂、军官学堂等等。有学者指出，清末各省练兵给有志有才但家境清寒的青年带来了上进的机会，于是他们投入新式的陆军学校，例如陆军小学、速成学校之类，有一些去日本军事学校留学。"不久，在中国的新军中有了两种军官：行伍出身的甚至连字也不认得的军官；军官学校训练出来的军官。一般说来，在北洋军系统之中，留日的军官比较少，留日而升为师长旅长的更少。在各省的新军之中，留日的和留日军官训练出来的学生比较多。"③据新近披露的清末《某军官才学证书》载，该军官"数学特彼之长技，理化学之素养亦不浅"④。

当时归国的同盟会会员中，有不少是日本士官学校毕业的学生，也把各省新设的一些军事学校及组建的新军，作为其活动基地。如辛亥革命后曾任浙江都督的蒋尊簋，"自日本学陆军归，成立新军二标，蒋为标统，二标之

---

① 参见全国政协文史资料委员会编：《辛亥革命在各地》，中国文史出版社 1991 年版，第 96 页。

② 郭沫若：《反正前后》，华夏出版社 2010 年版，第 151 页。

③ 陈志让：《军绅政权》，广西师范大学出版社 2008 年版，第 16—17 页。

④ 茹静整理：《清末新军秋操史料集佚》，见《近代史资料》总 122 号，中国社会科学出版社 2010 年版，第 133 页。

1907年南京新军第九镇工程专科学校毕业生合影

官兵皆征自民间，多识字受教育者，亦有塾师投笔应征，甚为当时所重视，二标成立之日，杭州各学校学生齐往梅东高桥举行盛大之欢祝会”①。朱德就是在云南讲武堂学习时参加同盟会的，他回忆说：

当时讲武堂的总办是李根源，教官有方声涛、赵康时、李烈钧、罗佩金、唐继尧、刘祖武、顾品珍等人。他们大都是同盟会员，其他一些教官或者是同盟会员，或者是受到了同盟会革命宣传的影响的。讲武堂的学生有五百多人，其中许多是不满于现状的青年。不久，就在讲武堂中建立起同盟会的组织，秘密传阅同盟会宣传革命的书刊。大家经常谈论和考虑的，就是怎样发动革命起义。这样，云南讲武堂就成为云南革命力量的重要据点。②

总之，当时国内新式学堂包括新式军事学校的大量建立，新式学堂学生人数的迅速增长，使得革命派在国内的社会基础大为扩大。他们逐渐成为一股新的社会力量，在革命斗争中扮演着相当活跃的角色，发挥了重要的先锋冲击作用。这些却又是清朝政府未曾料及的，也令它追悔莫及。2000

① 《陈布雷回忆录》，东方出版社2009年版，第33页。
② 朱德：《辛亥革命回忆》，见《辛亥革命回忆录》第1集，文史资料出版社1963年版，第3页。

1910年云南新军驻地

年，北京师范大学资源环境系（其前身是京师大学堂史地系）在整理系资料室时，发现两份“京师大学堂师范科学生修业证书”，上面印有慈禧太后的懿旨，全文870字，其中写道：

国家兴贤育才，采取前代学制及东西各国成法，创设各等学堂，……不准干预政治及离经叛道、联盟纠众、立会演说等事，均经悬为厉禁。原期海内人士束身规矩，造就成材，所以勖望之者甚厚。

乃比年以来，士习颇见浇漓，每每不能专心力学，勉造通儒，动思逾越范围，干预外事，或污蔑官师，或抗违教令，悖弃圣教，擅改课程，变易衣冠，武断乡里，甚至本省大吏拒而不纳，国家要政任意要求，动辄捏写学堂学生全体空名电达枢部，不考事理，肆口诋谋，以致无知愚民随声附和，奸徒游匪藉端煽惑，大为世道人心之害。①

真可谓痛心疾首。与此同时，各地在编练新军时的差异，也使得清廷事与愿违，对军队的控制削弱。有学者指出：“当时以清廷整体军事结构而论，全国一团乱。在除‘旧军’，练‘新军’过程中，各省步调不一致，有的已经快

① 原载《北京师范大学校报·校史专刊》2002年1月14日，转引自孙燕京：《晚清社会风尚研究》，中国人民大学出版社2002年版，第199页。

跑完，有的尚未起步，新旧军不仅在思想方面有差异，待遇亦不尽相同，彼此敌视。”①这种状况，自然也有利于革命的发生和推进。

1910年伊犁新军队列

经济近代化的社会影响 中日甲午战争后，铁路成为列强对华资本输出的重点，中国人民要求自办铁路，维护民族利权的呼声高涨。清朝政府“新政”期间，于1903年颁布《铁路简明章程》，规定“无论华洋官商”都可请办铁路。此后，许多省份掀起了商办铁路的热潮。至1910年，先后有广东、四川、湖南、江西、云南、安徽、山西、浙江、福建、江苏、广西、河南、黑龙江、陕西、湖北等15个省共设立商办铁路公司18家，但除了浙江、江苏、广东、湖南等少数几省外，多数省份一直停留在计划阶段，各省先后所筑商办铁路总计才约900公里，其中半数竣工后不久，或被外国资本介入，或被其兼并。截至1911年，中国铁路全长9 292公里，其中由列强直接或通过向清朝政府贷款间接投资而受其控制的为8 342公里，约占90%。②

与航运业相比，铁路的伸展更不受地理条件的限制，并有运量大、速度快、受气候干扰小等突出优点，所到之处加快了当地社会经济的发展。1904年胶济铁路建成通车后，沿线村镇的经济生活便发生明显变化。益都县杨

① 刘凤翰：《辛亥革命前后全国军事蜕变》，见中国史学会编：《辛亥革命与20世纪的中国》中册，中央文献出版社2002年版，第187页。

② 参见宓汝成：《帝国主义与中国铁路》，上海人民出版社1980年版，第193、344、362页。

清末沪宁铁路上海站

家庄，原是闭塞落后的偏僻小村，此时因铁路贯通，逐渐发展成为一个商业繁盛的集镇，每当烟叶上市，外地客商纷至沓来，设庄收买，邻近村民则肩挑车载，集此出售。铁路的修筑，还明显加强了内陆省份同滨江沿海地区的联系，促进了这些省份商品经济的发展。

清末胶济铁路青岛站

素产棉花的陕西省，原先受运输条件的限制，棉花生产的商品率很低，至1905年陇海、1906年京汉、1911年津浦各线铁路先后建成，该省所产棉花销路大开，或假渭水、黄河或由陆路出潼关，经河南转道上述各铁路，远销上海、汉口、天津等通商口岸，当地农产品商品化程度随之大为提高。轮船、铁路等近代交通运输工具的应用，拓展了国内商品市场，加强了各地区间的经济交流和对外贸易的发展，有助于中国的近代化进程。

清末津京铁路北京站

铁路的修筑，对沿线民智的启迪影响颇大。1909年8月沪杭铁路全线通车，沿途观者如堵。当时的情景，身为杭州人的夏衍晚年曾有追忆：

> 艮山门是杭州至上海的第一站。通车的第一天，整个杭州——包括沿路乡村都轰动了，我母亲也很高兴地带了二姐、四姐和我，背了条长板凳，带了干粮（南瓜团子），走了二里多路，到艮山门车站附近沿线的空地，排着队去看火车这个从来没有见过的"怪物"，沿线挤满了人，连快要收割的络麻地也踏平了。在盛夏的烈日下晒了两个多钟头，好容易看到一列火车从北面开来。隆隆的车轮声和人们的呼喊声融成一片，这个大场面，尽管时隔七十多年，到现在依旧是记忆犹新。①

鸦片战争后，受外国资本主义入侵的影响，中国城乡的社会生活或多或少逐渐发生变化。②就总体而言，广大乡村和城镇的变化甚微，无数下层民众连起码的温饱都难以维持。曾游历各地的英国传教士麦高温这样写道：

> 在这个国家的许多地区，大米对穷人而言是一种奢侈品，一年中他

---

① 夏衍：《懒寻旧梦录》（增补本），生活·读书·新知三联书店2006年版，第10页。

② 参见刘志琴主编：《近代中国社会文化变迁录》，浙江人民出版社1998年版。同时该书主编也指出，由于资料收集面和经费所限，"这部著作的内容，实际上多集中在沿海少数大都市和附近的乡村以及有一定繁荣程度的内地城镇，基本上是现代化能辐射的地区"（该书序，第35页）。

们也就只能吃到十几次。甘薯是他们不得不依赖的主要食品,外加腌咸白菜和萝卜作为调味菜。很容易想象得到,这样一桌饭是远远无法满足健康人的需要的。这就是中国劳动阶层的现状,尤其是在农村,身体健康、体格强壮的人根本就是不存在的。①

但也应该看到,与此同时,一些城市特别是沿海沿江主要通商口岸及其附近地区的社会生活毕竟有了较为明显的变化。②上海的"英语热",就是鲜活的例证。开埠后,繁忙的进出口贸易,直接推动了上海城市的发展。近代西方的物质文明与科学技术较为广泛地进入上海城市生活的各个领域,中外人士之间的接触越来越多。开埠初期,"洋船水手登岸,人地生疏,有曾习西语无业之人沿江守候,跟随指引。遇有买卖则代论价值,于中取利。因衣多露肘,无室无家,故以'露天通事'名之"③。不久便有人开设英语学馆招揽学生,"入馆者每日讲习一时许即止,月奉修金无多,颖悟幼童半载即能通晓"④。

清末上海西医院的手术室

① 麦高温:《中国人生活的明与暗》,朱涛等译,中华书局 2006 年版,第 250 页。按:此书原著 1909 年首版于上海。

② 各城市已有一些扎实的研究,如天津,有尚克强等主编的《天津租界社会研究》(天津人民出版社 1996 年版);如上海,有罗苏文的《近代上海都市社会与生活》(中华书局 2006 年版)等。

③ 葛元煦撰,郑祖安标点:《沪游杂记》,上海书店出版社 2006 年版,第 88 页。

④ 同上书,第 60 页。

从19世纪60年代中期始，上海就有一些外语培训班和夜校开办，至80年代已增至36所。①一些人以会说几句洋话为时尚，1883年10月25日《申报》以《论西人渐染浮嚣之习》为题载：

上海为通商大埠，西人之处此者最多，华人类多效其所为。其制造灵巧不能学，乃学其浅近者，效其语言，……至于坐马车、登轮舟，华人亦皆以为乐，甚至雪茄之烟衔于口中，弹子之房游于暇日，大餐之馆坐客常满，左手持叉右手执刀，以恣大嚼者，皆华人也。"温都的里"、"爱皮西提"略会一二句便剌剌不休，以为时路。酒则香饼[槟]、茶则加非[咖啡]，日用之物皆以有一洋字者为佳。

清末上海的进口饮料

目睹此景，途经上海的刚考上进士并授刑部候补主事的刘光第，在同年9月21日的日记中不无惊羡地感叹："不到上海，是生人大恨事；然不到上海，又是学人大幸事。"②时至清末新政期间，更多的人热衷于学习英语，1902至1911年海关十年报告载，自科举废除和各类新式学堂纷纷开办后：

人们很快发现，作为现代教育科目的基础，中国没有可用的著作，所有新教科书都从西方翻译过来，或者按本土模式修订西方教

① 参见熊月之等主编：《圣约翰大学史》，上海人民出版社2007年版，第26页。

② 刘光第：《南旋记》，见郑逸梅等主编：《中国近代文学大系・书信日记集》，上海书店1993年版，第399页。

科书。很明显,目前人们普遍认为必须精通英语,下述这一真正有趣的例子便是明证。在推广教育过程中,那些已经精通英语的人每天都抽空忙着教授别人英语,他们只是情愿把他们的空余时间贡献出来,教授别人。在由业余爱好者授课的上海夜校里,前来学习的人非常多。①

城市是人类社会发展进步的产物。中国是世界上城市历史悠久、数量众多的国家之一。早在先秦时期,就有一些人口众多、商业繁盛的城市存在。与欧洲历史上的城市相比较,中国古代城市有其鲜明的特点。具体表现为城市的兴建,往往首先是出于政治、军事上的需要;与此相联系,城市的居民,首先是官吏、军人、僧侣以及其他消费人口,从事手工业生产和商品流通的工匠、商人却居从属地位。一个城市的地位和规模,主要是由其在中央集权统治格局中的地位决定的,上至北京,下至苏州、扬州等繁华城市,或是都城,或是省、府治所设置地,政治功能成为左右中国古代城市兴衰的主要因素。

1840年以后,中国城市发展的传统格局开始松动、变化,一些突破旧有发展模式,以对外贸易和工商业发展为主要依托的近代城市相继崛起,并在推动中国社会发展进程中发挥着越来越大的作用。晚清最大的通商口岸——上海,是这批近代城市的突出代表。

清末上海外白渡桥

时至清末,上海的城市面貌已发生根本的变化,可以作为衡量近代城市的几个要素,如资本主义工商业、近代市政设施和管理、新式科技、文化、教

① 郭大松:《中国海关〈十年报告〉选译(1902—1911)》,见《近代史资料》总117号,中国社会科学出版社2008年版,第40页。

育事业等，这里都已有了较大的发展，上海已从一个旧式县城发展成为中国最大的近代城市，1910年人口已达128万余人。[1]无论城市规模还是人口总数，都是苏州不能望其项背的。其中大部分人来自各地包括苏州，据海关资料载：

1901年的上海电话局接线员

在上海的中国人中有许多是外地人，他们是被各种各样的就业机会吸引到这里来的。职员、外语通、经营广州零星装饰品的商人和餐馆的老板等，主要是广东人。买办、仆役、船员、木匠、裁缝、男洗衣工、店员则主要来自宁波。侍候外国妇女的大多数女佣以及本地人商店的刺绣工和妇女头饰工，是苏州来的。南京的男子，经营缎子、玉石、钟表和钻石生意。[2]

新政期间，上海的政治生活也有了深刻的变化。20世纪初年，在上海等口岸城市，中国新式商人即商业资本家的队伍已有一定的规模，并与工业资本家联手，借清末新政之机，组建了商会，维护和发展自身的各项权益。最早的是光绪二十八年(1902)成立的上海商业会议公所，各业行会的成员

① 参见邹依仁:《旧上海人口变迁的研究》，上海人民出版社1980年版，第7页。

② 徐雪筠等译编:《上海近代社会经济发展概况(1882—1931):〈海关十年报告〉译编》，上海社会科学院出版社1985年版，第21页。

清末上海街头的照相机

和新式企业的代表都有参加的。它是中国人成立的第一个民间商会，亦即上海总商会的前身。

《上海商业会议公所第一次核定章程六条》明确宣示，其宗旨是"为集思广益，讲求商务起见"，强调其活动"一以商务为指归，既不蹈官场积习，亦不侈纸上空谈，总期众情欣喜，互相考究，以仰答朝廷振兴商务之至意。至于行用钞币，扩充学堂，设立商物院，开创工艺所，纠公司，订商律，应办事宜甚多，既非一朝一夕之故，亦非一手一足之烈，俟风气大开，循序渐进，不难逐件施行"①。苏州也有商人以新的姿态登台亮相，《清封资政大夫分部员外郎候选州同杭君墓志铭》描绘了一位"弃儒术习贾"的纱缎商人，后来成为苏州国货维持会的支部长、省总商会的议董，他"请愿国会，诣阙上书，并谒政府，勇言得失"，引人注目。②

在清末上海，代表资产阶级利益和要求的各种社团组织相继成立，并越来越活跃。上海商业会议公所成立后不久，就参与并主导了抵制美货运动，随即又在"军国民教育"宣传的影响下创建商界健身团体，先后成立

① 上海商务总会编:《上海商务总会历次奏案禀定详细章程》，上海集成图书公司 1907 年代印，上海市工商业联合会史料室藏，全宗号 200，目录号 1，卷号 26。

② 参见唐力行:《从碑刻看明清以来苏州城市社会的变迁》，见上海社会科学院历史研究所编印:《中国城市史暨历史所建所五十周年学术讨论会论文集》(2006 年 9 月，上海)。

清末沪宁铁路苏州站

的有沪南沪学会体操部、商业体操会、沪北商余学会、沪城商学补习会、沪西士商体操会，时称“五体育会”。这些体育会的共同特点，就是在业余健身活动中加入兵式操练内容，因而为以后商团武装的建立作了最初的铺垫。

1905年孙中山领导的中国同盟会成立后，接连在华南发动武装起义，长江中下游亦局势动荡，清朝政府地方官员便于1907年经由上海著名绅商李平书、曾铸等出面，命“五体育会”组织临时商团，设司令部，分区驻扎，日夜巡逻，协助维持治安。随即成立南市商团联合会，由李平书任会长。临时商团由沪道拨给枪械150支并自购60支，木枪换成真枪，商团遂成为一支合法的商人自己掌握的准武装。从此，上海地区各业纷纷仿效，到宣统三年(1911)春商团人员总数已有1 000余人。

同年3月，上海南北商团公会发起成立全国商团联合会，并推举李平书为会长，沈缦云、叶惠钧、虞洽卿等为副会长或名誉副会长。全国商团联合会虽然有名无实，却促成了上海本地商团的统一，到辛亥上海独立前夕，已经成为一支训练有素并颇具战斗力的商人武装。①在随后光复上海的武装斗争中，发挥了重要的作用。

继上海商会组织后，苏州、南京等地商务总会也相继成立。离上海很近的苏州，亦有商团的组建。光绪三十二年(1906)，苏州绅商头面人物倪开鼎等集合众商创设体育会，以后也是“由体操而试习兵操”，由木枪而改用真枪。到宣统二、三年(1910、1911)之间，由体育会改组的苏州商团已经成为一支辅助性的治安力量。据《吴县志》记述：“平时各营本业，有警则戎服巡逻。计城内及附郭共有十二部，乡镇三部，均以公会[商团公会]为总机关。

① 参见章开沅等主编：《苏州商团档案汇编·序言》，巴蜀书社2008年版。

其公会经费由总商会按月补助，分部各归自筹。”可见苏州商团也是清末不可忽视的社会团体。①

1906 年苏州商务总会入会凭证

1903 年清朝政府颁布《商会简明章程》，次年在浙江就有海盐县沈荡镇等地商人筹组商会。双林镇绅商“慨吾镇商情涣散，见商界知识浅薄，因思立商会以交换知识，联络商情，维持公益”，遂商诸各业商董，召集镇上各业商人开会，成立商务分所，各商以投票选举的方式，推举原来米业董事、绢业董事为商务分所的总董和副董。至宣统三年(1911)，浙北杭嘉湖三府有 13 个市镇成立了商务分所。②

在各地商会相继成立的基础上，宣统二年(1910)在上海曾有组建全国商会联合会的动议，当时正在上海访问的美国太平洋沿岸联合商会代表团成员在日记中记载：“离开上海的前两天，我在汇中饭店为上海和其他城市的 24 位重要商人举行了一次宴会，其中一位客人在讲话中说：以前，中国从来没有举行过这样的聚会。下述商会的总理出席了会议：上海、广州、汉口、天津——中国四个最大的商业城市，其他三个商会由他们的协理为代表。他们相距二千英里。以前他们从未有过这样的联合。在这次宴会上，他们决定

① 参见章开沅等主编：《苏州商团档案汇编·序言》，巴蜀书社 2008 年版。

② 参见汪林茂：《浙北市镇的社会变迁与辛亥革命》，见中国史学会编：《辛亥革命与 20 世纪的中国》下册，中央文献出版社 2002 年版，第 1410 页。

清末涉外婚姻

组织统一的或联合的商会，以便全体商人能够通过上海的中心机构进行活动。”①

上海作为近代城市的崛起，是与列强在华经济活动联系在一起的。这一特点，在其他近代城市发展过程中也有体现。如天津在开埠以前，城市经济主要建基于盐业和漕运转输，是一个内贸型的旧式商业城市。1860年开埠后，天津成为列强在华北着力经营的通商口岸。洋行的设立，租界的开辟，近代市政设施的建设，推动了天津城市的近代化进程，资本主义工商业也相应有所发展，天津从开埠前的内贸型的旧式商业城市，逐步演变成为华北地区最大的外贸口岸和工业中心。

清末天津街景

① 虞和平等译校:《大来日记——1910年美国太平洋沿岸联合商会代表团访问记》,见《辛亥革命史丛刊》第9辑,中华书局1997年版,第235页。

汉口，因其地处九省通衢，作为中国封建时代的传统城市，这里的商业很早以来就很兴盛。较之上海等沿海口岸，汉口的城市近代化历程起步稍晚，始于1858年长江航行权对外开放和汉口被辟为通商口岸。自此，列强竞相进入长江流域，汉口成为它们在华中地区主要的活动据点。外国租界、商行、工厂、银行及航运企业相继设立，进出口贸易额增长迅速。汉口近代城市经济的发展，带动了毗邻的武昌和汉阳。时至清末，武汉三镇的进出口贸易总额和近代工商业的经济实力，在各通商口岸中仅次于上海，已成为内地规模最大的近代城市。

清末汉口港

除上海、天津、汉口等大城市外，随着列强在华经济活动的扩大，特别是甲午战后铁路的修筑，另有一些规模稍逊的近代城市出现，青岛即是其中的典型。青岛原是胶州湾东岸的一个小渔村，因其具有发展深水良港的优越条件，为列强所觊觎，1898年被辟为商埠，次年便开始筑港，海上航路四通八达，南赴广州、上海，北达天津、大连，东走日本、欧美。青岛的陆上交通也很便利，1904年胶济铁路通车，奠定了它作为山东地区首要商埠的地位，使其成为山东半岛一个迅速崛起的近代城市。但从总体上考察，截至1911年，中国近代城市的出现尚处于初期阶段，它们的较多涌现，是在民国初年各主要铁路干线辟通和投入运营以后。

即使在清皇室所在的北京城，也有一些近代城市的气息。长期作为皇

清末青岛街景

朝国都的北京，城市格局曾严格遵守“左祖右社，面朝后市”的传统皇城形制。时至晚清，随着近代社会经济、教育和文化的发展，北京逐渐“突破了以王权为中心的城市布局，向着近代以商贸、工业文化为时代主调的自由态势发展”，学者袁熹认为这“体现了北京城市从封建帝都向近代城市转型的特点”。这里还出现了购票游玩的动物园，即今北京动物园的前身。1908年7月3日京官许宝蘅在日记中写他与友人：

清末北京东直门大街

同出西直门，游农事试验场。此地曾经两宫临幸，属于农工商部，仿外国公园，初入买券，观动物园再买券。动物园有虎、狮、豹、熊、蟒、鳄、纹马、羚羊、鹿、狐、鹤、猴、鼠。猴之种类为最多，鸟之属亦五六十种，鹦鹉为最美。游览一时余始毕。过一桥，司事者收动物园券。①

清末的天安门

博览会，也在一些城市举行。中国参与国际博览会，始于1851年上海商人徐荣村以“荣记湖丝”送展伦敦世界博览会并获金银奖项。②1873年，清朝政府派员参加了维也纳博览会。其后，中国先后参加了在世界各地举办的20余次国际性博览会。其中，薛福成记述了1878年的巴黎博览会：“法国本年行赛珍会，与会者二十三国，如中国、英、美、西班牙、丹、瑞士、葡萄牙、荷、比、瑞典、那威、摩罗科、暹罗、土逆斯、日本、中南亚美利加等国。观者佥谓物华天宝，惟中国首居之。雕刻之精，则以象牙、红木、花梨、紫檀器具及广东之锦绣几屏为最；颜色之艳以绫罗纱缎，镶嵌之美以宁波之床为最。次则磁器、古铜、大理石桌椅、古今之瓦、历代之钱。”③国内也有博览会的举办，“1909—1910年冬季，九江举办了一次实业汇展。这次汇展展出了

① 许宝蘅著，许恪儒整理：《〈巢云簃日记〉选（1906—1911）》，见《近代史资料》总115号，中国社会科学出版社2007年版，第46页。

② 参见上海图书馆编：《中国与世博：历史记录（1851—1940）》，上海科学技术文献出版社2002年版。

③ 蔡少卿整理：《薛福成日记》，吉林文史出版社，第224—225页。

全省各种产品，内容十分丰富。汇展持续了两个星期，在本地引起了人们相当的兴趣，从开始到结束，每天参观的人都十分拥挤”①。

清末中国与世博会的趣闻

1904年，在美国圣路易斯世博会上，有制作精美的125艘中国船模集体亮相，引来众人啧啧称赞。其中一艘军舰船模上，刻有炮台；另一艘军舰上，还插着方天戟等冷兵器。而在一些商船上，供船家休息的船舱雕刻非常精细，连本来就很小的舱窗上，也镂空点缀以雕花；另一艘船上的木雕小人也惟妙惟肖，令人叫绝。这些船模是由清朝政府送展的。

1803年前后，美国从法国拿破仑政府手中，以1 500万美元购得路易斯安娜一块面积达210多万平方公里的广袤土地，当时美国的领土因此几乎增加了一倍，史称“路易斯安娜购地”。1904年，美国出资1 500万美元在圣路易斯市举行世博会，隆重纪念从法国购得路易斯安娜100周年。

筹备期间，美国人约翰·巴瑞特被任命为亚洲与欧洲的筹备部长。1902年，他来到中国，见到了光绪帝。清朝政府决定应邀赴展，次年，中国展馆的总代表黄开甲抵达圣路易斯州，并于同年7月开始了中国馆的建造，展馆面积11 800平方米。广东、广西、云南、福建、江西、贵州、四川、湖南、安徽、河南等省参展，各省当地的海关负责收集各自的送展品，其中就有广受好评的125艘船模。清皇室成员溥伦代表中国，出席了这次世博会的开幕式。

1904年，美国圣路易斯世博会落幕。1905年，比利时即着手在该国莫兹河口上的列日市组织列日世博会。比利时政府也邀请中国参加，清朝政府起初对连着参加世博会有些犹豫，有人便提议不是有125艘船模刚在美国展出吗，将它们送展比利时，可省钱省事。但这笔运费，仍让清朝政府犹豫不决。比利时人见状，就向清朝政府商议，如果列日世博会闭幕后，这些船模能被比利时国家博物馆收藏，那么比利时政府将负责把这些船模从圣路易斯运到列日。清朝政府同意了，于是这些船模又在列日世博会上展示，又引起轰动。

① 郭大松：《中国海关〈十年报告〉选译（1902—1911）》，见《近代史资料》总115号，中国社会科学出版社2007年版，第121—122页。

列日世博会闭幕后，这些船模也就留在了比利时，其中绝大多数目前被安特卫普海运与贸易博物馆收藏。1993年，安特卫普被宣布为欧洲文化之都，这些中国船模曾首次集中展示，惊艳四座，但在中国对这些船模的由来，知之者甚少。直到2010年上海世博会举行，经过中比双方的努力，这段尘封已久的历史才得以清晰展示。

1910年在南京举办的南洋劝业会，是晚清由官方主办的规模最大的博览会。1909年8月28日清廷在批准举办此次博览会的上谕中称：

> 振兴实业为国家富强要政，迭经谕令各直省督抚实力提倡，并简派大臣前赴各国赛会藉以开通商智，为改良竞进之图。我国地大物博，诚非荟萃观摩，不足以造精进。兹据农工商部会奏议复南洋筹设劝业会及赛物免税一折。两江风气早开，民物繁盛，自应就地设会，树各省之模型。①

1910年南洋劝业会开会纪念

这次博览会最初计划只展出南方各省的产品，后范围扩大至全国，还设

① 中国第一历史档案馆：《宣统朝上谕档》第1册，广西师范大学出版社2008年影印本，第328页。

有两个外国展厅。海关资料载：

为办这次展览会，南京规划出了一块方圆7里的地方，平整了地面，建起展馆，修建了一座火力发电站。在方圆7里的建筑内，每省一座展馆，每座展馆都有为消防队准备的防火设施。还建有一家医院（中、西医兼备）、30家商店、30处娱乐场所。

南京铁路当局为展览会建了一座车站，车站毗邻的道路都进行了拓宽整修。各主要入口处外面，都有私人开办的商店及戏曲演出和电影放映等娱乐活动。此外，展览会还铺设了一条模型铁路，开办了其他各种各样吸引人的场所。

作为展览会举办地的江苏省的工作，极有代表性，江苏省内各府、厅、州、县，都奉命送来它们各自的地方产品。在所有参展品中，最值得提及的是湖北的茶叶展，展示茶叶采摘、炒制和冲泡；景德镇的瓷器；广东的黑檀；汕头的亚麻抽绣。关于外国展品，有英国送来的机器，日本和德国送来的军用物资，美国的一些广告品等等。①

1910年南洋劝业会会场大道

南洋劝业会的举办，吸引一些企业将其产品送去展示，以期扩大企业的知名度和产品的品牌效应，张謇经营的通海垦牧公司档案载，1910年

① 郭大松：《中国海关〈十年报告〉选译（1902—1911）》，见《近代史资料》总115号，中国社会科学出版社2010年版，第124—125页。

“南洋开劝业会，公司以试垦美棉通棉各种农产之成绩陈列会场，得优等奖牌”①。远近各省众多人士也纷至沓来，前去参观。其中就有时为浙江湖州中学学生的茅盾，据他后来追忆，南洋劝业会开幕后，“校方包租了一艘大型小火轮，船上有官舱、房舱、统舱，又拖带两条大木船，载人也装行李，从湖州到南京，行程二日二夜，我们一行共二百多人，包括教师四人，工友二人。在船上住的很舒服。船到无锡，我们上岸换乘火车。拂晓到达南京下关车站，猛抬头看见斗大的‘南洋劝业会’五个闪闪发光的字，走近了看，才知是许多小电灯泡连串做成的”。有学者指出，茅盾笔下的南京城的电力照明业，正是因举办南洋劝业会这一需要而发端的。②

1910 年南洋劝业会门辕

以通商口岸为主体的中国近代城市的出现，首先是适应了列强在华活动的需要，但客观上也成为中国人了解世界先进事物的窗口，反思中国落后原因的参照。同时由于专制统治在这些地区被削弱，这里也为中国资本主义工商业的发展提供了一些有利的条件，为中国资产阶级集聚力量、组织团体、培养知识分子、宣传政治主张和开展政治活动等，提供了某些便利，而这些又都有助于晚清社会的向前发展。中国近代工业中心在上海的形成，辛亥革命首先爆发在武汉，都是生动的例子。

新政期间，工人的队伍也有壮大。中国无产阶级的诞生，要早于中国资产阶级，这是由晚清的社会环境所决定的。早在中国近代企业兴起之前，在

① 《通海垦牧公司第九届说略(1911 年)》，见南通市档案馆等编：《大生集团档案资料选编·盐垦编(二)》，南通市档案馆等 2009 年编印，第 175 页。

② 参见张海林：《端方与清末新政》，南京大学出版社 2007 年版，第 326、329 页。

清末江西九江码头

沿海沿江通商口岸便有一些外资企业擅自设立。鸦片战争结束后不久，为便利其商品输入，广州、上海等地就有外资船舶修造厂开办。19世纪50年代后，列强又先后在上海、烟台设立了缫丝厂，在汉口、九江、福州设立了砖茶厂，在上海、天津设立了出口货物打包厂，在上海、汉口、汕头等地设立了制糖、硝皮、制革厂等等。这些企业都雇佣了一批中国工人，这些雇佣劳动者，是中国最早的一批产业工人，其人数随着外资企业的增多和扩大而不断增长。

清末上海正广和汽水厂门前

中国无产阶级的另一部分，是 19 世纪 60 年代以后随着中国近代企业的发生发展而逐渐成长壮大的。这些近代企业既有清朝政府经营的一系列官办军用企业，也有通过吸引一部分私人资本举办的官督商办、官商合办民用企业，又有民间资本独立创办的工矿企业。连同外资企业一并估计，中国近代产业工人在 19 世纪 70 年代约有 1 万名，80 年代约为 4.5 万名，至 1894 年约有 10 万名。①他们是中国新的社会生产力的代表者和新的阶级力量，自身还有其鲜明的特点。

晚清出现于中国大地上的近代企业，主要不是从工场手工业逐步发展起来的，而是从外国引进技术和设备直接设立的，因此中国无产阶级的前身主要不是工场手工业工人，而是大量陷于破产的农民和失业的手工业者。既然中国的无产阶级主要来源于破产的农民，中国的近代工业又很不发达，中国依旧是一个农业国，农民仍占着全国总人口的绝大部分，因此中国的无产阶级与广大的农民之间有着一种天然的联系，便于他们和农民结成亲密的联盟。

清末大达轮步公司

由于中国近代企业是在外国资本主义的刺激下，发生发展起来的，近代企业的分布极不平衡，它们中的绝大多数集中在上海、广州、天津、汉口等少数沿海沿江通商口岸，因此中国产业工人虽人数才近 10 万，但地区分布异常集中。同时又由于早期在中国出现的近代企业，主要是由力量雄厚的外国资本和官僚资本创办的，因而中国产业工人一开始就集中在少数规模较大的企业中。所以尽管近 10 万名早期中国产业工人在全国总人口中所占

① 参见孙毓棠:《中国近代工业史资料》第 1 辑，科学出版社 1957 年版，第 59、60、1201 页。

比重很小，但由于他们在地区、企业分布方面的高度集中，形成了相当坚强的组织性和团结力，也使他们与极端分散的、从事手工操作的其他城乡劳动群众相比较，具有很大的先进性。他们中潜藏着的政治能量，与他们在全国总人口中所占的比例相比，要大得多。

1906年天津电车开行

中国无产阶级遭受残酷的剥削和压迫，他们不仅是一般的雇佣劳动者，还要经受诸多超经济的剥削和压迫。外国资本主义依仗从中国攫取的特权，在其开办的近代企业中实行带有浓厚殖民主义色彩的剥削方式，视中国工人为“苦力”，以极低的工资驱使中国工人从事极繁重的劳动，对剩余价值的榨取超乎寻常。在中国近代企业里，特别是在交通运输和矿冶业中，长期存在着封建把头制和包工制，一些外资企业也同样存在。大大小小的把头或包工头，掌握了招雇、解雇工人和发放工资的权力，并依靠这些权力，对工人进行残酷的盘剥，其形式多种多样。残酷的压迫和剥削，逼使工人自发起来反抗，主要是反对企业主延长工时、笞责工人、克扣工资，抗议外国资本家或中国封建官吏、工头的欺压，要求维护自身最低限度的应有权利。斗争的方式主要是罢工。

20世纪初年，随着各种近代产业的发展，中国无产阶级的队伍迅速成长壮大。据估计，1911年前后，中国产业工人总数已发展到80万至100万人之间，较之甲午战争前夕，中国无产阶级的队伍已经有了很大的发展。队伍的壮大，增强了斗争的实力。这一时期，中国产业工人的罢工斗争不断爆

清末天津日租界

发。据不完全统计，规模较大的罢工斗争，1905年9次，1906年11次，1907年6次，1908年3次，1909年9次，1910年5次，1911年12次，7年间共爆发55次，其中大多数发生在近代工业的集中地——上海。[①]

清末上海南京路

① 参见李新主编：《中华民国史》第1编，下册，中华书局2000年版，第18页。

上述这一连串的斗争，表达了民意，昂扬了民气，为呼应即将到来的革命风暴，作了必要的铺垫。另一方面，官场腐败愈演愈烈。有亲历者忆述，他在1909年到南京求职，次年在劝业道署任职，“我在南京前后共住了三年，看到当时清朝一班官僚真是腐败到了极点。他们白天在公馆里赌博，晚上跑到秦淮河妓馆里或花船上去嫖妓。所以当时流传着这样两句话：‘日日麻将窝，夜夜秦淮河。”①清末大臣那桐曾负责监修某项工程，与他共事的同僚对公然收受贿赂尚有顾忌，那桐竟反加嘲讽：“你是个大姑娘，贞节要紧，我则早非完璧，不在乎此矣！”②难怪在武昌起义后，清廷行将崩溃时，隆裕太后面对众王公大臣哀叹：“予三年中深居宫中，不预外事，一般亲贵，无一事不卖，无一缺不卖，卖来卖去，以致卖却祖宗江山。”言至此，失声大哭。③

广大民众的生存状况，则普遍窘困。新政期间，货币超量发行，全国范围内银贵钱贱，物价连年上涨。清末十年的海关报告载：“1904年各省铸币厂开始铸造当十钱铜元，但这些铜元的含铜量很快就不足它最初标记的标准，加之大量超额发行，不久就贬值了。现在这种铜元已经是当地人民实际使用的货币，只是支付价值仍然用铜钱计算，但它的价值已经远不足最初10两上海申公砝平银额定铜元枚数的价值了。1905年1月，申公砝平银每10两1 158枚当十钱铜元，12月每10两1 440枚了，1910年则不少于1 847枚。”并指出：“可悲的是各省铸币厂纯粹为了增加收入还超量发行银辅币，结果同样严重贬值。”④

在苏州，“从1902年起，无论本地铸造或进口的铜元，都严重贬值。1902年，88枚铜元兑换1银元，1911年时，1银元则可兑换132枚铜元了”；在西南边陲的思茅，1904年，880枚铜钱兑换1两思茅市银，此后则一路攀升，“直至达到了1911年的最高值，2 300枚铜钱兑换思茅市银1两”；在云南的腾越，“铜钱贬值非常严重，1905年，980枚铜钱兑银1两，而目前[1911年]则是1 700枚铜钱兑银1两”。⑤铜钱是当时广大民众日常生活中通用的

① 马涯民：《南京光复见闻琐忆》，见全国政协文史和学习委员会编：《亲历辛亥革命：见证者的讲述》，中国文史出版社2010年版，第1101页。

② 徐一士：《亦佳庐小品》（近代史料笔记丛刊），中华书局2009年版，第19页。按：那桐在光绪、宣统年间曾先后任户部、外务部尚书，内阁协理大臣，军机大臣等要职。详可参见知之整理：《那桐履历行述》，庄建平主编：《近代史资料文库》第一卷，上海书店出版社2009年版。

③ 参见恽毓鼎著，史晓风整理：《恽毓鼎澄斋日记》，浙江古籍出版社2004年版，第576页。

④ 郭大松：《中国海关〈十年报告〉选译（1902—1911）——货币与金融（下）》，见《近代史资料》总121号，中国社会科学出版社2010年版，第121页。

⑤ 同上书，第123、145、147页。

清末户部造币厂

主要货币，它的一路贬值，意味着百姓日常开支的陡增，生活愈加艰难。他们所受的各种压榨，却有增无减。1910 年 9 月 1 日，素来谨小慎微的天津各行商直言痛陈：

> 自我国厘定捐税以来，所有税则捐例，时时更张，日日增益。其尤最者，由庚子至今，无而有之，轻而重之，或加倍蓰，或加十余，世之所有，人之所需，无一物而无捐税者。于是税法纷纭，捐章扰攘，捐税日巨，货价日昂，人民涂炭，商贾咨嗟……近今各行省之变乱，几于再厉再接，而湖南之长沙，山东之莱阳，或饥民求食而酿成地方之剧变；或苛捐激变，而致成烈火之燎原，此等之恶剧，尚不知伊于胡底也。①

此时距震惊中外的武昌起义已为时不远，辛亥革命正是在这样的社会背景下发生发展，它深刻地反映了清皇朝统治的总体危机和民众对它的失望、怨恨和唾弃，包括新政在内的其种种“自救”举措已无力挽回大局，而代表着当时中国社会前进方向的辛亥革命，就在这一历史过程中孕育、生成和爆发。

① 《津埠各行商草拟津地缓行印花税十二条理由(宣统二年七月二十八日)》，见天津市档案馆等编：《天津商会档案汇编(1903—1911)》，天津人民出版社 1989 年版，第 1706 页。

图书在版编目(CIP)数据

1901年:慈禧太后的革新令/戴鞍钢著.—上海:东方出版中心,2015.8

ISBN 978-7-5473-0717-5

Ⅰ.①1… Ⅱ.①戴… Ⅲ.①社会变迁-研究-中国-1901 Ⅳ.①K250.7

中国版本图书馆CIP数据核字(2014)第194952号

责任编辑:唐丽芳　谢　超

1901年:慈禧太后的革新令

出版发行:东方出版中心
地　　址:上海市仙霞路345号
电　　话:62417400
邮政编码:200336
经　　销:全国新华书店
印　　刷:上海贝叶图书有限公司
开　　本:700×1000毫米　1/16
字　　数:350千字
印　　张:21.5　插页2
版　　次:2015年8月第1版　2015年8月第1次印刷
ISBN 978-7-5473-0717-5
定　　价:68.00元
